CONTROLE EXTERNO E AS MUTAÇÕES DO DIREITO PÚBLICO: LICITAÇÕES E CONTRATOS

ESTUDOS DE MINISTROS E CONSELHEIROS SUBSTITUTOS DOS TRIBUNAIS DE CONTAS

LUIZ HENRIQUE LIMA
DANIELA ZAGO GONÇALVES DA CUNDA
HELOÍSA HELENA ANTONACIO MONTEIRO GODINHO

Coordenadores

Prefácio
ANTONIO ANASTASIA

CONTROLE EXTERNO E AS MUTAÇÕES DO DIREITO PÚBLICO: LICITAÇÕES E CONTRATOS

ESTUDOS DE MINISTROS E CONSELHEIROS SUBSTITUTOS DOS TRIBUNAIS DE CONTAS

Belo Horizonte

FÓRUM
CONHECIMENTO JURÍDICO

2023

© 2023 Editora Fórum Ltda.

É proibida a reprodução total ou parcial desta obra, por qualquer meio eletrônico, inclusive por processos xerográficos, sem autorização expressa do Editor.

Conselho Editorial

Adilson Abreu Dallari	Floriano de Azevedo Marques Neto
Alécia Paolucci Nogueira Bicalho	Gustavo Justino de Oliveira
Alexandre Coutinho Pagliarini	Inês Virgínia Prado Soares
André Ramos Tavares	Jorge Ulisses Jacoby Fernandes
Carlos Ayres Britto	Juarez Freitas
Carlos Mário da Silva Velloso	Luciano Ferraz
Cármen Lúcia Antunes Rocha	Lúcio Delfino
Cesar Augusto Guimarães Pereira	Marcia Carla Pereira Ribeiro
Clovis Beznos	Márcio Cammarosano
Cristiana Fortini	Marcos Ehrhardt Jr.
Dinorá Adelaide Musetti Grotti	Maria Sylvia Zanella Di Pietro
Diogo de Figueiredo Moreira Neto (*in memoriam*)	Ney José de Freitas
Egon Bockmann Moreira	Oswaldo Othon de Pontes Saraiva Filho
Emerson Gabardo	Paulo Modesto
Fabrício Motta	Romeu Felipe Bacellar Filho
Fernando Rossi	Sérgio Guerra
Flávio Henrique Unes Pereira	Walber de Moura Agra

FÓRUM
CONHECIMENTO JURÍDICO

Luís Cláudio Rodrigues Ferreira
Presidente e Editor

Coordenação editorial: Leonardo Eustáquio Siqueira Araújo
Aline Sobreira de Oliveira

Rua Paulo Ribeiro Bastos, 211 – Jardim Atlântico – CEP 31710-430
Belo Horizonte – Minas Gerais – Tel.: (31) 99412.0131
www.editoraforum.com.br – editoraforum@editoraforum.com.br

Técnica. Empenho. Zelo. Esses foram alguns dos cuidados aplicados na edição desta obra. No entanto, podem ocorrer erros de impressão, digitação ou mesmo restar alguma dúvida conceitual. Caso se constate algo assim, solicitamos a gentileza de nos comunicar através do *e-mail* editorial@editoraforum.com.br para que possamos esclarecer, no que couber. A sua contribuição é muito importante para mantermos a excelência editorial. A Editora Fórum agradece a sua contribuição.

Dados Internacionais de Catalogação na Publicação (CIP) de acordo com ISBD

C764

    Controle externo e as mutações do Direito Público: licitações e contratos - Estudos de ministros e conselheiros substitutos dos Tribunais de Contas / coordenado por Luiz Henrique Lima, Daniela Zago Gonçalves da Cunda, Heloísa Helena Antonacio Monteiro Godinho. - Belo Horizonte : Fórum, 2023.

    267p.; 14,5cm x 21,5cm.
    ISBN: 978-65-5518-502-7

    1. Direito. 2. Licitações e Contratos. 3. Direito Administrativo. 4. Controle Externo. 5. Tribunais de Contas. 6. Controle Interno. 7. Direito Público. 8. Direito Financeiro. 9. Auditoria Governamental. 10. Sustentabilidade. 11. Gestão Pública. I. Lima, Luiz Henrique. II. Cunda, Daniela Zago Gonçalves da. III. Godinho, Heloísa Helena Antonacio Monteiro. IV. Título.

CDD 341.3
CDU 342.9

2022-4054

Elaborado por Vagner Rodolfo da Silva - CRB-8/9410

Informação bibliográfica deste livro, conforme a NBR 6023:2018 da Associação Brasileira de Normas Técnicas (ABNT):

LIMA, Luiz Henrique; CUNDA, Daniela Zago Gonçalves da; GODINHO, Heloísa Helena Antonacio Monteiro (coord.). *Controle externo e as mutações do Direito Público*: licitações e contratos - Estudos de ministros e conselheiros substitutos dos Tribunais de Contas. Belo Horizonte: Fórum, 2023. 267 p. ISBN 978-65-5518-502-7.

SUMÁRIO

PREFÁCIO
Antonio Augusto Junho Anastasia 11

A NOVA LEI DE LICITAÇÕES: APONTAMENTOS SOBRE INOVAÇÕES E IMPACTOS RELEVANTES PARA O EXERCÍCIO DO CONTROLE
Luiz Henrique Lima 15

1	Introdução	15
2	Inovações relevantes	16
2.1	Sustentabilidade	16
2.2	Acessibilidade	19
2.3	Integridade	20
2.4	Meios alternativos de resolução de controvérsias	21
2.5	Microempresas e empresas de pequeno porte	23
2.6	Governança	26
3	Instrumentos inovadores	28
3.1	O Plano de Contratações Anual	28
3.2	O Portal Nacional de Contratações Públicas e a dispensa eletrônica de licitações	29
3.3	As centrais de compras e os catálogos eletrônicos de padronização	31
3.4	Os contratos de eficiência e outras modalidades contratuais	32
3.5	A avaliação de desempenho	36
3.6	As regras de desempate	37
4	Alterações relativas ao controle interno, controle externo e controle social	38
4.1	Controle interno	38
4.2	Controle externo	40
4.3	Controle social e transparência	44
5	Impactos para o exercício do controle	46
5.1	Impactos para a Administração Pública	46
5.2	Impactos para o controle interno	48
5.3	Impactos para os tribunais de contas	48
6	Considerações finais	49
	Referências	52

ABORDAGENS SOBRE A NOVA LEI DE LICITAÇÕES E CONTRATOS ADMINISTRATIVOS (LEI Nº 14.133/2021) NAS DELIBERAÇÕES DO TRIBUNAL DE CONTAS DA UNIÃO
Marcos Bemquerer Costa, Patrícia Reis Leitão Bastos 57

1	Introdução	57
2	Deliberações do Tribunal de Contas da União que trataram da aplicabilidade da Nova Lei de Licitações e Contratos Administrativos (Lei nº 14.133/2021)	59
2.1	Consulta formulada pela Secretaria-Geral de Administração do TCU (Segedam) quanto à imediata aplicação, pela Corte de Contas, do art. 75 da Lei nº 14.133/2021 (TC 008.967/2021-0 de relatoria do Ministro Augusto Nardes, tendo sido proferido o Acórdão nº 2.458/2021 – Plenário)	59
2.2	Processo administrativo que analisa proposição acerca de possível inconstitucionalidade dos §§1º e 3º do art. 171 da Lei nº 14.133/2021 (TC 019.315/2021-0 de relatoria do Ministro Bruno Dantas, tendo sido proferido o Acórdão nº 2.463/2021 – Plenário)	62
2.3	Processo de monitoramento de determinação proferida pelo TCU no item 9.2 do Acórdão nº 7.248/2017 – 2ª Câmara em que se verificou a necessidade de adequação da deliberação monitorada aos dispositivos da Lei nº 14.133/2021 (TC 006.240/2019-4 de relatoria do Ministro-Substituto André Luís de Carvalho, tendo sido proferido o Acórdão nº 3.616/2022 – 2ª Câmara)	67
2.4	Recurso de Reconsideração em processo de Tomada de Contas Especial em que o Tribunal de Contas da União concluiu que a restituição dos lucros ilegítimos auferidos em casos de fraude à licitação tem amparo legislativo nos artigos 148 e 149 da Lei nº 14.133/2021(TC 016.588/2019-3 de relatoria do Ministro Antonio Anastasia, tendo sido proferido o Acórdão nº 1.842/2022 – Plenário) ...	70
2.5	Processo de acompanhamento pelo Tribunal de Contas da União do estágio da implementação do Portal Nacional de Contratações Públicas – PNCP previsto na Lei nº 14.133/2021 (TC 044.559/2021-6 de relatoria do Ministro Jorge Oliveira, tendo sido proferido o Acórdão nº 2.310/2022 – Plenário)	74
2.6	Processo de representação que, ao tratar do credenciamento de escritórios de advocacia pelo Banco do Brasil, adotou, por analogia, dispositivos da Lei nº 14.133/2021 (TC 018.515/2014-2 de relatoria do Ministro Antonio Anastasia, tendo sido proferido o Acórdão nº 533/2022 – Plenário)	77

2.7	Projeto de Resolução objetivando a regulamentação do enquadramento, no âmbito do Tribunal de Contas da União, dos bens de consumo nas categorias de qualidade comum e de luxo, em atendimento ao art. 20, §1º, da Lei nº 14.133, de 2021, matéria originária de representação formulada pela Secretaria de Licitações, Contratos e Patrimônio (Selip)/Segedam (TC 016.446/2021-6, de relatoria do Ministro Aroldo Cedraz, tendo sido proferido o Acórdão nº 1.999/2022 – Plenário)	81
3	Outros processos de controle externo em que a Lei nº 14.133/2021 foi abordada nas análises empreendidas	83
4	Conclusão	86
	Referências	88

CONTRATAÇÕES PÚBLICAS COMO INSTRUMENTO DE CONCRETIZAÇÃO DO *DEVER DE SUSTENTABILIDADE* E DOS ODS 5 E 12 DA AGENDA DA ONU PARA 2030: A CONTRATAÇÃO DE VÍTIMAS DE VIOLÊNCIA DE GÊNERO COMO UMA BOA PRÁTICA A SER AMPLIADA
Daniela Zago Gonçalves da Cunda, Letícia Ayres Ramos, Ana Carla Bliacheriene 91

1	Considerações iniciais	91
2	O dever constitucional de sustentabilidade, de equidade intra e intergeracional a tutelar o direito fundamental de igualdade de gênero	93
3	*Sustentabilidade* como um *direito humano* e o ODS 12 como mais um instrumental para a concretização do ODS 05 da Agenda da ONU para 2030	99
4	A nova Lei de Licitações e as ações afirmativas para uma maior *equidade de gêneros* (§9º do art. 25 e inc. III do art. 60) a promoverem a sustentabilidade multidimensional	101
5	Possibilidades de atuação dos tribunais de contas na concretização do *dever de sustentabilidade* nas contratações públicas para uma maior equidade de gêneros	106
6	Boas práticas a serem seguidas e ampliadas como a contratação de vítimas da violência de gênero	110
7	Considerações finais	112
	Referências	115

A LICITAÇÃO E A CONTRATAÇÃO DE SOLUÇÕES INOVADORAS DA LEI COMPLEMENTAR Nº 182/2021: UM PANORAMA DESAFIADOR AO CONTROLE EXTERNO BRASILEIRO
Jaqueline Jacobsen Marques, Adriano da Silva Felix 121

1	Introdução	121
2	O peculiar ecossistema do empreendedorismo inovador e das *startups*	122
3	O *design* de experiência do usuário (*ux design*) nas soluções de problemas complexos e tecnológicos	125
4	Panorama da evolução do conceito legal de inovação e do direito das *startups* na legislação brasileira	128
5	A licitação e a contratação estatal de soluções inovadoras segundo a Lei Complementar nº 182/2021	137
6	Principais desafios e condições de possibilidades ao controle externo das licitações e contratações públicas inovadoras	147
7	Considerações finais	152
	Referências	153

A TEORIA DAS INVALIDADES NA NOVA LEI DE CONTRATAÇÕES PÚBLICAS E O EQUILÍBRIO DOS INTERESSES ENVOLVIDOS
Flávio Germano de Sena Teixeira Júnior, Marcos Nóbrega 159

1	Introdução	159
2	O anacronismo da Teoria das Invalidades no Direito Administrativo brasileiro clássico: colocação do problema	163
2.1	Aplicabilidade da teoria da invalidação dos atos administrativos nas contratações públicas e a "obsolescência gramatical" da Lei nº 8.666/93	169
3	A Lei nº 13.655/2018 e o consequencialismo: ruptura com o paradigma do Direito Administrativo clássico	171
4	A teoria das invalidades à luz da Nova Lei de Contratações Públicas e o equilíbrio dos interesses envolvidos	174
5	À guisa de conclusão: invalidação e equilíbrio de interesses envolvidos	182
	Referências	183

A RESPONSABILIZAÇÃO DOS PARECERISTAS PERANTE OS TRIBUNAIS DE CONTAS
Milene Dias da Cunha 187

1 Introdução 187
2 Atuação do parecerista na nova lei de licitações e contratos 188
3 Atributos da responsabilização do parecerista 191
4 Erro grosseiro: interpretação e aplicação pelos tribunais de contas ... 197
5 Considerações finais 202
   Referências 203

AS DECISÕES CAUTELARES PROFERIDAS POR TRIBUNAIS DE CONTAS NO ÂMBITO DA FISCALIZAÇÃO DE PROCESSOS LICITATÓRIOS
Telmo de Moura Passareli, Lucas Alvim Paiva 207

1 Introdução 207
2 A competência dos tribunais de contas e a suspensão de licitações públicas 208
3 Teoria dos poderes implícitos e o poder geral de cautela 213
3.1 Teoria dos poderes implícitos 213
3.2 Requisitos e limites para a concessão da medida cautelar fundada no poder geral de cautela 216
4 As mudanças promovidas pela Lei nº 14.133/2021 no regime das medidas cautelares nos processos de controle externo 224
5 Conclusões 232
   Referências 234

OS IMPACTOS DA LEI Nº 14.133/2021 NA ATUAÇÃO E NA APLICAÇÃO DE SANÇÕES PELOS TRIBUNAIS DE CONTAS
Isaías Lopes da Cunha, Paula Tavares Fernandes 237

1 Introdução 237
2 Conceito e finalidade da licitação 239
3 Aspectos gerais, infrações e sanções na Lei nº 14.133/2021 240
3.1 Aspectos gerais da nova Lei de Licitações e Contratos 241
3.2 Infrações e sanções na nova Lei de Licitações e Contratos 241
4 Classificação das infrações na Lei nº 14.133/2021 e seus reflexos nos órgãos de controle 244
5 Impactos da Lei nº 14.133/2021 na classificação das infrações e na aplicação de sanções pelos tribunais de contas 250
6 Considerações finais 259
   Referências 261

SOBRE OS AUTORES 265

PREFÁCIO

As contratações públicas terão um marco importante no ano de 2023: a plena vigência da Lei nº 14.133, de 2021 (Nova Lei de Licitações e Contratos Administrativos), com a revogação definitiva, em 1º de abril de 2023, da Lei nº 8.666, de 1993.

Durante os trinta anos em que foi o paradigma legal das licitações, a Lei nº 8.666, de 1993, foi alvo de críticas, notadamente em relação a sua natureza procedimental. A legislação seguia os passos de seu antecessor, o Decreto-lei nº 2.300, de 1986, no sentido de determinar as etapas para a realização da licitação e estabelecer a moldura legal dos contratos administrativos. Em razão disso, havia uma percepção de engessamento na disciplina das contratações públicas que, na prática, significava aumento dos custos de transação, com um excesso de obras inacabadas e uma dificuldade na promoção do princípio da eficiência. Esse cenário era visto como prejudicial tanto para os cofres públicos (se gastava muito na atividade-meio) quanto para a execução das políticas públicas (se gastava mal na atividade-fim). Como consequência, o período em que a Lei nº 8.666, de 1993, esteve em vigor foi marcado por dois fenômenos: a "descodificação" das regras sobre licitações e contratos administrativos e a conformação da lei pelos tribunais e pelos órgãos de controle.

Chamo de "descodificação" a prática da edição de diversas leis sobre contratações públicas. A Lei nº 8.666, de 1993, foi modificada por vinte e nove vezes, sendo a primeira delas publicada em 1994, após menos de um ano de vigência do texto original. Essa constante mudança a transformou em uma verdadeira colcha de retalhos, o que impôs desafios na sua interpretação e aplicação. Ao mesmo tempo foram promulgadas leis esparsas sobre o tema, como a Lei nº 10.520, de 2002 (Lei do Pregão), e a Lei nº 12.462, de 2011 (Lei do Regime Diferenciado de Contratações). Esses dois diplomas legais, publicados respectivamente com uma e duas décadas de diferença em relação à Lei nº 8.666, de 1993, significaram uma tentativa de fuga ao modelo defasado do "Código de 1993" e tiveram o mérito de atualizar e modernizar as contratações públicas.

Ademais, a natureza procedimental da lei, a sua defasagem e a constante fragmentação normativa tiveram como consequência o que chamo de conformação da lei pelos tribunais e pelos órgãos de controle. Durante os últimos trinta anos, o Poder Judiciário e os tribunais de contas tiveram papel fundamental na aplicação e na interpretação da Lei nº 8.666, de 1993, pois não era possível extrair o sentido final das normas contidas em seus 126 artigos apenas pela leitura do texto legal. Acórdãos do Supremo Tribunal Federal, do Superior Tribunal de Justiça e do Tribunal de Contas da União possuíam igual ou maior relevância para o administrador do que a própria lei. Essa, na realidade, é uma característica do direito público oposta ao direito privado. Enquanto este tem natureza mais estática, com a sedimentação dos institutos e a consolidação pela vontade das partes, aquele tem natureza dinâmica, constantemente mutável e carece de constante atualização, seja por regulamentos, seja por decisões judiciais e de controle. Evidentemente que em relação às licitações isso foi amplificado pela ausência de uma coluna vertebral legislativa, muito em decorrência das constantes modificações. Por isso, foi importante a atuação das instâncias judiciais e controladoras para acompanhar as mutações do direito e conformar as regras sobre as contratações públicas.

Com efeito, verifico que ao longo de sua vigência houve um esvaziamento da Lei nº 8.666, o que culminou na necessidade de sua reforma total. Esse sentimento foi compartilhado pelos especialistas, pelos administradores, pelos particulares e, finalmente, pelo Congresso Nacional. Então, após um longo processo legislativo, surgiu a Lei nº 14.133, de 2021.

A NLLCA tem um perfil diferente; é mais ousada e ambiciosa. Embora não deixe de ter aspectos procedimentais, a nova lei tem natureza de norma conceitual, programática, que tem por objetivo induzir o comportamento da Administração Pública, prestigiando funções ignoradas pela legislação anterior como o planejamento, a governança, a integridade, a transparência e a parceria com setor privado. O exemplo mais significativo disso é a exigência de um plano de contratações prévio, antevendo as necessidades da Administração, que busca modificar a nossa cultura imediatista, pouco afeta ao planejamento. Com a implementação desses novos cânones, serão conquistados avanços na gestão pública, criando-se um ambiente de continuidade administrativa.

Essas inovações são acompanhadas de novas responsabilidades para os gestores públicos e, consequentemente, trazem um novo papel para a atividade de controle, que passará a avaliar a gestão por competência, a segregação de funções, os programas de integridade, as matrizes de riscos e o controle continuado.

Desse modo, a Lei nº 14.133 parece ser mais adaptável às mutações do direito público e à dinâmica do Direito Administrativo. Trata-se de um terreno fértil para estudos, buscando antever a interpretação dos novos institutos e a aplicação das novas diretrizes pela Administração e pelos órgãos de controle. É de se louvar, portanto, a iniciativa da AUDICON em organizar a presente obra.

O livro "Controle Externo e as mutações do Direito Público: Licitações e Contratos" conta com oito trabalhos de elevada qualidade acadêmica sobre aspectos importantes da Nova Lei de Licitações e Contratos Administrativos atinentes ao controle externo. Em todos os artigos, os autores conseguem instigar o leitor, sobretudo os que atuam perante as instâncias controladoras, além dos estudiosos que buscam se aprofundar no tema das contratações públicas. Sem me adiantar no conteúdo abordado em cada artigo, as reflexões trazidas na obra poderão informar o Poder Executivo na elaboração dos regulamentos da nova lei, auxiliar o gestor a tomar decisões na prática e contribuir para o exercício da atividade de controle nos tribunais de contas. Desejo a todos uma boa leitura!

Brasília, novembro de 2022.

Antonio Augusto Junho Anastasia
Ministro do Tribunal de Contas da União

A NOVA LEI DE LICITAÇÕES: APONTAMENTOS SOBRE INOVAÇÕES E IMPACTOS RELEVANTES PARA O EXERCÍCIO DO CONTROLE

LUIZ HENRIQUE LIMA

1 Introdução

Após muitos anos de tramitação legislativa, a Lei nº 14.133/2021, a Nova Lei de Licitações e Contratos Administrativos – NLL, foi finalmente sancionada e publicada em 1º de abril de 2021. Decorridos dois anos de sua publicação, esse novo regime substituirá a Lei de Licitações (Lei nº 8.666/1993), a Lei do Pregão (Lei nº 10.520/2002) e parte da Lei do Regime Diferenciado de Contratações – RDC (Lei nº 12.462/2011). Além disso, a NLL acrescenta um capítulo inteiro ao Código Penal (Capítulo II-B – Dos crimes em licitações e contratos administrativos).

A importância da NLL é extraordinária, pois se aplica a toda a Administração Pública, direta e indireta, de todos os poderes da União, estados, municípios e Distrito Federal, excetuadas apenas as empresas públicas, as sociedades de economia mista e as suas subsidiárias que são regidas por estatuto específico, a Lei nº 13.303/2016.[1]

A NLL alterou significativamente as regras para contratar com o setor público. Introduziu novos princípios, como os da celeridade, interesse público, planejamento e segregação de funções. Extinguiu as

---

[1] Também se excetuam situações específicas previstas nos §§2º, 3º e 5º do art. 1º e no art. 3º da Lei nº 14.133/2021.

modalidades convite e tomada de preços e criou uma nova: o diálogo competitivo. Trouxe como critérios de julgamento o maior desconto e o maior retorno econômico. Previu procedimentos auxiliares importantes como o credenciamento e a pré-qualificação.

Ademais, explicitou conceitos como sobrepreço, superfaturamento, reajustamento e repactuação. Inovou, concebendo os contratos de eficiência e exigindo o gerenciamento de riscos. Evoluiu positivamente no que concerne a temas como sustentabilidade, acessibilidade, incentivo às microempresas e meios alternativos de resolução de controvérsias, tais como a conciliação, a mediação e a arbitragem.

Em vigor desde a data de sua publicação, a nova lei não apenas buscou unificar e atualizar dispositivos presentes em vários diplomas anteriores como também incluiu diversas inovações e alterações, principalmente em relação à Lei nº 8.666/1993. Neste artigo, o objetivo é tratar de algumas dessas inovações que reputamos de especial relevância, bem como seus potenciais impactos para o exercício do controle da Administração Pública.

Com este trabalho, pretende-se contribuir para a reflexão acerca das alterações contidas na NLL e a promoção de um debate sobre aspectos que, eventualmente, poderão ser aperfeiçoados em futuras proposições legislativas.

O texto foi dividido em seis seções. Após esta introdução, comentam-se os dispositivos da nova lei referentes a sustentabilidade, acessibilidade, integridade, meios alternativos de resolução de controvérsia, microempresas e empresas de pequeno porte, e governança. Na seção seguinte, cuida-se de instrumentos instituídos pela nova norma, como o Plano de Contratações Anual, o Portal Nacional de Contratações Públicas, as centrais de compras, os contratos de eficiência e outras modalidades contratuais, a avaliação de desempenho e as regras de desempate dos certames. A seguir, abordam-se as disposições relativas ao controle interno, ao controle externo exercido pelos tribunais de contas e ao controle social. Na penúltima seção, discutem-se os impactos de tais inovações para o exercício do controle. Por fim, apresenta-se uma síntese das considerações sobre a Lei nº 14.133/2021.

2 Inovações relevantes

2.1 Sustentabilidade

Como se sabe, um dos princípios constitucionais da atividade econômica é a defesa do meio ambiente, inclusive mediante tratamento diferenciado conforme o impacto ambiental dos produtos e serviços e de seus processos de elaboração e prestação.² Isso significa, por exemplo, que produtos ou serviços cuja fabricação ou prestação envolva maiores cuidados ambientais podem merecer tratamento tributário diferenciado em relação a outros similares que não pratiquem tais cuidados.

Comparando a Lei nº 14.133/2021 com a Lei nº 8.666/1993, é possível considerar que a sustentabilidade ganhou muito maior destaque na nova norma. Na Lei nº 14.133/2021, há pelo menos doze menções ao tema da sustentabilidade que alcançam inúmeros aspectos dos processos de licitação e contratação e da execução contratual.

Desde 2010, com a alteração promovida pela Lei nº 12.349/2010, o art. 3º da Lei nº 8.666/1993 mencionava que a licitação se destina a garantir a observância do princípio constitucional da isonomia, a seleção da proposta mais vantajosa para a Administração e a promoção do desenvolvimento nacional sustentável.

Na NLL essa definição robusteceu-se, pois foi fixado como um dos objetivos do processo licitatório o incentivo à inovação e ao desenvolvimento nacional sustentável.³ No mesmo sentido, também é relevante a menção de que a contratação mais vantajosa para a Administração Pública deve considerar o ciclo de vida do objeto.

Além disso, desde a fase preparatória do processo licitatório, o estudo técnico preliminar deve conter a descrição de possíveis impactos ambientais e respectivas medidas mitigadoras, incluídos requisitos de baixo consumo de energia e de outros recursos, bem como logística reversa para o desfazimento e reciclagem de bens e refugos, quando aplicável.⁴ Ademais, tanto para o anteprojeto como para o projeto básico são exigidos elementos relacionados ao impacto ambiental da obra ou serviço e o seu adequado tratamento.⁵

Outra inovação da Lei nº 14.133/2021 relativa ao tema sustentabilidade – e, possivelmente, a mais importante – é a consideração dos custos indiretos relacionados a impactos ambientais no cômputo de menor dispêndio para a Administração nas hipóteses de julgamento por menor preço ou maior desconto e, quando couber, por técnica e preço.⁶ Desta forma, o maior ou menor impacto ambiental de uma proposta,

---

[2] Constituição da República: art. 170, inciso VI.
[3] Lei nº 14.133/2021: art. 11, inciso IV.
[4] Lei nº 14.133/2021: art. 18, inciso I, §1º, XII.
[5] Lei nº 14.133/2021: art. 6º, incisos XXIV e XXV.
[6] Lei nº 14.133/2021: art. 34, §1º.

quando economicamente quantificado, poderá ser determinante para o resultado de um certame licitatório. No mesmo sentido, também é relevante a menção de que a contratação mais vantajosa para a Administração Pública deve considerar o ciclo de vida do objeto.[7]

Cumpre salientar que essa inclusão dos custos, e eventualmente dos benefícios ambientais, nas planilhas econômicas é uma proposta que os economistas ecológicos e do meio ambiente formulam desde a Conferência das Nações Unidas sobre o Meio Ambiente e o Desenvolvimento, a Rio-92 (LIMA, 2001). Trata-se de utilizar o poder de mercado dos governos como indutor de práticas sustentáveis pelos agentes econômicos privados.

Ainda na etapa de julgamento, a Lei nº 14.133/2021 prevê que a prova de qualidade de produto apresentado admitirá certificação, certificado, laudo laboratorial ou documento similar que possibilite a aferição da qualidade e da conformidade do produto ou do processo de fabricação, inclusive sob o aspecto ambiental.[8]

Em caso de empate entre duas ou mais propostas, em igualdade de condições, se não houver desempate, um dos critérios de preferência será para os bens e serviços produzidos ou prestados por empresas que comprovem a prática de mitigação, nos termos da Lei nº 12.187/2009 – Política Nacional sobre Mudança do Clima.[9]

Também será possível estabelecer margem de preferência para bens reciclados, recicláveis ou biodegradáveis.[10]

No caso de obras e serviços de engenharia, a lei estabelece que as licitações de obras e serviços de engenharia devem respeitar normas relativas à disposição final ambientalmente adequada dos resíduos sólidos gerados pelas obras e à mitigação por condicionantes e compensação ambiental.[11]

Por fim, o desempenho do contratado com base em critérios de sustentabilidade ambiental influenciará a sua remuneração variável e que a existência de riscos sociais e ambientais será considerada na decisão sobre a suspensão da execução ou sobre a declaração de nulidade do contrato.[12]

---

[7] Lei nº 14.133/2021: art. 11, inciso I.
[8] Lei nº 14.133/2021: art. 42, inciso III.
[9] Lei nº 14.133/2021: art. 60, §1º, inciso IV.
[10] Lei nº 14.133/2021: art. 26, inciso II.
[11] Lei nº 14.133/2021: art. 45, incisos I e II.
[12] Lei nº 14.133/2021: arts. 144 e 147.

Além disso, os licenciamentos ambientais de obras e serviços de engenharia licitados e contratados nos termos da NLL terão prioridade de tramitação nos órgãos e entidades integrantes do Sistema Nacional do Meio Ambiente e deverão ser orientados pelos princípios da celeridade, da cooperação, da economicidade e da eficiência.[13]

Como se vê, a Lei nº 14.133/2021 não só manteve a previsão de busca da promoção do desenvolvimento nacional sustentável constante do art. 3º da Lei nº 8.666/1993, mas se aprofundou nas questões relativas à sustentabilidade. As inovações trazidas pela NLL são positivas. Espera-se que a aplicação da nova norma traga benefícios para o meio ambiente e o desenvolvimento sustentável.

2.2 Acessibilidade

De acordo com o art. 2º da Lei nº 10.098/2000, acessibilidade é a possibilidade e condição de alcance para utilização, com segurança e autonomia, dos espaços, mobiliários e equipamentos urbanos, das edificações, dos transportes e dos sistemas e meios de comunicação, por pessoa portadora de deficiência ou com mobilidade reduzida.

Embora desde 2015 fosse considerado ato de improbidade administrativa deixar de cumprir a exigência de requisitos de acessibilidade previstos na legislação,[14] lamentavelmente tal previsão foi suprimida pela Lei nº 14.230/2021, o que torna ainda mais importante que a NLL preveja expressamente que os parâmetros de acessibilidade sejam observados.

Apesar da doutrina apontar que a acessibilidade para pessoas com deficiências era requisito da legalidade, legitimidade e economicidade das edificações públicas (LIMA, 2009), na Lei nº 8.666/1993 o tema da acessibilidade era ignorado até 2015, quando a Lei nº 13.146/2015 (Estatuto da Pessoa com Deficiência) introduziu como critério de desempate entre licitantes a preferência para empresas que comprovem cumprimento de reserva de cargos prevista em lei para pessoa com deficiência e atendam às regras de acessibilidade previstas na legislação.

Por sua vez, a NLL é absolutamente clara ao dispor que todos os anteprojetos de obras e edificações públicas a serem licitados devem conter parâmetros de adequação ao interesse público, de economia

---

[13] Lei nº 14.133/2021: art. 25, §6º.
[14] Lei nº 8.429/1992: art. 11, inciso IX, incluído pela Lei nº 13.146/2015.

na utilização, de facilidade na execução, de impacto ambiental e de acessibilidade[15] e que as licitações de obras e serviços de engenharia devem respeitar, especialmente, as normas relativas à acessibilidade para pessoas com deficiência ou mobilidade reduzida.[16]

E a verificação do cumprimento por empresas da reserva de cargos prevista em lei para pessoa com deficiência ou para reabilitado da Previdência Social e do atendimento às regras de acessibilidade previstas na legislação deixou de ser um critério de desempate entre licitantes,[17] tornando-se obrigatória como exigência para habilitação de licitante e cláusula contratual cuja comprovação de cumprimento deverá ser comprovada durante toda a execução contratual, sendo seu descumprimento motivo para a extinção do contrato.[18]

Se devidamente aplicada, a NLL trará impactos bastante positivos para a vida das pessoas com deficiência.

2.3 Integridade

Integridade é um princípio de governança pública.[19] A expressão, que nunca constou da Lei nº 8.666/1993, tornou-se objeto de destaque na NLL que, por diversas vezes, enfatiza a necessidade de existência de um programa de integridade nas pessoas jurídicas de direito privado, contratantes com a administração pública.

Assim, a implantação de programa de integridade pelo licitante vencedor, no prazo de seis meses, contado da celebração do contrato, será obrigatoriamente prevista nos editais para contratações de obras, serviços e fornecimentos de grande vulto.[20] [21] Regulamento, ainda por ser editado, deverá dispor sobre as medidas a serem adotadas, a forma de comprovação e as penalidades pelo seu descumprimento.

Também, em caso de empate entre duas ou mais propostas, o quarto critério de desempate será o desenvolvimento pelo licitante de programa de integridade, conforme orientações dos órgãos de controle.[22]

---

[15] Lei nº 14.133/2021: art. 6º, inciso XXIV, "e".
[16] Lei nº 14.133/2021: art. 45, inciso VI.
[17] Lei nº 8.666/1993: art. 3º, §2º, V.
[18] Lei nº 14.133/2021: arts. 63, IV; 92, XVII; 116, parágrafo único; e 137, IX.
[19] Decreto nº 9.203/2017: art. 3º, inciso II.
[20] Assim considerados aqueles cujo valor estimado supera R$ 216.081.640,00 (duzentos e dezesseis milhões oitenta e um mil seiscentos e quarenta reais) (Lei nº 14.133/2021: art. 6º, XXII, valor atualizado pelo Decreto nº 10.922/2021).
[21] Lei nº 14.133/2021: art. 25, §4º.
[22] Lei nº 14.133/2021: art. 60, IV.

E, quando cabível a aplicação de sanções aos responsáveis pelas infrações administrativas previstas na NLL, serão considerados na sua dosimetria a implantação ou o aperfeiçoamento de programa de integridade, conforme normas e orientações dos órgãos de controle.[23]

Finalmente, a implantação ou aperfeiçoamento de programa de integridade pelo responsável será exigida como condição de reabilitação do licitante ou contratado que tenha sofrido sanção pelas[24] infrações de apresentar declaração ou documentação falsa exigida para o certame ou prestar declaração falsa durante a licitação ou a execução do contrato ou, ainda, de atos lesivos à Administração Pública, nacional ou estrangeira, previstos na Lei nº 12.846/2012 – Lei Anticorrupção.

Na prática, ao estabelecer essas regras, a NLL incentiva a implantação de programas de integridade por parte dos licitantes.

Como será comentado adiante, para os órgãos de controle a competência de orientar a implantação e o desenvolvimento de programas de integridade representa uma inovação, que exigirá adaptação, capacitação e articulação.

A Associação dos Membros dos Tribunais de Contas – Atricon e o Instituto Rui Barbosa – IRB editaram a Resolução Conjunta nº 001/2022, dispondo sobre normas gerais para a instituição de sistemas de integridade no âmbito dos tribunais de contas, considerando que, uma vez que os órgãos de controle deverão prover orientação, é salutar que também possuam um programa de integridade implementado. Tais sistemas objetivam a disseminação da cultura de integridade e de ética, bem como a promoção de medidas e ações institucionais destinadas à prevenção, à detecção, à punição e à remediação de irregularidades, infrações disciplinares, fraudes e quaisquer outros atos relacionados à corrupção em sentido amplo (ATRICON-IRB, 2022).

Espera-se que as inovações trazidas pela NLL contribuam para uma Administração Pública mais íntegra, que inspire mais confiança na sociedade e seja capaz de assegurar a boa execução das políticas públicas.

2.4 Meios alternativos de resolução de controvérsias

Uma importante inovação da NLL diz respeito à possibilidade de a Administração Pública utilizar meios alternativos de resolução de

---

[23] Lei nº 14.133/2021: art. 156, §1º, V.
[24] Lei nº 14.133/2021: art. 163, parágrafo único.

controvérsias com os seus contratados, como a conciliação, a mediação, o comitê de resolução de disputas e a arbitragem. Nada disso tinha previsão no ordenamento jurídico anterior de licitações e contratos.

Antes de expor o que a NLL estabelece, importante diferenciar os conceitos de mediação e arbitragem. Ambas são modalidades de resolução de conflitos que prescindem do recurso ao Poder Judiciário e pretendem ser mais céleres e de menores custos para os envolvidos. Na mediação, o mediador atua para promover um diálogo entre as partes, que chegam a uma solução de comum acordo. Na arbitragem, as partes escolhem um árbitro que, examinando os argumentos de ambas, adota uma decisão – a sentença arbitral – que não será objeto de recurso judicial. A conciliação, por sua vez, assemelha-se à mediação, nas ações em que não houver vínculo anterior entre as partes.[25] A mediação é regulada pela Lei nº 13.140/2015 e a arbitragem pela Lei nº 9.307/1996.

Em 2015, a Lei nº 13.129 alterou a lei da arbitragem para introduzir a hipótese da Administração Pública direta e indireta utilizar a arbitragem, mas mencionando apenas a possibilidade de dirimir conflitos relativos a direitos patrimoniais disponíveis. No mesmo ano, a Lei nº 13.190/2015 acrescentou o art. 44-A à Lei do RDC, prevendo que nos contratos por ela regidos poderá ser admitido o emprego dos mecanismos privados de resolução de disputas, inclusive a arbitragem, a ser realizada no Brasil e em língua portuguesa, e a mediação, para dirimir conflitos decorrentes da sua execução ou a ela relacionados.

Agora, a NLL dedicou todo o Capítulo XII do seu Título III – Dos Contratos Administrativos à disciplina "Dos meios alternativos de resolução de controvérsias".

Assim, nas contratações regidas pela NLL poderão ser utilizados meios alternativos de prevenção e resolução de controvérsias, notadamente a conciliação, a mediação, o comitê de resolução de disputas e a arbitragem, inclusive nas controvérsias relacionadas a direitos patrimoniais disponíveis, como as questões relacionadas ao restabelecimento do equilíbrio econômico-financeiro do contrato, ao inadimplemento de obrigações contratuais por quaisquer das partes e ao cálculo de indenizações.[26]

Em relação às contratações públicas, a arbitragem será sempre de direito e observará o princípio da publicidade.[27] Isso porque, entre

---

[25] Código de Processo Civil; art. 165.
[26] Lei nº 14.133/2021: art. 151.
[27] Lei nº 14.133/2021: art. 152.

particulares, a arbitragem pode ser efetuada por equidade e em caráter confidencial.

A adoção dos meios alternativos de resolução de controvérsias poderá ser feita mediante aditamento contratual, isto é, mesmo sem ter sido prevista durante a licitação.[28] O processo de escolha dos árbitros, dos colegiados arbitrais e dos comitês de resolução de disputas observará critérios isonômicos, técnicos e transparentes.[29]

Finalmente, há previsão da possibilidade de extinção do contrato de modo consensual, por acordo entre as partes, por conciliação, por mediação ou por comitê de resolução de disputas, desde que haja interesse da Administração, ou, ainda, determinada por decisão arbitral, em decorrência de cláusula compromissória ou compromisso arbitral.[30]

A compreensão desses novos instrumentos e a sua implementação representam um desafio para gestores historicamente acomodados à tradição de judicializar as controvérsias. É ainda um desafio para a atuação dos tribunais de contas, no exercício do controle externo, cabendo-lhes também inovar em seus procedimentos de fiscalização e consolidar uma jurisprudência específica.

Neste sentido, cabe salientar que, no que concerne aos processos de controle externo, a Atricon editou a Nota Recomendatória 02/2002 com recomendação aos tribunais de contas brasileiros para que, observado o regime jurídico-administrativo, adotem instrumentos de solução consensual de conflitos, aprimorando essa dimensão nos processos de controle externo.

2.5 Microempresas e empresas de pequeno porte

O Estatuto Nacional da Microempresa e da Empresa de Pequeno Porte foi instituído pela Lei Complementar – LC nº 123/2006. Tal diploma estabelece normas gerais relativas ao tratamento diferenciado e favorecido a ser dispensado às microempresas e empresas de pequeno porte – ME e EPP no âmbito dos Poderes da União, dos Estados, do Distrito Federal e dos Municípios, especialmente no que se refere ao acesso a crédito e ao mercado, inclusive quanto à preferência nas aquisições

---

[28] Lei nº 14.133/2021: art. 153.
[29] Lei nº 14.133/2021: art. 154.
[30] Lei nº 14.133/2021: art. 138, incisos II e III.

de bens e serviços pelos Poderes Públicos.[31] O tratamento diferenciado e simplificado a ser concedido às ME e EPP nas contratações públicas da administração direta e indireta, autárquica e fundacional, federal, estadual e municipal tem como objetivo a promoção do desenvolvimento econômico e social no âmbito municipal e regional, a ampliação da eficiência das políticas públicas e o incentivo à inovação tecnológica.[32]

Os dispositivos relativos a licitações constam do Capítulo V da norma, nos arts. 42 a 49, com alterações introduzidas pelas Leis Complementares nºs 147/2014 e 155/2016. A NLL dispõe expressamente que tais dispositivos são aplicáveis às licitações e contratos por ela regidos, com algumas exceções, que examinaremos a seguir.[33]

O critério para definição de microempresa ou de empresa de pequeno porte é singelo: a receita bruta anual, assim considerado o produto da venda de bens e serviços nas operações de conta própria, o preço dos serviços prestados e o resultado nas operações em conta alheia, não incluídas as vendas canceladas e os descontos incondicionais concedidos. Se no ano-calendário em análise, a sociedade empresária, a sociedade simples, a empresa individual de responsabilidade limitada ou o empresário auferirem receita bruta igual ou inferior a R$ 360.000,00 (trezentos e sessenta mil reais) serão, para os efeitos do Estatuto, considerados microempresas.[34] Quando a receita bruta for superior a R$ 360.000,00 (trezentos e sessenta mil reais) e igual ou inferior a R$ 4.800.000,00 (quatro milhões e oitocentos mil reais), serão considerados empresas de pequeno porte.[35]

Sinteticamente, a LC nº 123/2006 prevê:

a) flexibilidade para a comprovação de regularidade fiscal e trabalhista das ME e EPP e para a regularização da documentação, para pagamento ou parcelamento do débito, e para emissão de eventuais certidões negativas ou positivas com efeito de certidão negativa;[36]

b) preferência de contratação para as ME e EPP como critério de desempate;[37]

c) definição como situações de empate aquelas em que as propostas apresentadas pelas microempresas e empresas de pequeno porte sejam

---

[31] LC nº 123/2006: art. 1º, inciso III.
[32] LC nº 123/2006: art. 47.
[33] Lei nº 14.133/2021: art. 4º.
[34] LC nº 123/2006: art. 3º, inciso I.
[35] LC nº 123/2006: art. 3º, inciso II.
[36] LC nº 123/2006: arts. 42 e 43.
[37] LC nº 123/2006: art. 44, *caput*.

iguais ou até 10% (dez por cento) superiores à proposta mais bem classificada, sendo que na modalidade pregão, o intervalo percentual será de até 5 % (cinco por cento) superior ao melhor preço;[38]

d) realização de processo licitatório destinado exclusivamente à participação de ME e EPP nos itens de contratação cujo valor seja de até R$ 80.000,00 (oitenta mil reais);[39]

e) possibilidade de exigir dos licitantes a subcontratação de ME ou EPP;[40]

f) em certames para aquisição de bens de natureza divisível, estabelecimento de cota de até 25% (vinte e cinco por cento) do objeto para a contratação de ME e EPP;[41] e

g) preferência para ME e EPP nas compras por dispensa de licitação em razão do valor inferior ao mínimo legalmente previsto.[42]

Observe-se que a NLL prevê, no seu art. 60, critérios de desempate em situações que não envolvam MEs e EPPs, ressalvando, expressamente, no §2º do dispositivo que tais regras não prejudicarão a aplicação do disposto no art. 44 da LC nº 123/2006.

Por sua vez, nos termos do §1º do art. 4º da NLL, as disposições referentes às MEs e EPPs não são aplicadas:

I – no caso de licitação para aquisição de bens ou contratação de serviços em geral, ao item cujo valor estimado for superior à receita bruta máxima admitida para fins de enquadramento como EPP;

II – no caso de contratação de obras e serviços de engenharia, às licitações cujo valor estimado for superior à receita bruta máxima admitida para fins de enquadramento como EPP.

Ademais, conforme o §2º do dispositivo, a obtenção dos benefícios previstos na LC nº 123/2006 fica limitada às microempresas e às empresas de pequeno porte que, no ano-calendário de realização da licitação, ainda não tenham celebrado contratos com a Administração Pública cujos valores somados extrapolem a receita bruta máxima admitida para fins de enquadramento como empresa de pequeno porte, devendo o órgão ou entidade exigir do licitante declaração de observância desse limite na licitação. No caso de contratações com prazo de

---

[38] LC nº 123/2006: art. 44, §§1º e 2º.
[39] LC nº 123/2006: art. 48, inciso I.
[40] LC nº 123/2006: art. 48, inciso II.
[41] LC nº 123/2006: art. 48, inciso III.
[42] LC nº 123/2006: art. 49, inciso IV.

vigência superior a um ano, será considerado para aplicação dos limites o valor anual do contrato.

Além de reafirmar o tratamento privilegiado previsto na LC nº 123/2006, a NLL introduziu um importante benefício para as ME e EPP: a possibilidade de receber o pagamento que lhe é devido sem que a Administração Pública observe a ordem cronológica das obrigações.[43] A previsão está sujeita a duas condições:

> a) a prévia justificativa da autoridade competente e posterior comunicação ao órgão de controle interno da Administração e ao tribunal de contas competente, e
>
> b) a demonstração do risco de descontinuidade do cumprimento do objeto do contrato.

Finalmente, no caso da participação em certame licitatório de consórcios compostos, em sua totalidade, de microempresas e pequenas empresas, não se aplica o acréscimo de 10% (dez por cento) a 30% (trinta por cento) sobre o valor exigido de licitante individual para a habilitação econômico-financeira.[44]

Em suma, as microempresas e empresas de pequeno porte foram alcançadas positivamente pela NLL, que manteve e ampliou as previsões da LC nº 123/2006.

2.6 Governança

Antes da edição da NLL, o tema da governança tinha sido objeto do Decreto nº 9.203/2017, que dispõe sobre a política de governança da Administração Pública federal direta, autárquica e fundacional, governança no setor público. Nesse diploma, governança é conceituada como o conjunto de mecanismos de liderança, estratégia e controle postos em prática para avaliar, direcionar e monitorar a gestão, com vistas à condução de políticas públicas e à prestação de serviços de interesse da sociedade.[45]

Todavia, o tema carecia de previsão legal *stricto sensu* e direcionada a todos os entes federados.

A NLL preencheu parcialmente a lacuna, ao buscar fortalecer a governança pública prescrevendo uma nova diretriz para a alta

---

[43] Lei nº 14.133/2021: art. 141, §1º, inciso II.
[44] Lei nº 14.133/2021: art. 15, §2º.
[45] Decreto nº 9.203/2017: art. 2º, inciso I.

administração de órgãos e entidades, atribuindo-lhes responsabilidade pela governança das contratações e o respectivo dever de implementar processos e estruturas de gestão de riscos e controles. Neste sentido, cumpre-lhe avaliar, direcionar e monitorar os processos licitatórios e os respectivos contratos, com o intuito de alcançar os seus quatro objetivos, promover um ambiente íntegro e confiável, além de eficiência, efetividade e eficácia em suas contratações.[46]

Os referidos objetivos são:

> I – assegurar a seleção da proposta apta a gerar o resultado de contratação mais vantajoso para a Administração Pública, inclusive no que se refere ao ciclo de vida do objeto;
> II – assegurar tratamento isonômico entre os licitantes, bem como a justa competição;
> III – evitar contratações com sobrepreço ou com preços manifestamente inexequíveis e superfaturamento na execução dos contratos; e
> IV – incentivar a inovação e o desenvolvimento nacional sustentável.[47]

Assim, apesar de haver apenas duas menções a "governança" na NLL, há previsão de diversos mecanismos de liderança, estratégia e controle para avaliação, direcionamento e monitoramento dos processos licitatórios.

No que diz respeito à governança das contratações na NLL, merecem destaque, entre outros aspectos:

> I – a exigência da observância do princípio do planejamento na aplicação da lei;[48]
> II – a menção à elaboração de plano de contratações anual, com o objetivo de racionalizar as contratações dos órgãos e entidades sob sua competência, garantir o alinhamento com o seu planejamento estratégico e subsidiar a elaboração das respectivas leis orçamentárias;[49]
> III – a disposição de que as contratações públicas deverão submeter-se a práticas contínuas e permanentes de gestão de riscos e de controle preventivo, inclusive mediante adoção de recursos de tecnologia da informação;[50]

---

[46] Lei nº 14.133/2021: art. 11, parágrafo único.
[47] Lei nº 14.133/2021: art. 11, *caput*.
[48] Lei nº 14.133/2021: art. 5.
[49] Lei nº 14.133/2021: art. 12, inciso VII.
[50] Lei nº 14.133/2021: art. 169, *caput*.

IV – a necessidade de se assegurar o alinhamento das contratações ao planejamento estratégico e às leis orçamentárias;[51] e

V – o dever de, nas contratações de obras, serviços e fornecimentos de grande vulto, o edital prever a obrigatoriedade de implantação de programa de integridade pelo licitante vencedor.[52]

As autoridades que atuam na estrutura de governança do órgão ou entidade integram a chamada primeira linha de defesa das contratações públicas juntamente com servidores e empregados públicos e agentes de licitação.[53]

Como assinalado, antes da edição da NLL, o tema da governança não era objeto de norma legal direcionada a todos os entes federados. Desse modo, é provável que diversos órgãos e entidades ainda não contem com estruturas de governança ou possuam apenas estruturas incipientes e frágeis. Assim, a aplicação da NLL exigirá a criação e o fortalecimento das estruturas de governança em todas as áreas da Administração Pública.

3 Instrumentos inovadores

O planejamento e a transparência estão entre os princípios que devem reger os procedimentos de licitação e de contratação no setor público.[54] De modo a conferir-lhes concretude, a NLL previu instrumentos como o Plano de Contratações Anual e o Portal Nacional de Contratações Públicas. Por sua vez, instrumentos como as centrais de compras, os catálogos eletrônicos de padronização, os contratos de eficiência e a avaliação de desempenho vinculam-se a princípios como a eficiência, a eficácia, a competitividade, a celeridade e a economicidade.

3.1 O Plano de Contratações Anual

Uma inovação de grande importância na NLL é a previsão do Plano de Contratações Anual, a ser elaborado pelos órgãos responsáveis pelo planejamento de cada ente federativo, com o objetivo de racionalizar as contratações dos órgãos e entidades sob sua competência, garantir

---

[51] Lei nº 14.133/2021: art. 11, parágrafo único.
[52] Lei nº 14.133/2021: art. 25, §4º.
[53] Lei nº 14.133/2021: art. 169, inciso I.
[54] Lei nº 14.133/2021: art. 5º.

o alinhamento com o seu planejamento estratégico e subsidiar a elaboração das respectivas leis orçamentárias.[55]

Essa racionalização ocorrerá por meio da promoção de contratações centralizadas e compartilhadas, a fim de obter economia de escala, padronização de produtos e serviços e redução de custos processuais. Entre os resultados esperados estão os de evitar o fracionamento de despesas e sinalizar intenções ao mercado fornecedor, de forma a aumentar o diálogo potencial com o mercado e incrementar a competitividade.

Desta forma, na preparação dos certames licitatórios, o responsável deve certificar a sua compatibilidade com o plano de contratações anual e com as leis orçamentárias.[56]

Referido plano de contratações anual deverá ser divulgado e mantido à disposição do público em sítio eletrônico oficial e será observado pelo ente federativo na realização de licitações e na execução dos contratos.[57]

Uma rápida consulta nos mecanismos de busca da internet, e especialmente ao Portal Nacional de Contratações Públicas,[58] revela que, vinte meses após a entrada em vigência da NLL, a esmagadora maioria de municípios e estados ainda não dispõe do seu plano de contratações anual. Na esfera federal, a matéria foi objeto de regulamentação com a edição do Decreto nº 10.947/2022.

Embora a elaboração do plano não seja obrigatória, ela é de todo recomendável, pelo seu potencial de contribuir para reduzir desperdícios e falhas, aprimorar a gestão de aquisições e contratos e conferir maior realismo à elaboração dos orçamentos. O instrumento traz racionalização e ordenamento aos processos de aquisição, alinhamento ao planejamento estratégico e compatibilidade com a programação orçamentária. Assim, é necessário e urgente que nossos governantes adotem as providências de sua responsabilidade para implantar efetivamente o plano de contratações anual.

3.2 O Portal Nacional de Contratações Públicas e a dispensa eletrônica de licitações

A NLL instituiu o Portal Nacional de Contratações Públicas – PNCP. O PNCP, sítio eletrônico oficial, se destina à divulgação

---

[55] Lei nº 14.133/2021: art. 12, inciso VII.
[56] Lei nº 14.133/2021: art. 18, *caput*.
[57] Lei nº 14.133/2021: art. 12, §1º.
[58] Disponível em: www.pncp.gov.br.

centralizada e obrigatória dos atos exigidos pela lei e à realização facultativa das contratações pelos órgãos e entidades dos Poderes Executivo, Legislativo e Judiciário de todos os entes federativos.[59]

O PNCP será gerido pelo Comitê Gestor da Rede Nacional de Contratações Públicas.[60][61] Entre as informações acerca das contratações que deverão constar do PNCP, incluem-se:

I – planos de contratação anuais;
II – catálogos eletrônicos de padronização;
III – editais de credenciamento e de pré-qualificação, avisos de contratação direta e editais de licitação e respectivos anexos;
IV – atas de registro de preços;
V – contratos e termos aditivos.[62]

O PNCP deverá ofertar múltiplas funcionalidades, entre as quais:

I – sistema de registro cadastral unificado;
II – painel para consulta de preços, banco de preços em saúde e acesso à base nacional de notas fiscais eletrônicas;
III – sistema de planejamento e gerenciamento de contratações, incluído o cadastro de atesto de cumprimento de obrigações;
IV – sistema eletrônico para a realização de sessões públicas;
V – acesso ao Cadastro Nacional de Empresas Inidôneas e Suspensas – Ceis e ao Cadastro Nacional de Empresas Punidas – Cnep;
VI – sistema de gestão compartilhada com a sociedade de informações referentes à execução do contrato;[63]

Por fim, o PNCP adotará o formato de dados abertos e observará as exigências previstas na Lei nº 12.527/2011 – Lei de Acesso à Informação.

A dispensa eletrônica de licitações[64] permite multiplicar a competitividade, informando automaticamente todos os fornecedores cadastrados da intenção de compra de determinado item por determinado órgão, permitindo-lhes a apresentação de propostas de modo eletrônico.

---

[59] Lei nº 14.133/2021: art. 174, incisos I e II.
[60] Lei nº 14.133/2021: art. 174, §1º.
[61] Regulamentado pelo Decreto nº 10.764/2021.
[62] Lei nº 14.133/2021: art. 174, §2º.
[63] Lei nº 14.133/2021: art. 174, §3º.
[64] Instrução Normativa SEGES/ME 67, de 8 de julho de 2021.

Com isso, espera-se reduzir a ocorrência de dois arraigados vícios que já causaram muito prejuízo ao erário: o fracionamento de despesas e o direcionamento das contratações diretas.

A expectativa é de que, quando o PNCP estiver implementado, seja útil a todas as partes interessadas nos certames: Administração Pública, fornecedores e sociedade, favorecendo a competitividade, contribuindo para a escolha da proposta mais vantajosa e evitando contratações com sobrepreço e o superfaturamento na execução dos contratos.

3.3 As centrais de compras e os catálogos eletrônicos de padronização

A NLL contém diversos instrumentos que, sendo corretamente aplicados, podem representar significativa redução de custos nas aquisições de bens e na contratação de obras e serviços.

Dois dos que merecem maior destaque são a instituição de centrais de compras e do catálogo eletrônico de padronização de compras, serviços e obras.

De acordo com a NLL, os entes federativos instituirão centrais de compras com o objetivo de realizar compras em grande escala, para atender a diversos órgãos e entidades sob sua competência e atingir as finalidades da Lei, como buscar o resultado de contratação mais vantajoso para a Administração Pública, evitar contratações com sobrepreço e incentivar a inovação e o desenvolvimento nacional sustentável.[65]

No caso dos municípios de menor porte, com até 10.000 (dez mil) habitantes, serão preferencialmente constituídos consórcios públicos para a realização das atividades das centrais de compras.[66] Anote-se que já existe no país uma considerável experiência de consórcios intermunicipais, especialmente na prestação de serviços de saúde.

Por sua vez, o catálogo eletrônico de padronização de compras, serviços e obras é um sistema informatizado, de gerenciamento centralizado e com indicação de preços, destinado a permitir a padronização de itens a serem adquiridos pela Administração Pública e que estarão disponíveis para a licitação.[67] Os órgãos da Administração com competências regulamentares relativas às atividades de administração de

---

[65] Lei nº 14.133/2021: art. 181.
[66] Lei nº 14.133/2021: art. 181, parágrafo único.
[67] Lei nº 14.133/2021: art. 6º, inciso LI.

materiais, de obras e serviços e de licitações e contratos deverão criar catálogo eletrônico de padronização de compras, serviços e obras, admitida a adoção do catálogo do Poder Executivo federal por todos os entes federativos.[68] [69]

O catálogo poderá ser utilizado em licitações cujo critério de julgamento seja o de menor preço ou o de maior desconto e conterá toda a documentação e os procedimentos próprios da fase interna de licitações, assim como as especificações dos respectivos objetos, devendo a sua eventual não utilização ser justificada por escrito e anexada ao respectivo processo licitatório.[70]

As centrais de compras darão aos gestores públicos maior poder de negociação e os catálogos eletrônicos induzirão o estabelecimento de padrões mínimos de qualidade que deverão ser alcançados pelos interessados em contratar com os órgãos governamentais.

3.4 Os contratos de eficiência e outras modalidades contratuais

A NLL pretende contribuir para uma maior efetividade e qualidade nas contratações públicas. O tratamento de algumas modalidades contratuais específicas é merecedor de análise.

A previsão da celebração de contratos de eficiência é uma importante inovação da Lei nº 14.133/2021, a Nova Lei de Licitações e Contratos – NLL, aplicável à Administração Pública federal, estadual e municipal. O mecanismo surgiu na anterior Lei do Regime Diferenciado de Contratações e depois no Estatuto das Estatais.[71]

O contrato de eficiência é aquele cujo objeto é a prestação de serviços, que pode incluir a realização de obras e o fornecimento de bens, com o objetivo de proporcionar economia ao contratante, na forma de redução de despesas correntes, remunerado o contratado com base em percentual da economia gerada.[72] Em outras palavras, a Administração Pública contrata um particular para executar um serviço cujo produto será uma redução nas suas despesas, naturalmente sem comprometer a oferta ou a qualidade dos serviços ofertados à população.

---

[68] Lei nº 14.133/2021: art. 19, inciso II.
[69] No âmbito da União, regulamentado pela Portaria SEGES/ME 938/2022.
[70] Lei nº 14.133/2021: art. 19, §§1º e 2º.
[71] Lei nº 13.303/2016.
[72] Lei nº 14.133/2021: art. 6º, inciso LIII.

O contratado será remunerado apenas quando houver comprovação de resultado.

A celebração do contrato de eficiência será feita mediante licitação, cujo julgamento será pelo critério de maior retorno econômico, considerando a maior economia para a Administração, e a remuneração deverá ser fixada em percentual que incidirá de forma proporcional à economia efetivamente obtida na execução do contrato.[73]

Em tais licitações, os licitantes apresentarão proposta de trabalho e proposta de preço.

A proposta de trabalho deverá contemplar as obras, os serviços ou os bens, com os respectivos prazos de realização ou fornecimento; e a economia que se estima gerar, expressa em unidade de medida associada à obra, ao bem ou ao serviço e em unidade monetária.[74]

Por sua vez, a proposta de preço corresponderá a percentual sobre a economia que se estima gerar durante determinado período, expressa em unidade monetária.[75]

A NLL determina que o edital de licitação contenha previsão de parâmetros objetivos de mensuração da economia gerada com a execução do contrato, que servirá de base de cálculo para a remuneração devida ao contratado.[76]

Para efeito de julgamento do certame, o retorno econômico será o resultado da economia que se estima gerar com a execução da proposta de trabalho, deduzida a proposta de preço.[77]

E na hipótese em que não for gerada a economia prevista no contrato de eficiência, o que acontece? Nesse caso, a diferença entre a economia contratada e a efetivamente obtida será descontada da remuneração do contratado; podendo, ainda, aplicar-se outras sanções ao contratado caso a diferença entre a economia contratada e a efetivamente obtida seja superior ao limite máximo estabelecido no contrato.[78]

Os contratos de eficiência possuem prazos distintos dos demais contratos celebrados pela Administração Pública, podendo ser de até 10 (dez) anos, nos contratos sem investimento ou de até 35 (trinta e cinco) anos, nos contratos com investimento, assim considerados aqueles

---

[73] Lei nº 14.133/2021: art. 39.
[74] Lei nº 14.133/2021: art. 39, §1º, inciso I.
[75] Lei nº 14.133/2021: art. 39, §1º, inciso II.
[76] Lei nº 14.133/2021: art. 39, §2º.
[77] Lei nº 14.133/2021: art. 39, §3º.
[78] Lei nº 14.133/2021: art. 39, §1º.

que impliquem a elaboração de benfeitorias permanentes, realizadas exclusivamente a expensas do contratado e que serão revertidas ao patrimônio da Administração Pública ao término do contrato.[79]

Entre outras possibilidades de celebração de contratos de eficiência estão os relacionados à redução de despesas com energia, água, comunicações, e conservação e manutenção de bens patrimoniais, itens bastante relevantes nas despesas correntes dos órgãos governamentais.

Todavia, decorridos dezesseis meses da introdução dessa possibilidade no ordenamento jurídico brasileiro, uma expressiva quantidade de gestores públicos, em todas as esferas e poderes, ainda não despertou para o seu significativo potencial de incrementar a eficiência dos serviços públicos, fazendo mais e melhor as suas atividades, com emprego de menos recursos.

Por seu turno, são denominados contratos guarda-chuva aqueles cujo objeto é amplo, impreciso e não claramente definido. Na Administração Pública, há vedação a esse tipo de contratação, pois a falta de clareza e precisão do objeto pode ferir os princípios da economicidade, da competitividade e da obtenção da proposta mais vantajosa, além de permitir flexibilização em relação ao tipo e volume de bens ou serviços a serem adquiridos, em prejuízo ao interesse público. A NLL enfatiza que contratações com objeto amplo e impreciso devem ser evitadas, ao exigir clareza e precisão nos contratos e parcelamento do objeto.[80]

Com relação aos contratos verbais, a anterior Lei nº 8.666/1993 e a NLL se igualam na previsão de que são nulos e de nenhum efeito, salvo em casos muito específicos. Porém, a NLL traz duas novidades que merecem atenção.

A Lei nº 8.666/1993 previa a possibilidade de contrato verbal apenas para pequenas compras de pronto pagamento em regime de adiantamento.[81]

Por sua vez, a NLL também prevê:

I) a possibilidade do contrato verbal ter como objeto a prestação de serviços; e
II) a não exigência de que o pagamento seja feito em regime de adiantamento.[82]

---

[79] Lei nº 14.133/2021: art. 110.
[80] Lei nº 14.133/2021: art. 40, inciso V, "b"; art. 47, inciso II; art. 89, §2º; e art. 150, *caput*.
[81] Lei nº 8.666/1993: art. 60, parágrafo único.
[82] Lei nº 14.133/2021: art. 95, §2º.

Contudo, estabelece como limite o valor de R$ 10.000,00 (dez mil reais).[83]

Quanto aos contratos de escopo, esses são aqueles que impõem à parte o dever de realizar uma conduta específica e definida. Uma vez cumprida a prestação, o contrato se exaure e nada mais pode ser exigido do contratante.

A novidade em relação a esse tipo de contratação consta do *caput* do art. 111 da NLL, que estabelece que "na contratação que prever a conclusão de escopo predefinido, o prazo de vigência será automaticamente prorrogado quando seu objeto não for concluído no período firmado no contrato".

Com a prorrogação automática, na prática, ainda que o gestor perca o prazo para prorrogação do ajuste, o contrato não perderá sua vigência. Tal disposição não constava na norma anterior. Na medida em que a prorrogação automática evita, por exemplo, a paralisação de um projeto em curso, a inovação pode ser considerada positiva.

A fim de evitar prorrogações automáticas desnecessárias e prejudiciais ao interesse público, a norma contém algumas ressalvas para os casos em que a não conclusão do escopo do contrato decorrer de culpa do contratado:

> I) o contratado será constituído em mora, aplicáveis a ele as respectivas sanções administrativas; e
> II) a Administração poderá optar pela extinção do contrato e, nesse caso, adotará as medidas admitidas em lei para a continuidade da execução contratual.[84]

É de se notar, contudo, uma discrepância na NLL em relação aos contratos de escopo. Apesar de, como anotado, o *caput* do art. 111 prever a prorrogação automática, no art. 6º, XVII, que define os serviços não contínuos ou contratados por escopo, a redação afirma que os contratos podem ser prorrogados, desde que justificadamente, pelo prazo necessário à conclusão do objeto. Como se vê, no art. 6º, XVII, a NLL trata da prorrogação como possibilidade que necessita de justificativa, enquanto no art. 111 essa prorrogação é automática.

---

[83] Valor reajustado anualmente por decreto, conforme previsão do art. 182 da Lei nº 14.133/2021.
[84] Lei nº 14.133/2021: art. 111, parágrafo único, incisos I e II.

3.5 A avaliação de desempenho

Um aspecto inovador da NLL é a importância concedida à avaliação do desempenho dos contratados pela Administração Pública.

Assim, a atuação do contratado no cumprimento de obrigações assumidas será avaliada pelo contratante, que emitirá documento comprobatório da avaliação realizada, com menção ao seu desempenho na execução contratual, baseado em indicadores objetivamente definidos e aferidos, e a eventuais penalidades aplicadas, o que constará do registro cadastral em que a inscrição for realizada.[85]

O registro cadastral unificado será público e deverá ser amplamente divulgado e disponibilizado no Portal Nacional de Contratações Públicas.[86]

Objetiva-se atender os princípios da impessoalidade, da igualdade, da isonomia, da publicidade e da transparência, de modo a possibilitar a implementação de medidas de incentivo aos licitantes que possuírem ótimo desempenho anotado em seu registro cadastral.[87]

Entre tais incentivos, é possível estabelecer na contratação de obras, fornecimentos e serviços, inclusive de engenharia, remuneração variável vinculada ao desempenho do contratado, com base em metas, padrões de qualidade, critérios de sustentabilidade ambiental e prazos de entrega definidos no edital de licitação e no contrato.[88]

De igual forma, no julgamento de propostas pelos critérios de melhor técnica ou de técnica e preço será considerada atribuição de notas por desempenho do licitante em contratações anteriores aferida nos documentos comprobatórios constantes do registro cadastral unificado disponível no Portal Nacional de Contratações Públicas.[89]

Ainda, a avaliação do desempenho contratual prévio dos licitantes será o segundo critério de desempate entre licitantes, conforme exposto a seguir.[90]

Por outro lado, o mau desempenho e a prática de infrações administrativas ensejarão a aplicação de sanções, que serão obrigatoriamente publicizadas no Cadastro Nacional de Empresas Inidôneas e Suspensas – Ceis e no Cadastro Nacional de Empresas Punidas – Cnep.[91]

---

[85] Lei nº 14.133/2021: art. 88, §3º.
[86] Lei nº 14.133/2021: art. 87, *caput* e §1º.
[87] Lei nº 14.133/2021: art. 88, §4º.
[88] Lei nº 14.133/2021: art. 144, *caput*.
[89] Lei nº 14.133/2021: art. 37, inciso III.
[90] Lei nº 14.133/2021: art. 60, inciso II.
[91] Lei nº 14.133/2021: art. 161.

3.6 As regras de desempate

As regras de desempate entre licitantes foram completamente alteradas em relação à norma anterior. De fato, a Lei nº 14.133/2021 estabelece quatro procedimentos de desempate quando houver empate entre duas ou mais propostas apresentadas. São eles:

> I – disputa final, hipótese em que os licitantes empatados poderão apresentar nova proposta em ato contínuo à classificação;
> II – avaliação do desempenho contratual prévio dos licitantes, para a qual deverão preferencialmente ser utilizados registros cadastrais para efeito de atesto de cumprimento de obrigações previstos nesta Lei;
> III – desenvolvimento pelo licitante de ações de equidade entre homens e mulheres no ambiente de trabalho, conforme regulamento;
> IV – desenvolvimento pelo licitante de programa de integridade, conforme orientações dos órgãos de controle.[92]

Nenhum desses critérios existia na legislação anterior, representando, portanto, uma significativa inovação que irá exigir capacitação e mudanças comportamentais, tanto para os agentes públicos envolvidos na contratação quanto para os licitantes, pessoas físicas ou jurídicas.

Assim, a disputa final, primeiro critério de desempate, equivale a uma prorrogação numa decisão futebolística. É a oportunidade de apresentação de novas propostas, com resultados mais vantajosos para o interesse público.

Prevalecendo o empate, será examinado o histórico dos proponentes em contratações anteriores. Aqueles que tiverem apresentado melhor desempenho na entrega do objeto contratual serão vitoriosos. Isso envolve respeito a prazos e qualidade dos bens e serviços.

O terceiro critério é uma bem-vinda novidade: vencerá o licitante que demonstrar o desenvolvimento de ações de equidade entre homens e mulheres no ambiente de trabalho.

Finalmente, o desempate final será definido pelo critério da integridade, expresso no desenvolvimento de programas específicos, que observem orientações dos órgãos de controle interno e dos tribunais de contas.

É importante destacar que permanece valendo a regra do "empate ficto", constante no Estatuto da Microempresa,[93] segundo o qual

---

[92] Lei nº 14.133/2021: art. 60.
[93] LC nº 123/2005: art. 44.

se entende por empate aquelas situações em que as propostas apresentadas pelas microempresas e empresas de pequeno porte sejam iguais ou até 10% (dez por cento) superiores à proposta mais bem classificada e, nesse caso, a preferência de contratação será assegurada para as microempresas e empresas de pequeno porte.

Ademais, caso, ainda assim, permaneça o empate, a NLL prevê quatro critérios de preferência para escolher o vencedor.

> I – empresas estabelecidas no território do Estado ou do Distrito Federal do órgão ou entidade da Administração Pública estadual ou distrital licitante ou, no caso de licitação realizada por órgão ou entidade de Município, no território do Estado em que este se localize;
> II – empresas brasileiras;
> III – empresas que invistam em pesquisa e no desenvolvimento de tecnologia no País;
> IV – empresas que comprovem a prática de mitigação,[94] nos termos da Lei nº 12.187/2009, que estabelece a Política Nacional de Mudanças Climáticas.

Em síntese, a partir da plena vigência da NLL, em abril de 2023, os interessados em contratar com a Administração Pública devem se preparar para certames mais competitivos. E os critérios de desempate induzem os empreendedores privados a investir na qualidade dos serviços, na consistência das propostas, na equidade de gêneros, na integridade do ambiente empresarial e na descarbonização da produção.

4 Alterações relativas ao controle interno, controle externo e controle social

4.1 Controle interno

Na Administração Pública, assim como em diversas áreas de atividade humana, prevenir é mais vantajoso que punir, tanto para o erário quanto para os cidadãos. Nesse sentido, o controle interno possui um papel estratégico pela sua capacidade de acompanhar com proximidade o dia a dia da Administração, assegurando o cumprimento de

---

[94] Entende-se por mitigação as mudanças e substituições tecnológicas que reduzam o uso de recursos e as emissões por unidade de produção, bem como a implementação de medidas que reduzam as emissões de gases de efeito estufa e aumentem os sumidouros (Lei nº 12.187/2009: art. 2º, inciso VII).

normas, prevenindo a ocorrência de falhas e detectando fragilidades e fatores de risco.

Em análise à Lei nº 14.133/2021, é possível afirmar que o legislador compreendeu a relevância estratégica da atuação do controle interno para assegurar a seleção da proposta apta a gerar o resultado de contratação mais vantajoso para a Administração Pública e evitar contratações com sobrepreço ou com preços manifestamente inexequíveis e superfaturamento na execução dos contratos.

Enquanto na Lei nº 8.666/1993 a expressão "controle interno" é mencionada apenas seis vezes,[95] sempre de forma associada aos tribunais de contas, no texto da nova norma constam pelo menos 25 (vinte e cinco) menções a "controle interno", "controles internos", "controle preventivo", "controle prévio" e "órgãos de controle".

Além disso, a nova lei dispõe explicitamente que a autoridade máxima de cada órgão deverá observar o princípio da segregação de funções, vedada a designação do mesmo agente público para atuação simultânea em funções mais suscetíveis a riscos, de modo a reduzir a possibilidade de ocultação de erros e de ocorrência de fraudes na respectiva contratação.[96]

Ademais, imputa à alta administração do órgão ou entidade a responsabilidade pela gestão de riscos e controles internos.[97]

Em pé de igualdade com os tribunais de contas, o sigilo não prevalecerá para os órgãos de controle interno.[98]

Entre outras atribuições expressas na NLL, constam:

> I – apoiar a atuação dos agentes de contratação e dos fiscais e gestores de contrato para o desempenho das funções essenciais à execução da lei;[99]
>
> II – auxiliar os fiscais de contrato, dirimindo dúvidas e subsidiando-os com informações relevantes para prevenir riscos na execução contratual;[100]
>
> III – fiscalizar a observância da ordem cronológica de pagamentos;[101]
>
> IV – auxiliar os órgãos da Administração com competências regulamentares relativas às atividades de administração de materiais, de obras e

---

[95] Lei nº 8.666/1993: arts. 102; 113, *caput* e §§1º e 2º; e 116, §3º, inc. I e III.
[96] Lei nº 14.133/2021: art. 7º, §1º.
[97] Lei nº 14.133/2021: art. 11, parágrafo único.
[98] Lei nº 14.133/2021: art. 24, inciso I.
[99] Lei nº 14.133/2021: art. 8º, §3º.
[100] Lei nº 14.133/2021: art.117, §3º.
[101] Lei nº 14.133/2021: art.141, §2º.

serviços e de licitações e contratos a instituir modelos de minutas de editais, de termos de referência, de contratos padronizados e de outros documentos;[102]

V – fornecer orientações para o desenvolvimento pelos licitantes de programa de integridade;[103]

VI – receber representações de licitante, contratado ou pessoa física ou jurídica contra irregularidades na aplicação da NLL;[104]

Assim, verifica-se o destaque que uma lei nacional confere ao tratamento do gerenciamento de riscos, definindo-se que as contratações públicas deverão submeter-se a práticas contínuas e permanentes de gestão de riscos e de controle preventivo, cabendo aos controles internos administrativos a primeira linha de defesa, ao órgão de controle interno de cada órgão ou entidade a segunda linha de defesa e ao órgão central de controle interno da Administração a terceira linha de defesa, em conjunto com o respectivo tribunal de contas.

4.2 Controle externo

Em relação ao controle externo, o primeiro aspecto a se destacar na NLL é que o texto trata do assunto em seu Título IV – "Das Irregularidades", posicionado no capítulo III – "Controle das Contratações", após os capítulos relativos a "infrações e sanções administrativas" e "impugnações, pedidos de esclarecimento e recursos". Ora, considerando que controlar é muito mais do que apontar irregularidades e aplicar sanções, é possível afirmar que a organização temática da norma não foi feliz nesse ponto.

Quanto aos tribunais de contas, a Lei nº 14.133/2021 classifica-os como "terceira linha de defesa" no controle das contratações públicas, ao lado do órgão central de controle interno. Nos termos do art. 169, os órgãos de controle deverão ter acesso irrestrito aos documentos e às informações necessárias à realização dos trabalhos, ficando responsáveis pela manutenção do sigilo de eventuais informações assim classificadas. Assim, para os tribunais de contas, não prevalecerá o sigilo nos orçamentos estimados.[105]

---

[102] Lei nº 14.133/2021: art. 19, inciso IV.
[103] Lei nº 14.133/2021: art. 60, inciso IV.
[104] Lei nº 14.133/2021: art. 170, §4º.
[105] Lei nº 14.133/2021: art. 24, inciso I.

Ainda segundo a NLL, ao constatarem simples impropriedade formal, os tribunais de contas adotarão medidas para o seu saneamento e para a mitigação de riscos de nova ocorrência.[106] Quando configurado dano à Administração, deverão adotar providências para a apuração das infrações administrativas e a remessa ao Ministério Público de cópias dos documentos cabíveis para a apuração dos ilícitos de sua competência.[107]

Na sequência, o art. 170 define que na fiscalização das contratações os órgãos de controle adotarão critérios de oportunidade, materialidade, relevância e risco e considerarão as razões apresentadas pelos órgãos e entidades responsáveis e os resultados obtidos com a contratação.

Em comparação com a antiga lei, nesse ponto, verifica-se um retrocesso da Lei nº 14.133/2021, que suprimiu quase integralmente as disposições constantes do art. 113 da Lei nº 8.666/1993. Da redação desse dispositivo, a NLL manteve apenas o §1º, o qual previa que qualquer licitante, contratado ou pessoa física ou jurídica poderá representar ao Tribunal de Contas ou aos órgãos integrantes do sistema de controle interno contra irregularidades na aplicação da Lei. Na Lei nº 14.133/2021, essa disposição se encontra no §4º do art. 170.

Já o *caput* e o §2º do art. 113 da Lei nº 8.666/1993 foram totalmente suprimidos. Segundo o art. 113, *caput*, da Lei nº 8.666/1993, o controle das despesas decorrentes dos contratos e demais instrumentos por ela regidos seria feito pelo Tribunal de Contas competente, ficando os órgãos interessados da Administração responsáveis pela demonstração da legalidade e regularidade da despesa e execução, nos termos da Constituição e sem prejuízo do sistema de controle interno nela previsto. Essa disposição na Lei nº 8.666/1993 representava a inversão do ônus da prova, ou seja, a delegação ao gestor do dever de evidenciar que os recursos públicos a ele confiados foram corretamente empregados.

Por sua vez, o §2º do art. 113 previa que os tribunais de contas e os órgãos integrantes do sistema de controle interno poderiam solicitar para exame, até o dia útil imediatamente anterior à data de recebimento das propostas, cópia de edital de licitação já publicado, obrigando-se os órgãos ou entidades da Administração interessada à adoção de medidas corretivas pertinentes que, em função desse exame, lhes fossem determinadas. Assim, havia compulsoriedade da correção de procedimentos, quando determinada pelos órgãos de controle.

---

[106] Lei nº 14.133/2021: art. 169, §3º, inciso I.
[107] Lei nº 14.133/2021: art. 169, §3º, inciso II.

Considero essas supressões na NLL como um retrocesso em relação à Lei nº 8.666/1993. Isso porque, com base no art. 113 da antiga norma, os tribunais de contas brasileiros promoveram a correção de inúmeras falhas em procedimentos licitatórios e na execução dos contratos dele decorrentes, evitando substanciais danos ao erário, da ordem de bilhões de reais anualmente, e assegurando a observância de princípios fundamentais da Administração Pública. Além disso, o silêncio da NLL em relação à inversão do ônus da prova e à compulsoriedade da adoção de medidas corretivas, quando determinadas pelos órgãos de controle, poderá ensejar acirradas polêmicas e judicialização de muitos processos de fiscalização.

Por sua vez, o art. 171 da NLL estabelece parâmetros para que na fiscalização seja assegurado o contraditório aos gestores, perseguido o custo-benefício das proposições dos órgãos de controle, bem como a objetividade e imparcialidade dos relatórios técnicos, em conformidade com as normas e padrões de auditoria. Ademais, deverá ser perquirida a conformidade do preço global com os parâmetros de mercado para o objeto contratado.

Ainda no que concerne ao art. 171, os §§1º a 4º merecem análise mais aprofundada, uma vez que são de duvidosa constitucionalidade por regularem procedimentos processuais internos dos tribunais de contas na hipótese de suspensão cautelar de processo licitatório, inclusive definindo prazos e requisitos para os fundamentos da decisão cautelar e do julgamento de mérito.

Como indica a experiência, em contratações de maior vulto e cujo objeto envolva grande complexidade técnica, os prazos previstos na NLL são impraticáveis, não assegurando que a instrução processual seja concluída com informações e dados suficientes para conferir segurança na tomada de decisão pelos julgadores. Outra atecnia da norma é a imprevisão da hipótese de não cumprimento do prazo pelos tribunais de contas.

A matéria foi objeto de análise pelo Tribunal de Contas da União, que deliberou representar junto à Procuradoria-Geral da República com vistas ao ajuizamento de ação direta de inconstitucionalidade perante o Supremo Tribunal Federal, visando:

> I – declarar a inconstitucionalidade da expressão "no prazo de 25 (vinte e cinco) dias úteis, contado da data do recebimento das informações a que se refere o §2º deste artigo, prorrogável por igual período uma única vez" constante do art. 171, §1º, da Lei nº 14.133/2021, por violar os arts. 18, 25, caput e §1º, c/c os arts. 73, 75 e 96 da Constituição Federal

(inconstitucionalidade formal), bem como o art. 71 da Constituição Federal (inconstitucionalidade material) ou, subsidiariamente, dar interpretação conforme a Constituição à referida expressão, de modo a compatibilizá-la com os arts. 71 e 73, §§3º e 4º, da Constituição Federal, considerando, para tanto, o referido prazo como impróprio, de modo que eventual descumprimento não implique a cessação dos efeitos da suspensão cautelar do processo licitatório, nem outra consequência jurídica.

II – declarar a inconstitucionalidade do inciso II do §1º e do §3º do art. 171 da Lei nº 14.133/2021, por violar os arts. 18, 25, caput e §1º, c/c arts. 73, 75 e 96 da Constituição Federal (inconstitucionalidade formal), bem como os arts. 2º e 71 da Constituição Federal (inconstitucionalidade material).[108]

Quanto ao art. 172, o Congresso Nacional manteve o veto ao dispositivo que previa que os órgãos de controle deveriam orientar-se pelos enunciados das súmulas do Tribunal de Contas da União, de modo a garantir uniformidade de entendimentos e a propiciar segurança jurídica aos interessados.

O art. 173 prevê que os tribunais de contas deverão, por meio de suas escolas de contas, promover eventos de capacitação para os servidores efetivos e empregados públicos designados para o desempenho das funções essenciais à execução da Lei, incluídos cursos presenciais e a distância, redes de aprendizagem, seminários e congressos sobre contratações públicas. Na realidade, esse dispositivo não apresenta nenhuma inovação, uma vez que esse trabalho já tem sido feito de modo sistemático pela maioria das cortes de contas.

Os tribunais de contas também deverão ser comunicados das justificativas da Administração para a não observância da ordem cronológica de pagamentos aos seus contratados,[109] devendo a inobservância imotivada da referida ordem cronológica ensejar a apuração de responsabilidade, cabendo aos órgãos de controle a sua fiscalização.[110]

Igualmente será atribuição dos órgãos de controle expedir normas e orientações relativas à implantação ou o aperfeiçoamento de programa de integridade, que serão considerados na aplicação de sanções pelas infrações administrativas.[111] Como visto em tópico

---

[108] Acórdão TCU 2.463/2021 – Plenário (Relator: Min. Bruno Dantas).
[109] Lei nº 14.133/2021: art. 141, §1º.
[110] Lei nº 14.133/2021: art. 141, §2º.
[111] Lei nº 14.133/2021: art. 156, §1º, inciso V.

anterior, o desenvolvimento pelo licitante de programa de integridade conforme orientações dos órgãos de controle é um dos critérios de desempate previstos no art. 60 da NLL. O dispositivo representa uma efetiva inovação, uma vez que a elaboração de programas de integridade nunca foi objeto de ações do controle externo.

4.3 Controle social e transparência

Os mecanismos de controle social estão previstos em diversas normas legais, a exemplo da Política Nacional de Resíduos Sólidos[112] e da regulamentação do novo Fundo de Manutenção e Desenvolvimento da Educação Básica e de Valorização dos Profissionais da Educação – Fundeb.[113] Ademais, o incentivo à participação social no controle e na fiscalização da administração pública é um dos princípios e diretrizes do Governo Digital e da eficiência pública.[114]

A Emenda Constitucional nº 108/2020 acrescentou parágrafo único ao art. 193 da Constituição prevendo que o Estado exercerá a função de planejamento das políticas sociais, assegurada, na forma da lei, a participação da sociedade nos processos de formulação, de monitoramento, de controle e de avaliação dessas políticas.

Destacam-se entre as mais promissoras e efetivas formas de controle social os conselhos de controle e acompanhamento de programas de governo, a exemplo dos Conselhos de Saúde, de Alimentação Escolar, do Fundeb, de Assistência Social etc.

Todavia, a Lei nº 8.666/1993 era silente quanto ao controle social, embora assegurasse a qualquer cidadão o direito de impugnar o edital de licitação,[115] bem como a qualquer pessoa física ou jurídica o de representar ao Tribunal de Contas ou aos órgãos integrantes do sistema de controle interno contra irregularidades na sua aplicação.[116]

A NLL inova ao estabelecer, no *caput* do art. 169, que as contratações públicas estão subordinadas ao controle social. Tal controle será exercido, por exemplo, para impugnar edital de licitação por irregularidade na aplicação desta lei ou para solicitar esclarecimento sobre

---

[112] Lei nº 12.305/2010.
[113] Lei nº 14.113/2020.
[114] Lei nº 14.129/2021: art. 3º, inciso V.
[115] Lei nº 8.666/1993: art. 41, §1º.
[116] Lei nº 8.666/1993: art. 113, §1º.

os seus termos,[117] ou, ainda, para representar aos órgãos de controle interno ou ao tribunal de contas competente contra irregularidades na aplicação da lei.[118]

Além disso, a NLL criou mecanismos que apresentam grande potencial de fortalecer a transparência e, consequentemente, o exercício do controle social, tais como: o Portal Nacional de Contratações Públicas, o estabelecimento de licitações eletrônicas como regra[119] e a instituição de sistema informatizado de acompanhamento de obras.[120]

Quanto às licitações eletrônicas, a NLL determina que serão regra e que eventuais sessões presenciais deverão ser motivadas e conter gravação em áudio e vídeo.[121] Ademais, a NLL impõe o dever de instituição de sistema informatizado de acompanhamento de obras, inclusive com recursos de imagem e vídeo, nos órgãos da Administração com competências regulamentares relativas às atividades de administração de materiais, de obras e serviços e de licitações e contratos.[122]

Se, por um lado, a NLL inova positivamente nesses aspectos, por outro lado, a norma apresenta um retrocesso significativo para o exercício do controle social quando retira a obrigatoriedade de convocação de audiência pública para os procedimentos licitatórios. Na Lei nº 8.666/1993, o art. 39 obrigava a realização de audiência pública nos casos de licitação com valores vultosos.

Em relação a esse dispositivo, segundo o entendimento do Tribunal de Contas da União (TCU) no Acórdão nº 2.397/2017 – Plenário, a "não realização da audiência pública prevista no art. 39 da Lei nº 8.666/1993 constitui vício insanável que macula todo o procedimento licitatório, ocasionando a sua anulação".

Todavia, na NLL é previsto que é facultativa a convocação de audiência pública sobre licitação que a Administração pretenda realizar, podendo ser realizada no formato eletrônico.[123]

Nada obstante, espera-se que as boas intenções do legislador sejam concretizadas e que a NLL nos proporcione maior transparência e mais efetivo exercício de controle social.

---

[117] Lei nº 14.133/2021: art. 164, *caput*.
[118] Lei nº 14.133/2021: art. 170, §4º.
[119] Lei nº 14.133/2021: art. 17, §2º.
[120] Lei nº 14.133/2021: art. 19, inciso III.
[121] Lei nº 14.133/2021: art. 17, §2º.
[122] Lei nº 14.133/2021: art. 19, inciso III.
[123] Lei nº 14.133/2021: art. 21.

5 Impactos para o exercício do controle

5.1 Impactos para a Administração Pública

Antes de examinar os impactos da NLL sobre a atuação dos órgãos de controle, é prudente considerar os desafios que a norma impõe para a Administração Pública, habituada com a longeva aplicação das regras da Lei nº 8.666/1993.

Sem dúvida, requer-se um grande e imediato esforço de capacitação de todos os agentes envolvidos direta ou indiretamente nos processos de seleção e execução contratual, incluindo as áreas de elaboração orçamentária e planejamento, contratação, fiscalização, assessoria jurídica, tecnologia da informação e outras. Esse trabalho deverá contar com iniciativas das escolas de contas dos tribunais de contas.[124]

Porém o maior desafio, e urgente, é a necessidade de editar atos regulamentando inúmeros dispositivos da NLL. Na ausência de regulamentação, tais regras não terão aplicabilidade. São exemplos de normas que demandam regulamentação:

> I – regras relativas à atuação do agente de contratação e da equipe de apoio, ao funcionamento da comissão de contratação e à atuação de fiscais e gestores de contratos;[125]
>
> II – elaboração do plano de contratações anual;[126] [127]
>
> III – conteúdo do catálogo eletrônico de padronização de compras, serviços e obras;[128] [129]
>
> IV – limites para o enquadramento dos bens de consumo nas categorias comum e luxo;[130]
>
> V – pesquisa na base nacional de notas fiscais eletrônicas para estimar valor para aquisição de bens e contratação de serviços em geral;[131]
>
> VI – medidas a serem adotadas para implantação de programa de integridade nas contratações de obras, serviços e fornecimentos de grande vulto;[132]

---

[124] Lei nº 14.133/2021: art. 173.
[125] Lei nº 14.133/2021: art. 8º, §3º.
[126] Lei nº 14.133/2021: art. 12, inciso VII.
[127] No âmbito da União, regulamentado pelo Decreto nº 10.947/2022.
[128] Lei nº 14.133/2021: art. 19, §1º.
[129] No âmbito da União, regulamentado pela Portaria SEGES/ME 938/2022.
[130] Lei nº 14.133/2021: art. 20, §1º.
[131] Lei nº 14.133/2021: art. 23, §1º, inciso V.
[132] Lei nº 14.133/2021: art. 25, §4º.

VII – estabelecimento de margem de preferência para bens reciclados, recicláveis ou biodegradáveis;[133]

VIII – procedimentos operacionais para a realização de leilões;[134]

IX – consideração de custos indiretos para definição do menor dispêndio;[135]

X – consideração do desempenho pretérito na execução de contratos com a Administração Pública para efeito de pontuação técnica;[136]

XI – desenvolvimento pelo licitante de ações de equidade entre homens e mulheres no ambiente de trabalho para efeito de desempate entre licitantes;[137]

XII – negociação de condições mais vantajosas após definido o resultado do julgamento;[138]

XIII – critérios e objetivos para os procedimentos auxiliares (credenciamento, pré-qualificação, procedimento de manifestação de interesse, sistema de registro de preços, registro cadastral);[139]

XIV – prazos e os métodos para a realização dos recebimentos provisório e definitivo;[140]

XV – práticas contínuas e permanentes de gestão de riscos e de controle preventivo;[141]

XVI – no âmbito do PNCP, o sistema de gestão compartilhada com a sociedade de informações referentes à execução do contrato;[142] [143]

Ressalte-se que os Estados, o Distrito Federal e os Municípios poderão aplicar os regulamentos editados pela União para execução desta Lei.[144]

Finalmente, é de grande importância que todas as funcionalidades previstas para o PNCP sejam efetivamente disponibilizadas para todos os entes federativos.

---

[133] Lei nº 14.133/2021: art. 26, inciso II.
[134] Lei nº 14.133/2021: art. 31, *caput*.
[135] Lei nº 14.133/2021: art. 34, §1º.
[136] Lei nº 14.133/2021: art. 36, §3º.
[137] Lei nº 14.133/2021: art. 60, inciso III.
[138] Lei nº 14.133/2021: art. 61, §2º.
[139] Lei nº 14.133/2021: arts. 78, §1º; 79, parágrafo único; 81, *caput*; art. 83, §2º; 87, *caput*.
[140] Lei nº 14.133/2021: art. 140, §3º.
[141] Lei nº 14.133/2021: art. 169, §1º.
[142] Lei nº 14.133/2021: art. 174, §3º, inciso VI.
[143] No âmbito da União, regulamentado pelo Decreto nº 10.818/2021.
[144] Lei nº 14.133/2021: art. 187.

5.2 Impactos para o controle interno

No que concerne ao controle interno, trata-se possivelmente da área administrativa que mais precisará ser fortalecida e prestigiada para que as contratações efetuadas sob a égide da NLL alcancem os objetivos esperados.

Identifica-se como principais impactos:

I – capacitação dos servidores;
II – ampliação e redefinição de competências;
III – adaptação das estruturas organizacionais, inclusive em relação ao quantitativo e à remuneração dos servidores da carreira de controle interno;
IV – adaptação dos normativos internos e regras de tramitação processual.

5.3 Impactos para os tribunais de contas

Quanto aos tribunais de contas, a plena vigência da NLL os impacta de múltiplas formas. Sinteticamente, as alterações mais relevantes envolvem:

> I – o planejamento e a execução das ações de fiscalização, que deverão levar em conta os planos de contratação anuais dos órgãos e entidades jurisdicionadas;
>
> II – a definição dos pontos de controle a serem objeto de verificação, que deverão incorporar como pontos de controle necessários, de acordo com as características do objeto contratual aspectos de sustentabilidade, acessibilidade, integridade, governança, gestão de riscos, aderência ao plano de contratação anual, publicização e outras inovações expostas neste estudo;
>
> III – a adaptação das classificações de irregularidades, onde existem, ou a sua implantação, de modo a harmonizar os critérios de análise e as decisões sobre os processos de controle externo de acordo com as regras da NLL;
>
> IV – a responsabilização de autoridades, gestores, agentes de contratação fiscais de contrato e demais responsáveis, de acordo com as previsões expressas da NLL;[145]
>
> V – a atualização e o aprimoramento dos normativos internos relacionados aos processos de contratações públicas, inclusive no que concerne à

---

[145] *V.g.*: Lei nº 14.133/2021: arts. 8º, §2º; 15, inciso V; 71, §1º; 73, *caput*; 75, §6º; art. 117, §4º, inciso II; art. 124, §1º; art. 143, §2º; art. 171, §4º.

tramitação processual e ao julgamento de feitos que ensejem a adoção de medidas cautelares;

VI – a revisão, a criação e a sedimentação da jurisprudência sobre licitações e contratos no âmbito do controle externo;[146]

VII – o desenvolvimento de reflexões, estudos e diretrizes sobre as novas dimensões da atuação do controle externo na área de licitações e contratos, como, por exemplo, a orientação sobre programas de integridade e o acompanhamento dos meios alternativos de resolução de controvérsias;

VIII – a articulação do controle da NLL com a avaliação de políticas públicas; [147]

IX – a intensa capacitação dos corpos técnicos e julgadores, bem como a promoção de ações de capacitação para os servidores dos órgãos e entidades jurisdicionados, com foco no fortalecimento da governança.

Em decorrência, será necessário um considerável esforço de adaptação – e até, de certa forma, de ressignificação – das Cortes de Contas para exercerem plenamente suas competências no âmbito das licitações e contratos. Como defendi em obra recente, é necessário "um redirecionamento estratégico para que os tribunais de contas possam ser ágeis, efetivos e relevantes e para que a sua ação independente agregue valor à sociedade" (LIMA, 2021).

6 Considerações finais

Conforme exposto, a NLL trouxe diversas e significativas inovações, introduzindo conceitos e preocupações inexistentes ou incipientes nas normas anteriores. De modo geral, no que diz respeito ao controle interno, à sustentabilidade, à acessibilidade, à governança, à mediação e arbitragem e ao tratamento dispensado às microempresas e empresas de pequeno porte, é possível afirmar que as inovações foram positivas, no sentido de atualizar e alinhar a legislação brasileira de licitações e contratos a outras políticas públicas concretizadoras de direitos constitucionais. Quanto ao controle externo e ao controle social, em alguns pontos, ao meu sentir, a NLL apresentou retrocessos em comparação com as disposições da Lei nº 8.666/1993.

Em relação ao controle interno, verifica-se que o tema recebe maior e merecido destaque. Na NLL, atribui-se um papel de grande relevância ao gerenciamento de riscos, definindo-se que as contratações

---

[146] Um tópico da maior importância é a correta caracterização e quantificação de sobrepreço.
[147] Constituição da República: art. 37, §16 – Emenda Constitucional nº 109/2021.

públicas deverão submeter-se a práticas contínuas e permanentes de gestão de riscos e de controle preventivo, cabendo aos controles internos administrativos a primeira linha de defesa, ao órgão de controle interno de cada órgão ou entidade a segunda linha de defesa e ao órgão central de controle interno da Administração a terceira linha de defesa, em conjunto com o respectivo tribunal de contas.

Assim sendo, a implementação da NLL de licitações e contratos exigirá a reformulação e o fortalecimento dos órgãos e mecanismos de controle interno em todas as áreas da Administração Pública. A princípio, essas inovações podem ser consideradas bastante positivas, uma vez que um controle interno aparelhado é indispensável e decisivo para a boa execução das políticas públicas e a efetiva governança e gestão de riscos.

Do mesmo modo, no que diz respeito às disposições da Lei nº 14.133/2021 relativas à sustentabilidade e à acessibilidade, é provável que sua correta aplicação trará impactos bastante positivos para o meio ambiente e a vida das pessoas com deficiência. É importante que esses temas tenham ganhado mais espaço e destaque na NLL, já que as contratações públicas têm um forte impacto na economia e representam expressiva parcela do Produto Interno Bruto.

Quanto ao tratamento dispensado às ME e EPP, a NLL não só reafirma o tratamento privilegiado previsto na LC nº 123/2006, mas também introduz um importante benefício a essas empresas: a possibilidade de receber o pagamento que lhe é devido sem que a Administração Pública observe a ordem cronológica das obrigações. Tais disposições tendem a facilitar o acesso das ME e EPP ao mercado das compras governamentais, o que, consequentemente, poderá resultar não apenas na diversificação dos fornecedores, mas também na redução de custos para o Poder Público, no estímulo à inovação e na melhoria de qualidade dos produtos e serviços locais, gerando empregos mais qualificados e numerosos efeitos para o desenvolvimento econômico regional.

Acerca da utilização da mediação e arbitragem, bem como da implantação de programas de integridade, as inovações da NLL representam um desafio à atuação dos tribunais de contas que deverão também inovar em seus procedimentos de fiscalização e consolidar uma jurisprudência específica.

No que concerne ao controle externo, é possível considerar que a NLL trouxe alguns retrocessos. O primeiro diz respeito à exclusão das regras anteriormente previstas no art. 113 da Lei nº 8.666/1993, referentes à inversão do ônus da prova e a compulsoriedade da adoção de medidas corretivas quando determinadas pelos órgãos de controle, o que poderá resultar na judicialização de muitos processos de fiscalização.

Além disso, os parágrafos do art. 171 da Lei nº 14.133/2021 poderão ter sua constitucionalidade questionada, considerando que regulam procedimentos processuais internos dos tribunais de contas na hipótese de suspensão cautelar de processo licitatório, inclusive definindo prazos e requisitos para os fundamentos da decisão cautelar e do julgamento de mérito. No que diz respeito especificamente aos prazos, é de se destacar que, na prática, os tribunais de contas terão dificuldades para cumpri-los na análise de casos mais complexos.

Tais aspectos podem e devem ser corrigidos tanto pela via legislativa como mediante o controle de constitucionalidade.

No que tange ao controle social, a NLL dispõe expressamente que as contratações públicas estão subordinadas a esse tipo de controle. Além disso, a NLL cria alguns mecanismos que apresentam grande potencial de fortalecer a transparência e, consequentemente, o exercício do controle social, tais como: criação do PNCP, estabelecimento de licitações eletrônicas como regra e instituição de sistema informatizado de acompanhamento de obras. Apesar de avançar nesses aspectos, a NLL retrocede na possibilidade de exercício do controle social ao tornar facultativa a convocação de audiência pública para os procedimentos licitatórios.

Oportunamente, cumpre destacar que diversos pontos da NLL ainda carecem de regulamentação e, em muitos aspectos, uma avaliação mais precisa somente poderá ser efetuada quando a NLL estiver sendo amplamente aplicada. Conforme anotado, embora tenha entrado em vigor já na data de sua publicação, pelo período de até dois anos a Administração poderá escolher licitar ou contratar de acordo com a NLL ou com a Lei nº 8.666/1993, a Lei nº 10.520/2002 e Lei nº 12.462/2011, sendo que essa última opção tem sido a regra nos primeiros vinte meses de vigência da NLL. Enfim, ainda há muito o que estudar e refletir sobre a Nova Lei de Licitações.

Ademais, há que se implementar as ferramentas e soluções de tecnologia da informação, legalmente admitidas e, em certos casos, recomendadas ou obrigatórias, suscetíveis de propiciar melhores contratações para municípios, estados, Distrito Federal e União, com potencial redução de custos da ordem de bilhões de reais todos os anos. Exemplos disso são as funcionalidades previstas e ainda não disponibilizadas no Portal Nacional de Contratações Públicas.

De pronto, de modo a fazer valer plenamente as normas da Nova Lei de Licitações, com a utilização de instrumentos nela previstos que contribuam para que a Administração Pública produza melhores resultados com menores custos, é preciso intensificar a capacitação de agentes públicos em diversos níveis: responsáveis pela contratação, fiscalização, assessoramento jurídico, orçamentação. Tal esforço de capacitação deve ser realizado ainda com maior ênfase para os profissionais que atuam nos órgãos de controle interno e externo, bem como para os membros dos tribunais e ministérios públicos de contas.

Concluo, como sempre, com uma nota de otimismo. O maior conhecimento dos dispositivos inovadores do novel Estatuto de Licitações e Contratos ensejará, espero, maiores cobranças por parte da cidadania para que as autoridades adotem medidas concretas de racionalização dos gastos e combate ao desperdício e para que o mecanismo das contratações públicas produza os desejados efeitos positivos no que concerne à sustentabilidade, acessibilidade, integridade e demais aspectos abordados no presente estudo.

Referências

LIMA, Luiz Henrique. *Controle do Patrimônio Ambiental Brasileiro*. Rio de Janeiro: Editora da Universidade do Estado do Rio de Janeiro, 2001.

LIMA, Luiz Henrique. Acessibilidade para pessoas portadoras de deficiências: requisito da legalidade, legitimidade e economicidade das edificações públicas. *Revista do TCU*, Brasília, 116, p. 72-78, 2009.

LIMA, Luiz Henrique. Direito público de emergência e controle externo na pandemia da Covid-19 Covid-19: lições para o futuro? *In*: LIMA, Luiz Henrique; GODINHO, Heloisa Helena Antonacio M.; SARQUIS, Alexandre Manir Figueiredo (coord.). *Os desafios do Controle Externo diante da pandemia da Covid-19*: estudos de ministros e conselheiros substitutos dos tribunais de contas. Belo Horizonte: Fórum, 2021. p. 17-101.

Legislação e normas

ATRICON – Associação dos Membros dos Tribunais de Contas do Brasil. Nota Recomendatória Atricon 02/2022. Recomendação aos Tribunais de Contas brasileiros para que, observado o regime jurídico-administrativo, adotem instrumentos de solução consensual de conflitos, aprimorando essa dimensão nos processos de controle externo. Brasília: 2022. Disponível em: https://atricon.org.br/wp-content/uploads/2022/08/Nota-Tecnica-Atricon-no002-2022.pdf. Acesso em: 19 jun. 2022.

ATRICON – Associação dos Membros dos Tribunais de Contas do Brasil; IRB – Instituto Rui Barbosa – Resolução Conjunta Atricon-IRB 001, de 13 de junho de 2022. Dispõe sobre normas gerais para a instituição de sistemas de integridade no âmbito dos Tribunais de Contas e dá outras providências. Brasília: 2022. Disponível em: https://atricon.org.br/resolucao-conjunta-da-atricon-e-do-irb-no-001-2022/. Acesso em: 19 jun. 2022.

BRASIL. Constituição Federal 1988. Brasília, 1988. Disponível em: http://www.planalto.gov.br/ccivil_03/constituicao/constituicao.htm. Acesso em: 25 jun. 2021.

BRASIL. Decreto nº 9.203, de 22 de novembro de 2017. Dispõe sobre a política de governança da administração pública federal direta, autárquica e fundacional. Brasília, 2017. Disponível em: http://www.planalto.gov.br/ccivil_03/_ato2015-2018/2017/decreto/d9203.htm. Acesso em: 28 jun. 2021.

BRASIL. Decreto nº 10.764, de 9 de agosto de 2021. Dispõe sobre o Comitê Gestor da Rede Nacional de Contratações Públicas, de que trata o §1º do art. 174 da Lei nº 14.133, de 1º de abril de 2021. Brasília, 2021. Disponível em: http://www.planalto.gov.br/ccivil_03/_ato2019-2022/2021/decreto/D10764.htm. Acesso em: 28 jun. 2022.

BRASIL. Decreto nº 10.818, de 27 de setembro de 2021. Regulamenta o disposto no art. 20 da Lei nº 14.133, de 1º de abril de 2021, para estabelecer o enquadramento dos bens de consumo adquiridos para suprir as demandas das estruturas da administração pública federal nas categorias de qualidade comum e de luxo. Brasília, 2021. Disponível em: http://www.planalto.gov.br/ccivil_03/_ato2019-2022/2021/Decreto/D10818.htm. Acesso em: 28 jun. 2022.

BRASIL. Decreto nº 10.922, de 30 de dezembro de 2021. Dispõe sobre a atualização dos valores estabelecidos na Lei nº 14.133, de 1º de abril de 2021 – de Licitações e Contratos Administrativos. Brasília, 2021. Disponível em: http://www.planalto.gov.br/ccivil_03/_ato2019-2022/2021/Decreto/D10922.htm. Acesso em: 28 jun. 2022.

BRASIL. Decreto nº 10.947, de 25 de janeiro de 2022. Regulamenta o inciso VII do *caput* do art. 12 da Lei nº 14.133, de 1º de abril de 2021, para dispor sobre o plano de contratações anual e instituir o Sistema de Planejamento e Gerenciamento de Contratações no âmbito da administração pública federal direta, autárquica e fundacional. Brasília, 2022. Disponível em: http://www.planalto.gov.br/ccivil_03/_ato2019-2022/2022/Decreto/D10947.htm#art1. Acesso em: 28 jun. 2022.

BRASIL. Instrução Normativa SEGES/ME 67, de 8 de julho de 2021. Dispõe sobre a dispensa de licitação, na forma eletrônica, de que trata a Lei nº 14.133, de 1º de abril de 2021, e institui o Sistema de Dispensa Eletrônica, no âmbito da Administração Pública federal direta, autárquica e fundacional. Brasília, 2021. Disponível em: https://www.gov.br/plataformamaisbrasil/pt-br/legislacao-geral/instrucoes-normativas/instrucao-normativa-seges-me-no-67-de-8-de-julho-de-2021. Acesso em: 28 jun. 2022.

BRASIL. Lei Complementar nº 123, de 14 de dezembro de 2006. Institui o Estatuto Nacional da Microempresa e da Empresa de Pequeno Porte; altera dispositivos das Leis nºs 8.212 e 8.213, ambas de 24 de julho de 1991, da Consolidação das Leis do Trabalho – CLT, aprovada pelo Decreto-Lei nº 5.452, de 1º de maio de 1943, da Lei nº 10.189, de 14 de fevereiro de 2001, da Lei Complementar nº 63, de 11 de janeiro de 1990; e revoga as Leis nº 9.317, de 5 de dezembro de 1996, e 9.841, de 5 de outubro de 1999. Brasília, 2006. Disponível em: http://www.planalto.gov.br/ccivil_03/leis/lcp/lcp123.htm. Acesso em: 28 jun. 2021.

BRASIL. Lei Complementar nº 147, de 7 de agosto de 2014. Altera a Lei Complementar nº 123, de 14 de dezembro de 2006, e as Leis nos 5.889, de 8 de junho de 1973, 11.101, de 9 de fevereiro de 2005, 9.099, de 26 de setembro de 1995, 11.598, de 3 de dezembro de 2007, 8.934, de 18 de novembro de 1994, 10.406, de 10 de janeiro de 2002, e 8.666, de 21 de junho de 1993; e dá outras providências. Brasília, 2014. Disponível em: http://www.planalto.gov.br/ccivil_03/leis/lcp/lcp147.htm. Acesso em: 28 jun. 2021.

BRASIL. Lei Complementar nº 155, de 27 de outubro de 2016. Altera a Lei Complementar nº 123, de 14 de dezembro de 2006, para reorganizar e simplificar a metodologia de apuração do imposto devido por optantes pelo Simples Nacional; altera as Leis nºs 9.613, de 3 de março de 1998, 12.512, de 14 de outubro de 2011, e 7.998, de 11 de janeiro de 1990; e revoga dispositivo da Lei nº 8.212, de 24 de julho de 1991. Brasília, 2016. Disponível em: http://www.planalto.gov.br/ccivil_03/leis/lcp/lcp155.htm. Acesso em: 28 jun. 2021.

BRASIL. Lei nº 8.429, de 2 de junho **1992**. Dispõe sobre as sanções aplicáveis aos agentes públicos nos casos de enriquecimento ilícito no exercício de mandato, cargo, emprego ou função na administração pública direta, indireta ou fundacional e dá outras providências. Brasília, 1992. Disponível em: http://www.planalto.gov.br/ccivil_03/leis/l8429.htm. Acesso em: 28 jun. 2021.

BRASIL. Lei nº 8.666, de 21 de junho de 1993. Regulamenta o art. 37, inciso XXI, da Constituição Federal, institui normas para licitações e contratos da Administração Pública e dá outras providências. Brasília, 1993. Disponível em: http://www.planalto.gov.br/ccivil_03/leis/l8666cons.htm. Acesso em: 26 jun. 2021.

BRASIL. Lei nº 9.307, de 23 de setembro de 1996. Dispõe sobre a arbitragem. Brasília, 1996. Disponível em: http://www.planalto.gov.br/ccivil_03/Leis/L9307.htm. Acesso em: 25 jun. 2021.

BRASIL. Lei nº 10.098, de 19 de dezembro de 2000. Estabelece normas gerais e critérios básicos para a promoção da acessibilidade das pessoas portadoras de deficiência ou com mobilidade reduzida, e dá outras providências. Brasília, 2000. Disponível em: http://www.planalto.gov.br/ccivil_03/leis/l10098.htm. Brasília, 2002. Acesso em: 21 jun. 2021.

BRASIL. Lei nº 10.520, de 17 de julho de 2002. Institui, no âmbito da União, Estados, Distrito Federal e Municípios, nos termos do art. 37, inciso XXI, da Constituição Federal, modalidade de licitação denominada pregão, para aquisição de bens e serviços comuns, e dá outras providências. Brasília, 2002. Disponível em: http://www.planalto.gov.br/ccivil_03/leis/l10098.htm. Brasília, 2002. Acesso em: 26 jun. 2021.

BRASIL. Lei nº 12.187, de 29 de dezembro de 2009. Institui a Política Nacional sobre Mudança do Clima – PNMC e dá outras providências. Brasília, 2009. Disponível em: http://www.planalto.gov.br/ccivil_03/_ato2007-2010/2009/lei/l12187.htm. Acesso em: 28 jun. 2021.

BRASIL. Lei nº 12.305, de 2 de agosto de 2010. Institui a Política Nacional de Resíduos Sólidos; altera a Lei nº 9.605, de 12 de fevereiro de 1998; e dá outras providências. Brasília, 2010. Disponível em: http://www.planalto.gov.br/ccivil_03/_ato2007-2010/2010/lei/l12305.htm. Acesso em: 28 jun. 2021.

BRASIL. Lei nº 12.349, de 15 de dezembro de 2010. Altera as Leis nºs 8.666, de 21 de junho de 1993, 8.958, de 20 de dezembro de 1994, e 10.973, de 2 de dezembro de 2004; e revoga o §1º do art. 2º da Lei nº 11.273, de 6 de fevereiro de 2006. Brasília, 2010. Disponível em: http://www.planalto.gov.br/ccivil_03/_ato2007-2010/2010/lei/l12349.htm. Acesso em: 25 jun. 2021.

BRASIL. Lei nº 12.462, de 6 de julho de 2011. Institui o Regime Diferenciado de Contratações Públicas – RDC [...]. Brasília, 2011. Disponível em: http://www.planalto.gov.br/ccivil_03/_ato2011-2014/2011/lei/l12462.htm. Acesso em: 25 jun. 2021.

BRASIL. Lei nº 12.527, de 18 de novembro de 2011. Regula o acesso a informações previsto no inciso XXXIII do art. 5º, no inciso II do §3º do art. 37 e no §2º do art. 216 da Constituição Federal; altera a Lei nº 8.112, de 11 de dezembro de 1990; revoga a Lei nº 11.111, de 5 de maio de 2005, e dispositivos da Lei nº 8.159, de 8 de janeiro de 1991;

e dá outras providências. Brasília, 2011. Disponível em: http://www.planalto.gov.br/ccivil_03/_Ato2011-2014/2011/Lei/L12527.htm. Acesso em: 28 jun. 2021.

BRASIL. Lei nº 12.846, de 1º de agosto de 2013. Dispõe sobre a responsabilização administrativa e civil de pessoas jurídicas pela prática de atos contra a administração pública, nacional ou estrangeira, e dá outras providências. Brasília, 2013. Disponível em: http://www.planalto.gov.br/ccivil_03/_ato2011-2014/2013/lei/l12846.htm. Acesso em: 28 jun. 2021.

BRASIL. Lei nº 13.105, de 16 de março de 2015. Código de Processo Civil. Brasília, 2015. Disponível em: http://www.planalto.gov.br/ccivil_03/_ato2015-2018/2015/lei/l13105.htm. Acesso em: 25 jun. 2021.

BRASIL. Lei nº 13.129, de 26 de maio de 2015. Altera a Lei nº 9.307, de 23 de setembro de 1996, e a Lei nº 6.404, de 15 de dezembro de 1976, para ampliar o âmbito de aplicação da arbitragem e dispor sobre a escolha dos árbitros quando as partes recorrem a órgão arbitral, a interrupção da prescrição pela instituição da arbitragem, a concessão de tutelas cautelares e de urgência nos casos de arbitragem, a carta arbitral e a sentença arbitral, e revoga dispositivos da Lei nº 9.307, de 23 de setembro de 1996. Brasília, 2015. Disponível em: http://www.planalto.gov.br/ccivil_03/_ato2015-2018/2015/lei/L13129.htm. Acesso em: 25 jun. 2021.

BRASIL. Lei nº 13.140, de 26 de junho de 2015. Dispõe sobre a mediação entre particulares como meio de solução de controvérsias e sobre a autocomposição de conflitos no âmbito da administração pública; altera a Lei nº 9.469, de 10 de julho de 1997, e o Decreto nº 70.235, de 6 de março de 1972; e revoga o §2º do art. 6º da Lei nº 9.469, de 10 de julho de 1997. Brasília, 2015. Disponível em: http://www.planalto.gov.br/ccivil_03/_ato2015-2018/2015/lei/L13140.htm. Acesso em: 25 jun. 2021.

BRASIL. Lei nº 13.146, de 6 de julho de 2015. Lei Brasileira de Inclusão da Pessoa com Deficiência (Estatuto da Pessoa com Deficiência). Brasília, 2015. Disponível em: http://www.planalto.gov.br/ccivil_03/_ato2015-2018/2015/lei/l13146.htm. Acesso em: 25 jun. 2021.

BRASIL. Lei nº 13.190, de 19 de novembro de 2015. Altera as Leis nº 12.462, de 4 de agosto de 2011, que institui o Regime Diferenciado de Contratações Públicas – RDC, 7.210, de 11 de julho de 1984, 6.015, de 31 de dezembro de 1973, 8.935, de 18 de novembro de 1994, 11.196, de 21 de novembro de 2005, e 12.305, de 2 de agosto de 2010; e dá outras providências. Brasília, 2015. Disponível em: http://www.planalto.gov.br/ccivil_03/_Ato2015-2018/2015/Lei/L13190.htm#:~:text=A%20administra%C3%A7%C3%A3o%20p%C3%BAblica%20poder%C3%A1%20firmar,do%20bem%20especificado%20pela%20administra%C3%A7%C3%A3o. Acesso em: 25 jun. 2021.

BRASIL. Lei nº 13.303, de 30 de junho de 2016. Dispõe sobre o estatuto jurídico da empresa pública, da sociedade de economia mista e de suas subsidiárias, no âmbito da União, dos Estados, do Distrito Federal e dos Municípios. Brasília, 2016. Disponível em: http://www.planalto.gov.br/ccivil_03/_ato2015-2018/2016/lei/l13303.htm. Acesso em: 25 jun. 2022.

BRASIL. Lei nº 14.113/2020, de 25 de dezembro de 2020. Regulamenta o Fundo de Manutenção e Desenvolvimento da Educação Básica e de Valorização dos Profissionais da Educação (Fundeb), de que trata o art. 212-A da Constituição Federal; revoga dispositivos da Lei nº 11.494, de 20 de junho de 2007; e dá outras providências. Brasília, 2020. Disponível em: http://www.planalto.gov.br/ccivil_03/_Ato2019-2022/2020/Lei/L14113.htm. Acesso em: 28 jun. 2021.

BRASIL. Lei nº 14.129, de 29 de março de 2021. Dispõe sobre princípios, regras e instrumentos para o Governo Digital e para o aumento da eficiência pública e altera a Lei nº 7.116, de 29 de agosto de 1983, a Lei nº 12.527, de 18 de novembro de 2011 (Lei de Acesso à Informação), a Lei nº 12.682, de 9 de julho de 2012, e a Lei nº 13.460, de 26 de junho de 2017. Brasília, 2021. Disponível em: http://www.planalto.gov.br/ccivil_03/_ato2019-2022/2021/lei/l14129.htm. Acesso em: 24 jun. 2021.

BRASIL. Lei nº 14.133, de 1º de abril de 2021. Lei de Licitações e Contratos Administrativos. Brasília, 2021. Disponível em: http://www.planalto.gov.br/ccivil_03/_ato2019-2022/2021/lei/L14133.htm. Acesso em: 24 jun. 2021.

BRASIL. Lei nº 14.230/2021, de 25 de outubro de 2021. Altera a Lei nº 8.429, de 2 de junho de 1992, que dispõe sobre improbidade administrativa. Brasília, 2021. Disponível em: http://www.planalto.gov.br/ccivil_03/_Ato2019-2022/2021/Lei/L14230.htm#art2. Acesso em: 24 jun. 2022.

BRASIL. Portaria SEGES/ME 938, de 2 de fevereiro de 2022. Institui o catálogo eletrônico de padronização de compras, serviços e obras, no âmbito da Administração Pública federal direta, autárquica e fundacional, em atendimento ao disposto no inciso II do art. 19 da Lei nº 14.133, de 1º de abril de 2021. Brasília, 2022. Disponível em: https://www.gov.br/plataformamaisbrasil/pt-br/legislacao-geral/portarias/portaria-seges-me-no-938-de-2-de-fevereiro-de-2022. Acesso em: 24 jun. 2022.

Jurisprudência

BRASIL. Tribunal de Contas da União. Acórdão 2.397/2017. Plenário. Entidade: Centrais Elétricas Brasileiras S.A. (Eletrobras). Relator Min. Aroldo Cedraz. Brasília, 25 de outubro de 2017. Disponível em: https://contas.tcu.gov.br/pesquisaJurisprudencia/#/detalhamento/11/%252a/NUMACORDAO%253A2397%2520ANOACORDAO%253A2017%2520COLEGIADO%253A%2522Plen%25C3%25A1rio%2522/DTRELEVANCIA%2520desc%252C%2520NUMACORDAOINT%2520desc/false/1/false. Acesso em: 28 jun. 2021.

BRASIL. Tribunal de Contas da União. Acórdão 2.463/2021. Plenário. Entidade: não há. Relator Min. Bruno Dantas. Brasília, 13 de outubro de 2021. Disponível em: https://pesquisa.apps.tcu.gov.br/#/documento/acordao-completo/*/NUMACORDAO%253A2463%2520ANOACORDAO%253A2021%2520COLEGIADO%253A%2522Plen%25C3%25A1rio%2522/DTRELEVANCIA%2520desc%252C%2520NUMACORDAOINT%2520desc/0/%2520. Acesso em: 28 jun. 2022.

Informação bibliográfica deste texto, conforme a NBR 6023:2018 da Associação Brasileira de Normas Técnicas (ABNT):

LIMA, Luiz Henrique A nova lei de licitações: apontamentos sobre inovações e impactos relevantes para o exercício do controle. *In*: LIMA, Luiz Henrique; CUNDA, Daniela Zago Gonçalves da; GODINHO, Heloísa Helena Antonacio Monteiro (coord.). *Controle externo e as mutações do Direito Público*: licitações e contratos – Estudos de ministros e conselheiros substitutos dos tribunais de contas. Belo Horizonte: Fórum, 2023. p. 15-56. ISBN 978-65-5518-502-7.

ABORDAGENS SOBRE A NOVA LEI DE LICITAÇÕES E CONTRATOS ADMINISTRATIVOS (LEI Nº 14.133/2021) NAS DELIBERAÇÕES DO TRIBUNAL DE CONTAS DA UNIÃO

MARCOS BEMQUERER COSTA
PATRÍCIA REIS LEITÃO BASTOS

> *"Encerramos essa análise com a certeza de que o Congresso Nacional produziu um texto que atende às ambições tanto dos administradores quanto dos administrados, e que contribuirá para melhorar o ambiente de negócios com o setor público e impulsionar o desenvolvimento do país."*
>
> Ministro Antonio Anastasia – Relator no Senado Federal do Projeto de Lei da Nova Lei de Licitações – PL nº 4.253/2020

1 Introdução

Na data de 1º de abril de 2021, foi sancionada e publicada a Nova Lei de Licitações e Contratos Administrativos (Lei nº 14.133/2021) em substituição à Lei nº 8.666/1993, bem como às Leis nºs 10.520/2002 e 12.462/2011, referentes, respectivamente, à Lei do Pregão e à do Regime Diferenciado de Contratações (RDC).

Além de compilar as abordagens contidas nessas três legislações dispersas que tratam da atuação da Administração Pública na realização de certames e pactuação de contratos, a Lei nº 14.133/2021 trouxe algumas inovações que merecem destaque.

Esse recente regramento prevê cinco modalidades de licitação. Como a definição do tipo de modalidade passou a estar associada exclusivamente à complexidade do objeto e não mais ao seu valor, tanto a tomada de preços quanto o convite deixaram de existir, e, além da concorrência, do concurso, do leilão e do pregão, que já estavam previstos nas legislações anteriores, foi inserido o diálogo competitivo.

A Lei nº 14.133/2021 trouxe ainda algumas alterações que garantem uma maior agilidade ao processo licitatório, como a adoção da realização de certames por meio eletrônico como regra, de tal forma que a licitação presencial passou a ser vista como uma exceção que depende de justificativa, e a inversão de fases em que as etapas de apresentação das propostas e de julgamento passaram a vir primeiro, de tal forma que só há exigência de habilitação para a empresa vencedora.

A Nova Lei de Licitações e Contratos Administrativos introduziu também uma prática internacionalmente conhecida como *"step in right"*, que consiste em, no tocante à execução de obras e serviço de engenharia, incluir cláusula no contrato de seguro-garantia que obrigue a seguradora, em casos de inadimplemento contratual, a concluir o objeto contratado.

Cumpre destacar, ainda, no tocante às inovações da Lei nº 14.133/2021, que a criação do Portal Nacional de Contratações Públicas (PNCP), prevista no seu art. 174, com a centralização da publicidade dos atos relativos às contratações públicas, foi uma questão que gerou grande controvérsia.

Outro aspecto de grande relevância acerca da Lei nº 14.133/2021 é que somente a partir de 1º de abril de 2023 sua aplicação será obrigatória, ficando revogadas as três legislações que serão substituídas, de tal forma que, até que ocorra esse marco legal, tanto a legislação antiga quanto a nova lei coexistem no ordenamento jurídico.

Nesse sentido, o que se observa é que o legislador previu que essa seria uma mutação gradual do Direito Público, com a existência de um período de transição em que a Administração Pública pudesse optar pela aplicação de algum dos regimes vigentes, devendo tal escolha constar expressamente no edital, não sendo permitida a combinação entre essas leis.

O objetivo deste artigo é abordar alguns julgados do Tribunal de Contas da União que trataram dessas mutações no Direito Público ocorridas com o advento da Nova Lei de Licitações e Contratos Administrativos (NLLC).

2 Deliberações do Tribunal de Contas da União que trataram da aplicabilidade da Nova Lei de Licitações e Contratos Administrativos (Lei nº 14.133/2021)

Nos processos de controle externo têm ocorrido análises de licitações e contratações públicas realizadas no período de transição da Lei nº 14.133/2021, entre 1º de abril de 2021, quando a Nova Lei de Licitações foi sancionada e publicada, e 1º de abril de 2023, quando sua aplicação será obrigatória.

Além de verificar, nos casos concretos, o atendimento, pelas unidades jurisdicionadas, aos vários dispositivos da Nova Lei de Licitações e Contratos Administrativos, a Corte de Contas também teve que se posicionar no tocante às suas próprias contratações, nessa fase preliminar à aplicação obrigatória da Lei nº 14.133/21.

2.1 Consulta formulada pela Secretaria-Geral de Administração do TCU (Segedam) quanto à imediata aplicação, pela Corte de Contas, do art. 75 da Lei nº 14.133/2021 (TC 008.967/2021-0 de relatoria do Ministro Augusto Nardes, tendo sido proferido o Acórdão nº 2.458/2021 – Plenário)

O questionamento da Secretaria-Geral de Administração do TCU (Segedam) nessa consulta é quanto à efetiva viabilidade em se utilizarem os dispositivos contidos na Lei nº 14.133/2021, em especial o manejo da contratação direta prevista nos incisos I e II do art. 75, inexistindo ferramenta eletrônica que torne operacional o Portal Nacional de Contratações Públicas – PNCP (criado pelo art. 174 da Lei nº 14.133/2021) e ante a ausência de regulamentação de alguns dispositivos legais.

Em 9.08.21, o Ministério da Economia fez o lançamento oficial do Portal Nacional de Contratações Públicas (PNCP), disponibilizando, em sítio eletrônico específico, parte das funcionalidades descritas na nova Lei nº 14.133/2021, inclusive as relacionadas à publicidade dos instrumentos de contrato.

Contudo, no tocante à área administrativa do TCU, apesar de todo o esforço empreendido pelas unidades competentes, não se tornou tecnicamente viável a utilização do PNCP pela egrégia Corte de Contas.

A dificuldade encontrada se deve ao fato de não haver possibilidade de alimentação manual de dados no PNCP, sendo que a inserção, modificação ou exclusão de dados no Portal é feita mediante integração de sistemas, de tal forma que, no caso do TCU, que é órgão não vinculado ao Sistema de Serviços Gerais (Sisg), do grupo chamado órgãos 'não-Sisg', deve ocorrer a denominada integração de 'sistemas externos' – sob o ponto de vista do Ministério da Economia – com o Portal.

Nesse sentido, ao contrário do que ocorre no âmbito dos órgãos vinculados ao Sisg, que por regra utilizam as ferramentas de provimento centralizado do Ministério da Economia, a área administrativa do TCU dispõe de sistema próprio de gerenciamento de contratos (sistema Contrata), sendo necessário efetuar uma integração entre o Contrata e o PNCP.

A questão crucial tratada no TC 008.967/2021-0 foi a existência de dispositivo legal cuja regulamentação seja materialmente imprescindível à eficácia jurídica e à viabilidade do manejo da contratação direta prevista nos incisos I e II do art. 75 da NLLC.

Em seu voto, o Ministro-Relator Augusto Nardes abordou os principais aspectos que devem ser observados no âmbito da consulta em tela:

- há dois aspectos que poderiam se tornar obstáculos para a realização da proposição de adoção do regime de dispensa da Lei nº 14.133/2021, quais sejam, a disponibilização do Portal Nacional de Contratações Públicas e a ausência de regulamentação dos dispositivos legais;
- no âmbito das análises empreendidas na consulta, não foi encontrado dispositivo legal cuja regulamentação seja materialmente imprescindível à eficácia jurídica e à viabilidade do manejo da contratação direta prevista nos incisos I e II do art. 75 da NLLC;
- quanto à necessidade da inserção das informações contratuais no PNCP, esse dispositivo está associado ao princípio da publicidade e possui duas funções primordiais, que são a divulgação centralizada e obrigatória de atos e a realização facultativa das contratações pelos órgãos e entidades dos Poderes Executivo, Legislativo e Judiciário de todos os entes federativos;

- o princípio da publicidade estaria atendido com a aplicação imediata da NLLC para realização de contratações diretas em razão do valor, desde que adotado procedimento que respeite o modelo de instrução definido no art. 72 da Lei nº 14.133/2021, inclusive quanto à necessidade de divulgação e manutenção, em sítio eletrônico oficial, do ato que autoriza a contratação direta ou o extrato decorrente do contrato;
- adicionalmente, para maior eficácia no atendimento ao princípio da publicidade, deveria ocorrer a publicação dos instrumentos de divulgação da contratação por meio do Diário Oficial da União (DOU), numa forma de substituição temporária à divulgação no PNCP;
- deve haver uma interpretação lógico-sistemática da Lei nº 14.133/21, afastando-se a literalidade do art. 94, que exige a divulgação no Portal Nacional de Contratações Públicas (PNCP) como condição indispensável para a eficácia do contrato e de seus aditamentos;
- não é razoável que se considere que a eficácia de uma nova lei que traz expressamente em seu art. 194 o comando de que "entra em vigor na data de sua publicação" (1º.4.2021) esteja vinculada à necessidade de utilização de um portal previsto em seu próprio texto, pois a eficácia da norma somente poderia ser limitada se houvesse previsão expressa no corpo da legislação;
- é possível a adoção transitória e excepcional de meios alternativos de transparência das contratações, até que haja uma comunicabilidade direta entre o sistema Contrata e o PNCP, admitindo-se a utilização do art. 75 da NLLC por órgãos não vinculados ao Sistema de Serviços Gerais (Sisg), do grupo chamado órgãos "não-Sisg", com publicação no Diário Oficial da União – DOU, objetivando dar transparência às contratações diretas, como mecanismo adicional ao atendimento da diretriz legal;
- as Secretarias-Gerais de Administração e da Presidência do TCU devem priorizar ações para a devida integração dos sistemas internos do TCU com o PNCP.

Diante desse contexto, em 13.10.2021, foi proferido o Acordão nº 2.458/2021 – Plenário a partir do voto do Ministro Augusto Nardes, referendando as conclusões da Consultoria Jurídica e acolhendo os apontamentos da Secretaria-Geral de Administração, o Plenário do TCU concluiu com o seguinte teor:

9.1. responder à consulente, Secretaria-Geral de Administração (Segedam), que:

9.1.1. é possível a utilização do art. 75 da Lei nº 14.133/2021 por órgãos não vinculados ao Sistema de Serviços Gerais (Sisg), do grupo chamado órgãos "não-Sisg", em caráter transitório e excepcional, até que sejam concluídas as medidas necessárias ao efetivo acesso às funcionalidades do Portal Nacional de Contratações Públicas – PNCP;

9.1.2. em reforço à transparência que deve ser dada às contratações diretas, que seja utilizado o Diário Oficial da União – DOU como mecanismo complementar ao portal digital do TCU, em reforço à devida publicidade até a efetiva integração entre os sistemas internos e o PNCP;

9.2. orientar a Secretaria-Geral de Administração e a Secretaria-Geral da Presidência deste Tribunal que priorizem as ações para a devida integração dos sistemas internos do TCU com o PNCP.

2.2 Processo administrativo que analisa proposição acerca de possível inconstitucionalidade dos §§1º e 3º do art. 171 da Lei nº 14.133/2021 (TC 019.315/2021-0 de relatoria do Ministro Bruno Dantas, tendo sido proferido o Acórdão nº 2.463/2021 – Plenário)

Na Sessão Plenária de 23.06.2021 o Ministro Raimundo Carreiro apresentou proposição acerca de possível inconstitucionalidade dos §§1º e 3º do art. 171 da Lei nº 14.133/2021, a seguir transcritos:

> Art. 171. Na fiscalização de controle será observado o seguinte:
> (...)
> §1º Ao suspender cautelarmente o processo licitatório, o tribunal de contas deverá pronunciar-se definitivamente sobre o mérito da irregularidade que tenha dado causa à suspensão no prazo de 25 (vinte e cinco) dias úteis, contado da data do recebimento das informações a que se refere o §2º deste artigo, prorrogável por igual período uma única vez, e definirá objetivamente:
> I – as causas da ordem de suspensão;
> II – o modo como será garantido o atendimento do interesse público obstado pela suspensão da licitação, no caso de objetos essenciais ou de contratação por emergência.
> (...)
> §3º A decisão que examinar o mérito da medida cautelar a que se refere o §1º deste artigo deverá definir as medidas necessárias e adequadas, em face das alternativas possíveis, para o saneamento do processo licitatório, ou determinar a sua anulação.

A proposição foi então submetida à análise da Consultoria Jurídica do TCU que, ao se posicionar acerca de eventual representação à Procuradoria-Geral da República, com vistas ao ajuizamento de ação direta de inconstitucionalidade, apresentou em seu parecer as seguintes ponderações:

- a previsão contida no art. 171, §1º, da Lei nº 14.133/2021, de que o Tribunal de Contas da União deve se pronunciar no prazo de 25 dias úteis, prorrogável uma única vez, sobre o mérito da irregularidade que ensejou a suspensão cautelar de licitação, representa uma interferência indevida no funcionamento e na organização do controle externo, pois a disponibilidade de força de trabalho é variável conforme o aparecimento de demandas, não podendo ser afastada a discricionariedade da Corte de Contas para definir a ordem de atendimento de suas demandas;
- as leis orgânicas dos tribunais de contas não podem ser desobedecidas, ao se estabelecer um prazo uniforme, com inobservância tanto das peculiaridades de cada tribunal quanto dos critérios de oportunidade, materialidade, relevância e risco previstos nas normas internacionais relativas às entidades fiscalizadoras;
- no caso do TCU, já há previsão, no Regimento Interno, de priorização dos processos que envolvem medidas cautelares;
- o prazo de 25 dias úteis é inalcançável para questões mais complexas que demandam análises mais aprofundadas, mormente diante da configuração do sistema de controle externo e do necessário atendimento aos dispositivos das legislações específicas, nesse sentido, a Lei Orgânica do TCU, por exemplo, prevê que a necessária manifestação da unidade técnica competente pode, conforme o caso, ser sucedida pelo parecer do ministério público que atua junto ao tribunal de contas, para só então a questão ser submetida ao relator do processo e finalmente ser apreciada pelo órgão colegiado;
- para a definição de prazos deveria ter sido considerado o fato de a manifestação da unidade técnica sobre o mérito da irregularidade ocorrer em mais uma etapa (análise do auditor de controle externo designado e pareceres das chefias imediatas – em dois níveis hierárquicos –, que podem ou não ser concordantes entre si), bem como deveria ter sido prevista a possibilidade de o julgamento pela Corte de Contas vir a ser suspenso em razão de pedido de vista de algum membro do colegiado;

- ao estipular o prazo de 25 (vinte e cinco) dias úteis, prorrogável por igual período uma única vez, o art. 171, §1º, da Lei nº 14.133/2021 incorre em inconstitucionalidade formal subjetiva, por violação à iniciativa privativa do tribunal de contas para processos legislativos visando a alteração da sua organização e funcionamento (violação ao art. 73 c/c art. 96, inciso I, alínea "a", e inciso II, alínea "d", da Constituição Federal de 1988;
- o art. 171, §1º, da Lei nº 14.133/2021 também viola regra de competência legislativa, ao estabelecer, indistintamente para todos os tribunais de contas do país, a despeito de suas peculiaridades, prazo de 25 dias úteis para pronunciamento acerca da irregularidade que tiver ensejado a suspensão cautelar de processo licitatório;
- a União não dispõe de competência para legislar sobre a organização e funcionamento dos tribunais de contas estaduais e municipais, que, segundo norma expressa da Constituição Federal (art. 75), são regidos pelas respectivas Constituições Estaduais, observando, por simetria, as normas estabelecidas na Constituição Federal para o TCU;
- o art. 171, §1º, da Lei nº 14.133/2021 não se insere na competência da União para legislar sobre normas gerais de licitação e contratação (art. 22, XXVII, da CF), pois trata de prazo que não está associado ao processo licitatório, mas relacionado ao exercício do Controle Externo;
- há ainda inconstitucionalidade material, pois o atendimento ao art. 171, §1º, da Lei nº 14.133/2021 vai prejudicar o exercício das atribuições dos tribunais de contas estabelecidas no art. 71 da Constituição Federal.

O Ministério Público junto ao TCU, representado pela Procuradora-Geral Cristina Machado da Costa e Silva, posicionou-se em concordância com esse posicionamento da Conjur, concluindo que os mencionados dispositivos legais da nova NLLC incorrem em inconstitucionalidade formal e material.

Após analisar a matéria, o Ministro-Relator Bruno Dantas anuiu ao entendimento da Conjur, merecendo destaque o seguinte trecho de seu voto:

> 44. O TCU, ao expedir cautelares, analisa a existência de três pressupostos, a saber: a plausibilidade do direito substancial invocado, a existência de perigo na demora (risco de dano iminente) e a inexistência de perigo da demora inverso, conforme preconiza o art. 22 da Resolução-TCU 259/2014.

45. Expedida essa medida de natureza provisória, não cabe ao TCU definir o modo como o interesse público deve ser atendido ou garantido, atividade tipicamente administrativa, ínsita ao juízo de conveniência e oportunidade do gestor público. Ao fazê-lo, o TCU estaria usurpando a competência do gestor público, no exercício do seu poder discricionário.

46. Ademais, considerando que nessa ocasião o tribunal profere um juízo de cognição sumária, mediante uma análise não exauriente, perfunctória, não teria condições de apurar, com segurança, o modo como seria garantido o atendimento ao interesse público, por lhe faltar justamente informações e elementos mínimos da realidade da gestão, conforme pontuou o *Parquet* especializado.

47. Também não cabe ao TCU, ao proferir decisão de mérito, definir as medidas necessárias e adequadas, em face das alternativas possíveis, para o saneamento do processo licitatório, por ser essa atribuição privativa da Administração Pública, e não do controle externo.

48. Tais dispositivos padecem, portanto, de três ordens de inconstitucionalidade, conforme bem ressaltou a Conjur.

49. Incorrem em *inconstitucionalidade formal subjetiva*, tendo em vista que o projeto de Lei nº proposto pelo parlamento, ao criar dever para o tribunal de contas, interfere em matérias de organização e funcionamento desse órgão de controle externo, desrespeitando suas prerrogativas de autonomia e autogoverno, notadamente a iniciativa privativa para processo legislativo com essa finalidade. Violam, portanto, o art. 73, *caput*, c/c o art. 96 inciso I, alínea "a", e inciso II, alínea 'd', da Constituição Federal.

50. Também verifico *inconstitucionalidade formal orgânica*, pois a União não dispõe de competência legislativa para estabelecer deveres aos tribunais de contas dos entes subnacionais, conforme já exposto no presente voto, em violação aos arts. 18, 25, *caput* e §1º, c/c os arts. 73, 75 e 96 da Constituição Federal.

51. Incorrem, também, em *inconstitucionalidade material*, porque, ao atribuírem aos tribunais de contas deveres que extrapolam os limites da competência constitucional de controle externo, violam o princípio da separação dos poderes, previsto no art. 2º da Constituição Federal. Ademais, tendo em vista o princípio da segregação de funções, não se pode atribuir ao mesmo órgão a função de gestão e o papel de controle externo.

52. Por fim, considero pertinentes os argumentos apresentados pela Conjur para fundamentar o requerimento de medida cautelar para suspender os efeitos dos dispositivos questionados até o julgamento do mérito da referida ação, considerando que a Lei nº 14.133/2021 já se encontra em vigor (perigo de dano), bem como a plausibilidade jurídica da declaração de inconstitucionalidade dos referidos dispositivos legais (probabilidade do direito).

Em anuência a esse posicionamento do Ministro-Relator, o Plenário, por meio do Acórdão nº 2.463/2021, decidiu:

> 9.1. Representar junto à Procuradoria-Geral da República com vistas ao ajuizamento de ação direta de inconstitucionalidade perante o Supremo Tribunal Federal, fazendo-se acompanhar do inteiro teor do presente processo, requerendo-se:
>
> 9.1.1. Preliminarmente, medida cautelar, nos termos do art. 10 e seguintes da Lei nº 9.868/1999, a fim de suspender, até o julgamento do mérito da referida ação:
>
> 9.1.1.1. Os efeitos da expressão 'no prazo de 25 (vinte e cinco) dias úteis, contado da data do recebimento das informações a que se refere o §2º deste artigo, prorrogável por igual período uma única vez' constante do art. 171, §1º, da Lei nº 14.133/2021, ou, subsidiariamente, determinar que eventual descumprimento do referido prazo não implique a cessação dos efeitos da suspensão cautelar do processo licitatório, nem outra consequência jurídica;
>
> 9.1.1.2. os efeitos do inciso II do §1º e do §3º do art. 171 da Lei nº 14.133/2021;
>
> 9.1.2. No mérito:
>
> 9.1.2.1. Declarar a inconstitucionalidade da expressão 'no prazo de 25 (vinte e cinco) dias úteis, contado da data do recebimento das informações a que se refere o §2º deste artigo, prorrogável por igual período uma única vez' constante do art. 171, §1º, da Lei nº 14.133/2021, por violar os arts. 18, 25, caput e §1º, c/c os arts. 73, 75 e 96 da Constituição Federal (inconstitucionalidade formal), bem como o art. 71 da Constituição Federal (inconstitucionalidade material) ou, subsidiariamente, dar interpretação conforme a Constituição à referida expressão, de modo a compatibilizá-la com os arts. 71 e 73, §§3º e 4º, da Constituição Federal, considerando, para tanto, o referido prazo como impróprio, de modo que eventual descumprimento não implique a cessação dos efeitos da suspensão cautelar do processo licitatório, nem outra consequência jurídica;
>
> 9.1.2.2. Declarar a inconstitucionalidade do inciso II do §1º e do §3º do art. 171 da Lei nº 14.133/2021, por violar os arts. 18, 25, caput e §1º, c/c arts. 73, 75 e 96 da Constituição Federal (inconstitucionalidade formal), bem como os arts. 2º e 71 da Constituição Federal (inconstitucionalidade material);
>
> 9.2. Encaminhar cópia da representação à Associação dos Membros dos Tribunais de Contas do Brasil (Atricon), entidade associativa reconhecida como legitimada para a propositura de ação direta de inconstitucionalidade, que tem dentre seus objetivos estatutários 'auxiliar os Tribunais de Contas na defesa de suas competências, de seus poderes e de seus interesses institucionais, em juízo ou fora dele', bem como 'promover ação direta de inconstitucionalidade (ADI) e ação declaratória de constitucionalidade (ADC).

2.3 Processo de monitoramento de determinação proferida pelo TCU no item 9.2 do Acórdão nº 7.248/2017 – 2ª Câmara em que se verificou a necessidade de adequação da deliberação monitorada aos dispositivos da Lei nº 14.133/2021 (TC 006.240/2019-4 de relatoria do Ministro-Substituto André Luís de Carvalho, tendo sido proferido o Acórdão nº 3.616/2022 – 2ª Câmara)

No âmbito do Acórdão nº 7.248/2017 – 2ª Câmara, o TCU, ao apreciar processo de Representação formulada pelo Ministério Público Militar sobre os indícios de irregularidade na alienação de aeronaves pela Comissão Aeronáutica Brasileira na Europa, determinou que fosse editado ato normativo para regulamentação do art. 123 da Lei nº 8.666/1993, que trata de licitações e contratações administrativas realizadas por repartições sediadas no exterior.

À época da prolação dessa deliberação, em 15.8.2017, havia a possibilidade de que cada Comando Militar editasse uma regulamentação específica, pois havia margem interpretativa para isso no âmbito da Lei nº 8.666/1993. Contudo, essa possibilidade foi afastada pela Lei nº 14.133/2021, que previu que a normatização das aquisições realizadas por repartições sediadas no exterior fosse efetuada pelo ministério de vinculação, consoante no trecho a seguir transcrito do art. 1º, §2º, *in verbis*:

> §2º As contratações realizadas no âmbito das repartições públicas sediadas no exterior obedecerão às peculiaridades locais e aos princípios básicos estabelecidos nesta Lei, na forma de regulamentação específica a ser editada *por ministro de Estado*. (grifos acrescidos)

Importante acrescentar, ainda, quanto ao cumprimento do item 9.2 do Acórdão nº 7.248/2017 – 2ª Câmara, que a Secretaria de Controle Externo da Defesa Nacional e da Segurança Pública (Secex-Defesa) observou a existência dos seguintes eixos estruturantes essenciais para que as normas aprovadas pelo Ministério da Defesa estivessem em consonância com a Lei nº 14.133/2021:

a) definição de critérios adequados e aderentes aos princípios e normas que regem a Administração para que contratações sejam realizadas no exterior no interesse de órgãos sediados no Brasil;

b) limitação à realização de contratações diretas no exterior no interesse de órgãos sediados no Brasil, uma vez que tais contratações podem ser feitas sob jurisdição nacional e nelas a Administração já faz concessões que mitigam o princípio da competitividade;

c) proibição de contratação por intermédio das comissões no interesse de órgãos sediados no Brasil de bens e serviços que não possam ser classificados como produtos de defesa;

d) vedação à realização de contratações pelas repartições do Ministério da Defesa no exterior atendendo às demandas de órgãos não pertencentes à sua estrutura regimental.

Contudo, consoante explicitado pelo Ministro-Substituto André Luís de Carvalho, em sua Proposta de Deliberação que embasou o Acórdão nº 3.616/2022 – 2ª Câmara, tendo em vista que não cumpre à Corte de Contas avaliar a eventual ocorrência de falhas em normativo elaborado em cumprimento às suas deliberações, a alternativa encontrada foi solicitar à Advocacia-Geral da União (AGU) que promovesse a avaliação jurídica acerca dos aludidos ajustes sugeridos pela Secex-Defesa.

O Acórdão nº 3.616/2022 – 2ª Câmara foi então proferido nos seguintes termos:

> ACORDAM os Ministros do Tribunal de Contas da União, reunidos em Sessão da 2ª Câmara, diante das razões expostas pelo Relator, em:
> (...)
> 9.3. promover o envio de ciência preventiva e corretiva para que, nos termos do art. 9º da Resolução TCU nº 315, de 2020, o Comando da Marinha, o Comando do Exército e o Comando da Aeronáutica, sob a coordenação setorial do Ministério da Defesa e a coordenação central da Advocacia-Geral da União (AGU), como representante da União, promovam o procedimento técnico com vistas à integral avaliação sobre todos os ajustes sugeridos pela unidade técnica, às Peças 315 e 317, para a eventual modificação nos correspondentes normativos, em face de a Portaria GM-MD nº 5.175, de 2021, com as demais normas adicionais pertinentes, tender a necessitar de eventuais ajustes em pleno cotejo, especialmente, com a Constituição de 1998 e a atual Lei nº 14.133, de 2021, além da correlata Lei nº 8.666, de 1993, e com a correspondente jurisprudência firmada pelo TCU a partir, por exemplo, dos Acórdãos 541/2021 e 1.850/2020, do Plenário, diante, entre outros, dos seguintes aspectos: (i) critérios para a autorização de aquisições feitas no exterior, incluindo a contratação direta, em prol dos órgãos sediados no Brasil; (ii) aquisição ou contratação, por meio de repartição sediada no

exterior, de bens e serviços não classificados como produtos de defesa em prol dos órgãos sediados no Brasil; (iii) aquisições ou contratações, por meio de repartições do Ministério da Defesa sediada no exterior, de bens e serviços para os órgãos sediados no Brasil e não integrantes da estrutura do Ministério da Defesa; e (iv) ampliação da publicidade sobre as referidas contratações promovidas por meio de repartições sediadas no exterior;

9.4. solicitar que, contando com a coordenação específica pela Consultoria Jurídica junto ao Ministério da Defesa e pelas Consultorias Jurídicas Adjuntas das Forças Singulares, em sintonia com o art. 43 da Lei nº 8.443, de 1992, o órgão competente da Advocacia-Geral da União (AGU) promova, como representante da União, a condução do procedimento técnico fixado pelo item 9.3 do presente Acórdão, informando o TCU, dentro do prazo de 12 (doze) meses contados da notificação do presente Acórdão, sobre o efetivo resultado de todas as providências adotadas, sem prejuízo de, formal e expressamente, apresentar a respectiva motivação técnico-jurídica para a eventual manutenção da correspondente regra prevista na Portaria GM-MD nº 5.175, de 2021, com as demais normas adicionais pertinentes, em função de a AGU entender incabível ou inaplicável o específico ajuste sugerido para essa correspondente regra pela unidade técnica às Peças 315 e 317;

9.5. enviar a cópia do presente Acórdão, com o Relatório e a Proposta de Deliberação, aos seguintes destinatários:

9.5.1. ao Ministério da Defesa, além do Comando da Marinha, Comando do Exército e Comando da Aeronáutica, para ciência e efetivo cumprimento do item 9.3 deste Acórdão;

9.5.2. à Comissão de Assuntos Econômicos do Senado Federal, além da Comissão de Transparência, Governança, Fiscalização e Controle e Defesa do Consumidor do Senado Federal, à Comissão de Relações Exteriores e de Defesa Nacional do Senado Federal, à Comissão de Desenvolvimento Econômico, Indústria, Comércio e Serviços da Câmara dos Deputados, à Comissão de Relações Exteriores e de Defesa Nacional da Câmara dos Deputados e à Comissão de Fiscalização Financeira e Controle da Câmara dos Deputados, para ciência e eventuais providências;

9.5.3. à Advocacia-Geral da União (AGU), para ciência e efetivo cumprimento dos itens 9.3 e 9.4 deste Acórdão.

2.4 Recurso de Reconsideração em processo de Tomada de Contas Especial em que o Tribunal de Contas da União concluiu que a restituição dos lucros ilegítimos auferidos em casos de fraude à licitação tem amparo legislativo nos artigos 148 e 149 da Lei nº 14.133/2021(TC 016.588/2019-3 de relatoria do Ministro Antonio Anastasia, tendo sido proferido o Acórdão nº 1.842/2022 – Plenário)

Trata-se do Recurso de Reconsideração interposto pelo Ministério Público junto ao Tribunal (MP/TCU) contra o subitem 9.14 do Acórdão nº 2.677/2018 – Plenário, de relatoria do Ministro Benjamin Zymler, que, em sede de Tomada de Contas Especial, havia determinado arquivamento do feito sem julgamento do mérito, ante a ausência de pressupostos de constituição e de desenvolvimento válido e regular do processo, por considerar que o Tribunal de Contas da União não tem competência para exigir a restituição de lucros ilegítimos por parte de empresa privada, nas hipóteses em que tenha dado causa à nulidade de um contrato administrativo, como, por exemplo, no caso de fraude à licitação.

O processo original tinha sido instaurado para quantificação de dano decorrente de contratos celebrados com as construtoras OAS S.A. e Norberto Odebrecht S.A., tendo por objeto a implantação de instalações na Refinaria Abreu e Lima, da Petrobras, também denominada de Refinaria do Nordeste (Rnest).

Importante ressaltar, no tocante à atuação do TCU nas obras da Rnest, que, em deliberações anteriores, as contratadas e seus representantes legais tiveram suas contas julgadas irregulares e sofreram diversas penalidades, algumas em valores bastante vultosos, em decorrência de graves condutas, tendo sido detectados ilícitos de fraude à licitação e superfaturamento, dentre outros.

Não obstante as condenações já impostas, foi instaurada Tomada de Contas Especial especificamente para quantificação de outro possível dano, não abarcado em decisões pretéritas, relativo aos lucros auferidos pelas contratadas.

Diante desse contexto, o cerne da discussão em torno do débito apurado nos autos passou a ser a possibilidade de a Corte de Contas condenar os responsáveis a ressarcirem, aos cofres públicos, a parcela correspondente ao lucro auferido pelo consórcio vencedor do certame, na execução de contratos pactuados após fraude à licitação que os precedeu.

Tendo em vista que as empresas integrantes do consórcio fizeram parte de esquema de conluio para fraudar o certame realizado pela Petrobras, levantou-se a hipótese de se determinar, além da devolução do valor correspondente ao sobrepreço identificado durante a auditoria realizada pelo TCU, também a restituição do valor do denominado lucro ilegítimo que foi inicialmente estimado em R$ 198,4 milhões.

O então relator da deliberação recorrida (Ministro Benjamin Zymler) havia considerado que a supressão do lucro obtido pela empresa contratada teria natureza sancionatória, de tal forma que a matéria estaria abrigada em normas de âmbito penal, escapando da competência da Corte de Contas, o que levou ao julgamento pelo arquivamento do feito sem julgamento de mérito (Acórdão nº 2.677/2018 – Plenário).

Nessa linha de raciocínio, o pagamento dos lucros ilegítimos não configuraria dano ao erário, pois, segundo o Relator *a quo*, "a parcela do lucro que se pretende impugnar nestes autos seria um dispêndio incorrido pela Petrobras mesmo que a obra tivesse sido licitada em um ambiente competitivo regular".

Todavia houve uma mudança no entendimento do TCU, por meio do Acórdão nº 1.842/2022 – Plenário, proferido em sede de recurso, agora sob relatoria do Ministro Antonio Anastasia, de tal forma que esse novo posicionamento, adotado mediante aplicação de instituto denominado *disgorgement*, passou a considerar que, no caso de um contrato declarado nulo em decorrência de fraude praticada pela própria contratada, não cabe recebimento dos lucros, posto que ilegítimos, devendo haver sua restituição, caso já pagos.

A utilização do conceito de *disgorgement* originário do Direito norte-americano foi assim embasada no Voto do Ministro-relator do aludido Recurso de Reconsideração:

> 159. Sobre o assunto, Mathias Siems observou que o disgorgement reforça o entendimento de que uma pessoa não pode lucrar com seu próprio erro às custas de outrem ("In the United States, *the Restatement of the Law, Restitution*, states that 'a person is not permitted to profit by his own wrong at the expense of another'". In: Disgorgement of profits for breach of contract. A comparative analysis. Edinburgh Law Review. January 2003, v. 7, n. 1, p. 27-59. Disponível em: https://ssrn.com/abstract = 853864).
>
> 160. Caprice L. Roberts, em artigo escrito no âmbito da Universidade George Washington, observou que a aplicação da restituição dos lucros

ilegítimos implica passar a considerar aspectos morais no âmbito das relações contratuais, tendo em vista que requer a formulação de juízos sobre dolo ou culpa (*In: Restitutionary Disgorgement as a Moral Compass for Breach of Contract*. Disponível em: https://papers.ssrn.com/sol3/papers.cfm?abstractid=1232258).

161. A afirmação de Roberts se justifica pela longa tradição norte-americana de não fazer considerações morais na seara das relações contratuais, a fim de prestigiar a liberdade de contratar, que inclui a de não cumprir o contrato, desde que a parte inadimplente suporte as consequências econômicas da sua escolha, o que, tradicionalmente, não incluía os lucros ilegítimos, mas apenas a multa contratual e as devidas reparações de danos.

(...)

163. É importante observar que esse pensamento liberal no tocante ao direito dos contratos guarda coerência com o denominado *"inadimplemento eficiente"*, segundo o qual, no dizer de Richard Posner, em outro trabalho doutrinário, um dos contratantes deixa de cumprir as suas obrigações contratuais por avaliar que ganhará mais com o inadimplemento contratual, já considerados os valores que terá de pagar à outra parte a título de compensação pelos danos decorrentes do inadimplemento, do que se cumprir o contrato (*In*: POSNER, Richard A. *Economic analysis of Law*. 8. ed. New York: Aspen Publishers, 2011, p.151).

164. O *disgorgement*, a seu turno, rompe com essa tradição, pois, de certo modo, decorre de juízos morais sobre a relação contratual na medida em que a exigência de devolução dos lucros ilegítimos é consequência do convencimento que se forma acerca da injustiça do lucro auferido pela parte sem que, para tanto, tenha havido causa lícita.

165. Cito como exemplo do que ora trato a observação de Einer Elhauge, professor de direito da Universidade de Harvard, que enfatiza a importância da restituição dos lucros ilegítimos como instrumento de desestímulo a condutas ilícitas no âmbito de medidas antitruste (*In*: *Disgorgement as na antitruste remedy*. *Antitrust Law Journal*, Vol. 76, 2009. *Harvard Law and Economics Discussion Paper*. n. 613. Disponível em: https://papers.ssrn.com/sol3/papers.cfm?abstract_id=1136945).

Rosenvald e Kuperman, a seu turno, distinguem as hipóteses de condenação ao pagamento de um determinado valor em virtude do cometimento de um ilícito, que podem ser: *a) indenização*, de natureza *compensatória* pelos danos causados (compensatory damages); *b) condenação punitiva* em decorrência de um comportamento ultrajante (punitive damages); e *c) condenação em virtude de ganhos indevidos* pela prática de um ato ilícito (restitutionary damages e disgorgement) (*In*: ROSENVALD, Nelson; KUPERMAN, Bernard Korman. Restituição de ganhos ilícitos: há espaço no Brasil para o disgorgement? *Revista Fórum de Direito Civil*, Belo Horizonte, ano 6, n. 14, p. 11-31, jan./abr. 2017).

Sob essa nova ótica do *disgorgement*, há uma diferenciação entre a responsabilidade civil que garante uma proteção efetiva ao patrimônio, mediante o ressarcimento integral do dano sofrido pela vítima, e o enriquecimento sem causa, que não tem como objetivo a reparação do dano, mas apenas a restituição do que foi indevidamente locupletado.

Nesse sentido, a restituição de lucros ilegítimos não está associada a um dano ao erário, pois o Poder Público recebeu, em contrapartida, o bem ou serviço contratado, não havendo diminuição patrimonial a ser recomposta.

Tendo ocorrido uma despesa pública absolutamente ilegal e ilegítima, decorrente de uma irregularidade cometida pela própria empresa beneficiária do aludido pagamento, deve ser aplicado o princípio da vedação do enriquecimento sem causa, com o objetivo não de reduzir o patrimônio das empresas infratoras, mas de propiciar o seu retorno ao estado em que se encontravam antes da prática do ilícito.

Ainda segundo esse novo entendimento do TCU, contido no Acórdão nº 1.842/2022 – Plenário, essa restituição de lucros ilegítimos não pode ser considerada uma sanção e sim uma consequência jurídica de natureza predominantemente civil que pode ser exigida tanto na esfera penal, quando o ilícito for tipificado como crime, quanto na esfera administrativa, quando houver previsão na legislação.

Nessa linha de raciocínio, no âmbito do Direito Administrativo, a restituição dos lucros ilegítimos encontra amparo nos artigos 148 e 149 da Lei nº 14.133/2021, a seguir transcritos:

> Art. 148. A declaração de nulidade do contrato administrativo requererá análise prévia do interesse público envolvido, na forma do art. 147 desta Lei, e *operará retroativamente*, impedindo os efeitos jurídicos que o contrato deveria produzir ordinariamente e desconstituindo os já produzidos.
>
> *§1º Caso não seja possível o retorno à situação fática anterior, a nulidade será resolvida pela indenização por perdas e danos, sem prejuízo da apuração de responsabilidade e aplicação das penalidades cabíveis.*
>
> §2º Ao declarar a nulidade do contrato, a autoridade, com vistas à continuidade da atividade administrativa, poderá decidir que ela só tenha eficácia em momento futuro, suficiente para efetuar nova contratação, por prazo de até 6 (seis) meses, prorrogável uma única vez.
>
> Art. 149. A nulidade não exonerará a Administração do dever de indenizar o contratado pelo que houver executado até a data em que for declarada ou tornada eficaz, bem como por outros prejuízos regularmente comprovados, desde que não lhe seja imputável, e será promovida a responsabilização de quem lhe tenha dado causa.

O que se observa, portanto, é que, com base nesses dispositivos da Nova Lei de Licitações que expressamente retiram direito à indenização, quando o próprio contratado dá causa à nulidade, e mediante utilização do conceito de *disgorgement* originário do Direito norte-americano, houve uma evolução de entendimento da Corte de Contas, que passou a se considerar competente para exigir da Administração Pública a busca pela restituição dos lucros ilegítimos, seja pela via administrativa ou judicial, com fundamento no princípio da vedação do enriquecimento sem causa e nos efeitos retroativos da declaração de nulidade, objetivando a restauração do *status quo ante*.

2.5 Processo de acompanhamento pelo Tribunal de Contas da União do estágio da implementação do Portal Nacional de Contratações Públicas – PNCP previsto na Lei nº 14.133/2021 (TC 044.559/2021-6 de relatoria do Ministro Jorge Oliveira, tendo sido proferido o Acórdão nº 2.310/2022 – Plenário)

A Lei nº 14.133/2021, em seu artigo 174, determinou a criação de um sítio eletrônico oficial destinado à divulgação centralizada e obrigatória dos atos exigidos pela Nova Lei de Licitações e Contratos Administrativos, o Portal Nacional de Contratações Públicas (PNCP).

A previsão é de criação de um sítio eletrônico com diversas funcionalidades, pois, além de propiciar a divulgação dos atos oficiais (editais de licitações, planos de contratações, atas de registros de preços contratados, termos aditivos pactuados, notas fiscais eletrônicas emitidas, dentre outros), irá oferecer um registro cadastral unificado que contempla referências de preços, bem como sistema de planejamento e gerenciamento de contratações, além de conter avaliações acerca dos serviços executados e dos produtos fornecidos, com ranqueamento das empresas contratadas.

Consoante o disposto no §1º do art. 174 da Lei nº 14.133/2021, o PNCP é gerido pelo Comitê Gestor da Rede Nacional de Contratações Públicas (CGRNCP), um órgão colegiado nacional com funcionamento e atuação regulamentados pelo Decreto Federal nº 10.764/2021.

A versão inicial do PNCP foi disponibilizada em 09.08.2021, com homologação pelos indicados a compor o CGRNCP, conforme Portaria do Ministro da Economia nº 9.728/2021(posteriormente revogada pela Portaria ME nº 15.496/2021), contendo informações e documentos de editais de licitação, bem como avisos e atos autorizativos de contratação direta, além de atas de registro de preços, contratos e respectivos aditivos.

A perspectiva é de disponibilização de versões sucessivas, aumentando-se, gradualmente, a amplitude dessa ferramenta, de tal forma que venha a reunir diferentes funcionalidades, tais como: "sistema de registro cadastral unificado", "painel de consulta de preços"; "sistema eletrônico para a realização de sessões públicas", "sistema de gestão compartilhada com a sociedade de informações referentes à execução do contrato", além de consultas ao "banco de preços em saúde" e acesso à "base nacional de notas fiscais eletrônicas".

No tocante à forma de alimentação de dados para esse portal, o site oficial (https://www.gov.br/compras/pt-br/pncp/duvidas) esclarece que:

> O PNCP é um portal que centraliza as informações sobre licitações e contratos a partir de sítios oficiais eletrônicos e plataformas que processam dados sobre contratações públicas, a exemplo dos Portais de Transparência dos órgãos e entidades e das plataformas de realização de certames eletrônicos.
>
> A alimentação de informações no PNCP se dá a partir da integração, via API (*Application Programming Interface*), com os referidos sítios eletrônicos. Ou seja, os usuários não alimentarão as informações diretamente no PNCP, mas sim nos respectivos sítios eletrônicos oficiais dos órgãos e entidades públicos e das plataformas de licitações eletrônicas, de modo que, mediante API, tais dados e arquivos serão integrados ao PNCP.
>
> Dessa forma, os órgãos e entidades públicos de todas as esferas federativas deverão adotar as providências necessárias para estruturar a integração, via API, de seus respectivos sítios eletrônicos com o PNCP.

Diante desse contexto, a Secretaria de Fiscalização de Aquisições Logísticas (Selog) do Tribunal de Contas da União realizou fiscalização (TC 039.727/2021-1) no período de 1º.04 a 27.10.2021, com o objetivo de verificar a adequabilidade da dinâmica de implementação desse novo portal.

Foi então proferido o Acórdão nº 2.852/2021 – Plenário (relatoria do Ministro Jorge Oliveira), na sessão telepresencial de 1º.12.2021, em que foi autorizada a realização do acompanhamento sugerido pela unidade técnica para que houvesse uma continuidade na apuração iniciada pela Corte de Contas, de forma que os estágios de implementação do PNCP fossem sendo monitorados.

No relatório do primeiro estágio desse acompanhamento (TC 044.559/2021-6), a Selog informou o recebimento de correspondência remetida pelo Instituto Rui Barbosa – IRB, no qual é noticiada a celebração de acordo de cooperação entre aquele instituto, a Associação dos Membros dos Tribunais de Contas do Brasil – Atricon e o Conselho Nacional de Presidentes dos Tribunais de Contas – CNPTC para o fortalecimento de auditorias operacionais em contratações públicas, considerando os novos dispositivos da Lei nº 14.133/2021.

A unidade técnica do TCU foi ainda comunicada a respeito da criação de um Grupo de Trabalho (GT-PNCP), no âmbito desse acordo de cooperação, que efetuou a compilação de sugestões dos tribunais de contas acerca do Portal Nacional de Compras Públicas, com vistas à otimização de sua utilização e uma melhor disponibilização dos dados repassados ao Ministério da Economia.

O GT-PNCP foi composto por representantes das três entidades (IRB, Atricon e CNPTC) e da Rede Nacional de Informações Estratégicas para o Controle Externo – InfoContas e Integrar de Políticas Públicas Descentralizadas – Integrar, além de membros do Comitê Técnico de Tecnologia da Informação do IRB, com o intuito de concentrar as iniciativas relacionadas à implementação do PNCP.

Em reuniões promovidas entre técnicos do Ministério da Economia e membros desse Grupo de Trabalho, ficou decidido que a disponibilização dos dados abertos dos jurisdicionados aos tribunais de contas seria objeto de deliberação do Comitê Gestor do PNCP, e que, em momento oportuno, as entidades representativas do Sistema tribunais de contas e o GT PNCP seriam convidados a participarem das reuniões de deliberação.

Como a maioria dos tribunais de contas já desenvolveu sistemas próprios de coleta de dados de licitações e contratos de seus respectivos jurisdicionados, com a implementação do PNCP, surgiu a oportunidade de essas Cortes passarem a obter tais dados de forma nacionalmente padronizada e por meio de uma fonte única.

Ainda acerca do processo de acompanhamento em trâmite no TCU (TC 044.559/2021-6), após análise das informações prestadas pelo Ministério da Economia, em resposta à diligência realizada, a Selog propôs uma atuação conjunta com outra unidade técnica do TCU, a Secretaria de Fiscalização de Tecnologia da Informação – Sefti, tendo em vista que o desenvolvimento do PNCP também envolve aspectos importantes afetos à tecnologia da informação (soluções relativas à modelagem do PNCP, à infraestrutura de Tecnologia da Informação utilizada, à interconexão do Portal com os demais sistemas de compras já existentes e aos custos associados ao desenvolvimento, à manutenção e às evoluções do PNCP).

Foi então proferido o Acórdão nº 2.310/2022 – Plenário (relatoria do Ministro Jorge Oliveira), em 19.10.2022, nos seguintes termos:

> 9.1. autorizar a participação da Secretaria de Fiscalização de Tecnologia da Informação – Sefti na presente ação de controle, remetendo os autos àquela unidade para manifestação;
> 9.2. autorizar o envio de cópia da instrução de peça 56 do presente processo, assim como do Relatório de Fiscalização constante à peça 33 do TC-039.727/2021-1, ao grupo de trabalho denominado GT-PNCP, formado pelo IRB, Atricon e CNPTC.

2.6 Processo de representação que, ao tratar do credenciamento de escritórios de advocacia pelo Banco do Brasil, adotou, por analogia, dispositivos da Lei nº 14.133/2021 (TC 018.515/2014-2 de relatoria do Ministro Antonio Anastasia, tendo sido proferido o Acórdão nº 533/2022 – Plenário)

O credenciamento vinha sendo amplamente adotado no âmbito da Administração Pública, em situações de inexigibilidade de licitação, para a contratação direta de prestadores de serviços e fornecedores de produto, em que pese a Lei nº 8.666/93 não ter previsto tal instituto em seus dispositivos.

Após constatar essa situação, nos vários casos concretos que analisou, o Tribunal de Contas da União adotou o entendimento de que, apesar da falta de previsão literal nos incisos do art. 25 da Lei nº 8.666/1993, o credenciamento poderia ser admitido como hipótese de inexigibilidade inserida no *caput* do referido dispositivo legal, desde que a inviabilidade de competição estivesse configurada diante do fato de a Administração estar disposta a contratar todos os interessados que satisfaçam as condições por ela estabelecidas, não existindo, portanto, qualquer tipo de exclusão.

Nesse sentido, para a regularidade da contratação direta, deveria haver a garantia da igualdade de condições entre todos os interessados hábeis a contratar com a Administração, pelo preço por ela definido.

Em consonância com esse entendimento estão as seguintes deliberações da Corte de Contas, colhidas com utilização da ferramenta jurisprudência selecionada:

> Acórdão 3567/2014 – Plenário. Ministro-Revisor: Benjamin Zymler.
> "O credenciamento é hipótese de inviabilidade de competição não expressamente mencionada no art. 25 da Lei nº 8.666/1993 (cujos incisos são meramente exemplificativos). Adota-se o credenciamento quando a Administração tem por objetivo dispor da maior rede possível de prestadores de serviços. Nessa situação, a inviabilidade de competição não decorre da ausência de possibilidade de competição, mas sim da ausência de interesse da Administração em restringir o número de contratados."
> Acórdão 1.545/2017 – Plenário. Relator: Ministro Aroldo Cedraz.
> "É regular a utilização do credenciamento em casos cujas particularidades do objeto a ser contratado indiquem a inviabilidade de competição, ao mesmo tempo em que se admite a possibilidade de contratação de todos os interessados em oferecer o mesmo tipo de serviço à Administração Pública."
> Acórdão 1215/2013 – Plenário. Relator: Ministro Aroldo Cedraz.
> "É possível a utilização do credenciamento para a prestação de serviços privados de saúde no âmbito do SUS ante as suas peculiaridades, que envolvem, entre outras, preço pré-fixado e nível de demanda superior à oferta".

Com o intuito de consolidar esse posicionamento, o Ministro-Substituto Weder de Oliveira assim se manifestou na Proposta de Deliberação que embasou o Acórdão nº 2.977/2021 – Plenário (TC 022.605/2020-7):

> 19. Reúno as premissas expressas e subjacentes dos enunciados listados e formulo o seguinte enunciado global, que abrange o caso em questão neste processo:
> 'o credenciamento é legítimo quando a administração planeja a realização de múltiplas contratações de um mesmo tipo de objeto, em determinado período, e demonstra que a opção por dispor da maior rede possível de fornecedores para contratação direta, sob condições uniformes e predefinidas, é a única viável ou é mais vantajosa do que as alternativas sob avaliação para atendimento das finalidades almejadas, tais como licitação única ou múltiplas licitações, obrigando-se a contratar todos os interessados que satisfaçam os requisitos de habilitação, sem exclusão, e que venham a ser selecionados segundo procedimento objetivo e impessoal, a serem remunerados na forma estipulada no edital, aplicável igualmente a todas as contratações.'

Com o advento da Lei nº 14.133/2021, o credenciamento surgiu explicitamente na legislação como hipótese de contratação direta por inexigibilidade de licitação, tendo sido incluídos os seguintes tipos de contratação (art. 79 da Lei nº 14.133/2021):

I – paralela e não excludente: caso em que é viável e vantajosa para a Administração a realização de contratações simultâneas em condições padronizadas;

II – mediante seleção a critério de terceiros: situação em que a seleção do contratado está a cargo do beneficiário direto da prestação; e

III – em mercados fluidos: caso em que a flutuação constante do valor da prestação e das condições de contratação torna inviável a realização de certame para a seleção de agente.

O que se observa é que o credenciamento, na nova legislação, deixou de ser apenas uma hipótese de inexigibilidade de licitação, podendo não originar uma imediata contratação, de tal forma que se assemelha a um procedimento auxiliar, nos moldes de um registro cadastral ou de uma pré-qualificação permanente, servindo mais como um meio de justificar futuras contratações diretas.

Essa intenção do legislador está bem explicitada no inciso XLIII do artigo 6º da Lei nº 14.133/2021, que conceitua o credenciamento como um "processo administrativo de chamamento público em que a Administração Pública convoca interessados em prestar serviços ou fornecer bens para que, preenchidos os requisitos necessários, credenciem-se no órgão ou na entidade para executar o objeto quando convocados".

O que se observa é que houve uma grande ampliação da previsão de utilização do credenciamento nas contratações públicas, em comparação com o que vinha sendo admitido no âmbito da jurisprudência do Tribunal de Contas da União.

Especificamente no que concerne à contratação de serviços advocatícios, a Corte de Contas vinha aceitando a realização de credenciamento, conforme se observa nos seguintes processos recentes submetidos a julgamento:

a) TC 012.422/2021-5 (processo de relatoria do Ministro Bruno Dantas que culminou no Acórdão nº 1.320/2021 – Plenário), que tratou do credenciamento realizado pela Caixa Econômica Federal, de sociedades de advogados regularmente constituídas, para futura celebração de contrato de prestação de serviços jurídicos, de natureza contenciosa à Unidade

Jurídica de Brasília, no Distrito Federal, para atendimento ao grupo de atuação que envolve, cumulativamente, as regiões do Distrito Federal e subseções da Justiça Federal de Unaí-MG e Paracatu-MG;

b) TC 025.729/2021-7 (processo de relatoria do Ministro Walton Alencar Rodrigues que culminou no Acórdão nº 2.941/2021 – Plenário), que abordou o credenciamento, pela Ativos S.A. Securitizadora de Créditos Financeiros (sociedade anônima de capital fechado, de natureza não financeira, pertencente ao conglomerado do Banco do Brasil S.A.), de sociedades de advogados para a prestação de serviços técnicos e advocatícios de interesse dessa entidade e de suas subsidiárias, em caráter temporário, não exclusivo e sem vínculo empregatício.

Com a mutação da legislação, o Tribunal de Contas da União, por meio do Acórdão nº 533/2022 – Plenário, reforçou esse posicionamento e, ao julgar processo de representação (TC 018.515/2014-2) acerca de indícios de irregularidades relacionadas ao credenciamento, realizado pelo Banco do Brasil S/A, de sociedades de advogados para prestação de serviços advocatícios e técnicos de natureza jurídica, considerou que poderia ser utilizada, por analogia, a Lei nº 14.133/2021.

O Ministro-Relator Antonio Anastasia, no voto que embasou aquela deliberação, considerou que:

> Apesar de a Lei nº 14.133/2021 não se aplicar às sociedades de economia mista, regidas pela Lei nº 13.303/2006, é razoável admitir que as novas regras de flexibilização e busca de eficiência dos processos seletivos para contratações públicas, ao ser aprovadas pelo Poder Legislativo para aplicação no âmbito da administração direta, autárquica e fundacional – de rito administrativo mais rigoroso –, podem, e devem, ser estendidas, por analogia, às sociedades de economia mista, que, sujeitas ao regime de mercado concorrencial, exigem, com mais razão, instrumentos mais flexíveis e eficientes de contratação. *Assim, embora o credenciamento não esteja previsto expressamente na Lei nº 13.303/2006, é razoável admitir, na espécie, a aplicação analógica das regras previstas nos arts. 6º, XLIII, e 79, da Lei nº 14.133/2021* às *empresas estatais*. (grifos acrescidos)

O Acórdão nº 533/2022 – Plenário traz, portanto, um interessante precedente em que a recente Lei nº 14.133/2021 foi utilizada como referência, no âmbito do controle externo, apesar de a entidade em questão ser uma sociedade de economia mista e estar sujeita à Lei nº 13.303/2016 (Lei das Estatais).

2.7 Projeto de Resolução objetivando a regulamentação do enquadramento, no âmbito do Tribunal de Contas da União, dos bens de consumo nas categorias de qualidade comum e de luxo, em atendimento ao art. 20, §1º, da Lei nº 14.133, de 2021, matéria originária de representação formulada pela Secretaria de Licitações, Contratos e Patrimônio (Selip)/Segedam (TC 016.446/2021-6, de relatoria do Ministro Aroldo Cedraz, tendo sido proferido o Acórdão nº 1.999/2022 – Plenário)

O art. 20 da Lei nº 14.133/2021 prevê que "os itens de consumo adquiridos para suprir as demandas das estruturas da Administração Pública não deverão ostentar especificações e características excessivas às necessárias para cumprir as finalidades às quais se destinam, vedada a aquisição de artigos de luxo".

O Decreto nº 10.818 foi publicado no Diário Oficial da União, no dia 28 de setembro de 2021, regulamentando o disposto no art. 20 da Lei nº 14.133/2021, para estabelecer o enquadramento dos bens de consumo adquiridos para suprir as demandas das estruturas da Administração Pública federal nas categorias de qualidade comum e de luxo.

Contudo, consoante o disposto no §1º do art. 20 da Lei nº 14.133/2021, o citado decreto não alcança os órgãos dos Poderes Legislativo e Judiciário federais, mas apenas os órgãos e entidades da Administração Pública federal direta, autárquica e fundacional, além de ser aplicado "às contratações realizadas por outros entes federativos com a utilização de recursos da União oriundos de transferências voluntárias" (art. 1º, parágrafo único).

Já o §2º do mesmo art. 20 da Nova Lei de Licitações previu que: "A partir de 180 (cento e oitenta) dias contados da promulgação desta Lei, novas compras de bens de consumo só poderão ser efetivadas com a edição, pela autoridade competente, do regulamento a que se refere o §1º deste artigo".

Objetivando o cumprimento desses dispositivos da Nova Lei de Licitações, a Secretaria de Licitações, Contratos e Patrimônio (Selip/Segedam) do Tribunal de Contas da União autuou processo de representação, propondo a elaboração de resolução para dispor sobre o enquadramento dos bens de consumo nas categorias de qualidade comum e de luxo, no âmbito daquela Corte de Contas, em regulamentação à determinação contida no art. 20, §1º, da Lei nº 14.133, de 2021.

Foi então apresentado projeto de normativo, por provocação da unidade técnica, tendo a Presidência do TCU solicitado parecer da Consultoria Jurídica (Conjur) a respeito da competência daquele Tribunal para edição de norma própria sobre a matéria.

O posicionamento da Conjur foi no sentido de que a jurisprudência do Supremo Tribunal Federal e a doutrina majoritária reconhecem a natureza autônoma e independente do Tribunal de Contas da União, com amparo no que prevê a Constituição Federal de 1988 (artigos 44, 71, 73 e 96), de tal forma que cabe ao Plenário daquela casa aprovar o regulamento próprio exigido na nova legislação.

Destaque-se que a minuta de normativo em tela foi elaborada com base em esboço da resolução de enquadramento de bens de consumo, da Secretaria de Gestão, do Ministério da Economia (Seges/ME) e no Projeto de Lei nº 2.192, de 2020, com tramitação no Senado Federal, que pretende, entre outras medidas, instituir adicional de tributação sobre o preço de comercialização final de bens de consumo supérfluos ou de luxo.

O projeto de normativo foi submetido ao Plenário, na Sessão de 31.8.2022, tendo sido prolatado o Acórdão nº 1.999/2022, que aprovou a Resolução-TCU 34.

No voto que embasou a aludida deliberação, o Ministro-relator Aroldo Cedraz assim se manifestou:

> 12. Quanto à conceituação dos bens, matéria que apresentou relativa controvérsia entre as proposições, depreendo que, de fato, há dificuldades de interpretação geradas pelo texto do art. 20 da Lei nº 14.133/2021, bem como complexidade de se definir com precisão o bem de luxo, isso na esfera geral, muito mais se forem consideradas as peculiaridades presentes em atividades administrativas das mais diversas esferas da atuação dos órgãos ou das entidades públicas.
> 13. Como se observa nos pareceres e sugestões reportadas no Relatório precedente, o Ministro Benjamin Zymler utilizou conceitos econômicos para estruturar a sua linha de raciocínio e emitir sugestões de melhorias do normativo e, também, chegou à conclusão de que a intenção do legislador seria vedar a aquisição de bens de consumo de luxo pela Administração, fossem eles duráveis ou não duráveis. Já a unidade técnica utilizou um conceito orçamentário-financeiro.
> 14. A Selip, no parecer à Peça 29, frisou que a interpretação da Lei defendida pelo Exmo. Ministro Benjamin Zymler é até mais rigorosa que aquela inicialmente adotada por aquela Secretaria na versão inicial do documento. Ressalto o alerta trazido pela unidade no sentido de que, reunir na mesma classificação – bens de consumo – itens de preços e características muito díspares, poderia representar um dificultador

relevante, para se definir, na prática cotidiana, o que viria a ser bem de luxo, porquanto bens duráveis são, em regra, por natureza, mais caros do que os não duráveis. Cabe lembrar que, ao final, é a unidade que vai operar as compras no âmbito desta Corte, segundo os regramentos a serem definidos na Resolução.

3 Outros processos de controle externo em que a Lei nº 14.133/2021 foi abordada nas análises empreendidas

a) TC 012.132/2012-8 (relatoria do Ministro Walton Alencar Rodrigues. Acórdão nº 1.154/2021 – Plenário). Tipo: representação. Objeto: apurar a responsabilidade das empresas envolvidas nas fraudes às licitações verificadas na 'Operação Sanguessuga' e nas fiscalizações realizadas por este Tribunal e pelo Ministério da Transparência e Controladoria-Geral da União. Abordagem: o artigo 160 da Lei nº 14.133/2021 trouxe significativos avanços no ordenamento jurídico ao admitir a aplicação da teoria da desconsideração jurídica, não somente para fins patrimoniais, como também para responsabilização administrativa e aplicação de sanção aos sócios e administradores de empresas que incorreram em abuso de direito e prática de atos ilícitos previstos em Lei.

b) TC 000.224/2021-9 (relatoria do Ministro-Substituto Augusto Sherman Cavalcanti. Revisor: Ministro Vital do Rêgo. Acórdão nº 1.213/2021 – Plenário). Tipo: representação. Objeto: irregularidades relativas a pregões eletrônicos lançados ao final de 2020 pela Companhia de Desenvolvimento dos Vales do São Francisco e do Parnaíba (Codevasf), que objetivaram o registro de preços de serviços de pavimentação de vias públicas localizadas em diversos municípios situados na área de atuação da companhia. Abordagem: admissão pela Nova Lei de Licitações e Contratos, Lei nº 14.133/2021, do uso do Sistema de Registro de Preços para contratação de obras repetitivas e padronizadas.

c) TC 026.208/2021-0 (relatoria do Ministro Jorge Oliveira. Acórdão nº 2.673/2021 – Plenário). Tipo: representação. Objeto: irregularidades detectadas em pregão eletrônico promovido pela Superintendência Regional de Administração do Ministério da Economia no Estado do Paraná. Abordagem: a vedação à inclusão de novo documento, prevista no art. 64 da Lei nº 14.133/2021, não alcança documento ausente, comprobatório de condição atendida pelo licitante quando apresentou sua proposta, que não foi juntado com os demais comprovantes de habilitação e da proposta, por equívoco ou falha, o qual deverá ser solicitado e avaliado pelo pregoeiro.

d) TC 010.169/2022-9 (relatoria do Ministro Bruno Dantas. Acórdão nº 2.036/2022 – Plenário). Tipo: representação. Objeto: possíveis irregularidades no Convite nº 2/2022, conduzido pela administração regional do Serviço Nacional de Aprendizagem Comercial no Estado da Bahia (Senac/BA). Abordagem: os documentos devem ser apresentados em cópia simples, podendo ser realizadas diligências ou consultas a sistemas públicos para verificação de sua autenticidade, consoante disposto no inciso I do art. 70 da Lei nº 14.133/2021.

e) TC 012.160/2022-9 (relatoria do Ministro Benjamin Zymler. Acórdão nº 2.099/2022 – Plenário). Tipo: representação. Objeto: supostas irregularidades em contrato celebrado pela Superintendência da Diretoria de Administração e Logística do Ministério da Economia no Estado de São Paulo para prestação de serviços de perícias médicas em psiquiatria e perícias médicas em especialidades diversas, a serem realizadas por Junta Médica. Abordagem: a Lei nº 14.133/2021 representa uma evolução na legislação, no sentido de tornar mais clara a hipótese de conflito de interesses no âmbito das contratações públicas, e pode ser utilizada como inspiração no caso concreto, apesar de a contratação em tela estar regida pela Lei nº 8.666/1993.

f) TC 007.362/2022-6 (relatoria do Ministro Jorge Oliveira. Acórdão nº 2.165/2022 – Plenário). Tipo: representação. Objeto: possíveis irregularidades nos pregões eletrônicos conduzidos pela Companhia de Desenvolvimento dos Vales do São Francisco e do Parnaíba – Codevasf, cujo objeto é o fornecimento, transporte, carga e descarga de caminhonetes pick-up 4x4, por SRP, destinados ao atendimento de diversos municípios nas áreas de atuação da 9ª Superintendência Regional da Codevasf no Estado de Goiás (Pregão Eletrônico 74/2021) e na área de atuação da Codevasf no Estado do Tocantins e no Distrito Federal (Pregão Eletrônico 103/2021). Abordagem: indícios de fraude na contratação de empresas com configuração de infração administrativa prevista no inc. III do art. 84 da Lei nº 13.303/2016; e crime tipificado no art. 337-F do Decreto-Lei nº 2.848, de 7.12.1940 (Código Penal) – incluído pela Lei nº 14.133/2021.

g) TC 020.632/2022-3 (relatoria do Ministro-Substituto Augusto Sherman Cavalcanti. Acórdão nº 2.191/2022 – Plenário). Tipo: representação. Objeto: ocorrência de possíveis irregularidades no âmbito do Pregão Eletrônico 31/2022, conduzido pelo Tribunal Regional Eleitoral do Piauí (TRE-PI), para contratação de serviços de transporte de policiais militares para cartórios eleitorais da capital e interior do Estado, visando à segurança nas eleições gerais 2022, com valor contratado de R$ 677.553.80. Abordagem: possibilidade de aplicação da Súmula 645 do Superior Tribunal de Justiça que considera o crime de fraude à licitação formal, com consumação prescindindo de comprovação do prejuízo ou da obtenção de vantagem, após o advento da Lei nº 14.133/2021.

h) TC 006.050/2022-0 (relatoria do Ministro Benjamin Zymler. Acórdão nº 2.291/2022 – Plenário). Tipo: relatório de auditoria. Objeto: obras de pavimentação da BR235/BA, com extensão de 130,3 km, segmento: km 533,3 ao km 663,6, referente ao subtrecho entre a cidade de Remanso/BA e a divisa BA/PI. Abordagem: previsão na Lei nº 14.133/2021 de apresentação do orçamento detalhado, pela construtora, no regime de contratação integrada.

i) TC 021.334/2020-0 (relatoria do Ministro-Substituto Augusto Sherman Cavalcanti. Acórdão nº 4.958/2022 – 1ª Câmara). Tipo: representação. Objeto: verificação de indícios de restrição à competitividade em certames promovidos pelo Município de Governador Luiz Rocha/MA. Abordagem: o art. 17, §2º, a Lei nº 14.133/2021 dá preferência à realização das licitações na forma eletrônica, reconhecendo as vantagens em termos de eficiência, celeridade e economicidade.

j) TC 016.816/2022-6 (relatoria do Ministro Bruno Dantas. Acórdão nº 5.495/2022 – 2ª Câmara). Tipo: representação. Objeto: possíveis irregularidades em credenciamento conduzido pela Empresa Brasileira de Infraestrutura Aeroportuária, para empresas especializadas na prestação de serviços de gerenciamento, implementação, administração e disponibilização de créditos em cartões eletrônicos/magnéticos, ou de tecnologia similar, nas modalidades refeição e alimentação, sob demanda, para os funcionários da estatal. Abordagem: impossibilidade de aplicação da Lei nº 14.133/2021 e ausência de vantajosidade na realização do credenciamento, bem como não enquadramento do credenciamento nas hipóteses previstas no artigo 79 da Lei nº 14.133/2021.

4 Conclusão

A Nova Lei de Licitações e Contratos Administrativos (NLLC), publicada em 1º de abril de 2021, trouxe um conjunto de regras sobre licitações e contratos objetivando aprimorar a governança no âmbito da Administração Pública.

Criada para substituir a Lei de Licitações (Lei nº 8.666/1993) e as Leis nºs 10.520/2002 e 12.462/2011, referentes, respectivamente, à Lei do Pregão e à do Regime Diferenciado de Contratações (RDC), a Lei nº 14.133/2021 não se limitou a compilar esses dispositivos legais pretéritos e trouxe inovações que repercutem não só nos certames e procedimentos para aquisição de bens e serviços pela Administração Pública, mas também no controle das contratações e no funcionamento das Cortes de Contas.

Exatamente por contemplar novidades é que o legislador previu que deveria ocorrer uma mutação gradual do Direito Público, com a existência de um período de transição de dois anos, em que a Administração Pública pudesse optar pela aplicação de algum dos regimes vigentes.

Importante destacar o fato de que a Nova Lei de Licitações, ao abordar, no capítulo intitulado "Do controle das Contratações", a forma de atuação dos tribunais de contas na fiscalização de atos e contratos, deu margem a vários questionamentos, inclusive quanto à sua constitucionalidade.

Diante desse contexto, o Plenário do Tribunal de Contas da União, em 13 de outubro de 2021, por meio do Acórdão nº 2.463/2021, ao apreciar a proposição apresentada pelo Ministro Raimundo Carreiro, decidiu representar junto à Procuradoria-Geral da República para ajuizamento de ação direta de inconstitucionalidade perante o Supremo Tribunal Federal, a fim de que fosse analisada a possível inconstitucionalidade dos §§1º e 3º do art. 171 da Lei nº 14.133/2021.

Outros tribunais de contas já adotaram iniciativas semelhantes questionando, perante o Supremo Tribunal Federal, a inconstitucionalidade de dispositivo legal que aborda questões associadas ao controle externo (processos ADI nº 4.643/RJ, ADI nº 4.191/RJ, ADI nº 4.421 MC/TO e ADI nº 4.418/TO, por exemplo).

Um precedente do STF que pode ser citado é a Ação Direta de Inconstitucionalidade (ADI nº 4.643/RJ) em que foram questionadas alterações, contidas em lei estadual, quanto a condições de parcelamento da dívida e prazos para apresentação de justificativa, quando identificada irregularidade em fiscalização e para recolhimento da dívida aos cofres públicos, após a decisão definitiva que julga contas irregulares.

Na apreciação da aludida Ação Direta de Inconstitucionalidade, o Ministro Luís Roberto Barroso assim se manifestou:

> 4. De fato, a partir da interpretação conjunta do art. 73, do art. 96, II, d, e do art. 75, da Constituição, constata-se que os Tribunais de Contas dos Estados são os únicos legitimados para propor norma que modifique suas respectivas leis orgânicas, interferindo, por conseguinte, sobre a sua organização e funcionamento.

Cumpre ainda destacar que o adequando funcionamento do Portal Nacional de Compras Públicas (PNCP) quanto à aplicação da Lei nº 14.133/2021 é fundamental para que as mudanças significativas trazidas por essa legislação possam efetivamente ocasionar a necessária simplificação do processo de compras de bens e de serviços por órgãos governamentais.

Atento a essa questão, o Tribunal de Contas da União agiu no sentido tanto de adequar suas próprias contratações a essa nova realidade, consoante se observa na consulta que culminou no Acórdão nº 2.458/2021 – Plenário, como de acompanhar cada estágio de implementação dessa importante ferramenta que é o PNCP, mediante processo específico (TC 044.559/2021-6), autuado com o objetivo de serem efetuadas verificações periódicas da adequabilidade das medidas que estão sendo adotadas, encaminhando-se, se necessário, sugestões de melhoria de procedimentos.

Há que se considerar, ainda, que as regulamentações que estão sendo efetivadas em cumprimento a deliberações pretéritas da Corte de Contas, para aplicação em futuras contratações, devem levar em consideração também os dispositivos da nova legislação, consoante explicitado no Acórdão nº 3.616/2022 – TCU – 2ª Câmara.

No que se refere ao cumprimento pelo TCU, no âmbito de suas próprias contratações, das diretrizes contidas na Lei nº 14.133/2021, deve ser destacada a aprovação da Resolução-TCU 34 que, por meio do Acórdão nº 1.999/2022 – Plenário, proferido em 31.8.2022, regulamentou o enquadramento dos bens de consumo nas categorias de qualidade comum e de luxo, em atendimento ao art. 20, §1º, da Lei nº 14.133, de 2021.

Ressalte-se que, no exercício do controle externo, as orientações dadas às unidades jurisdicionadas também devem estar alinhadas às mutações da legislação e ajustadas aos efeitos da aplicação de teorias inovadoras que passaram a ser recepcionadas pelo Direito Público.

Nesse sentido, a Corte de Contas utilizou, por analogia, os preceitos da Lei nº 14.133/2021 para analisar a adequabilidade de credenciamento realizado por sociedade de economia mista regida pela Lei das Estatais (Lei nº 13.303/2006) e, mediante o translado para o direito público brasileiro de institutos concebidos no Direito estrangeiro, passou a se considerar competente para exigir da Administração Pública a busca pela restituição dos lucros ilegítimos, seja pela via administrativa ou judicial, nas hipóteses em que a empresa contratada tenha dado causa à nulidade de um contrato administrativo, como, por exemplo, no caso de fraude à licitação.

O que se observa da análise dessas várias deliberações do Tribunal de Contas da União é que, com a entrada em vigor da Lei nº 14.133/2021, surge um grande desafio para o controle externo, pois, além da verificação do atendimento, pelas unidades jurisdicionadas, aos vários dispositivos da nova legislação, há a questão da adequação das normas processuais e de fiscalização de atos e contratos aos conceitos inovadores trazidos pela Nova Lei de Licitações e Contratos Administrativos.

Referências

BRASIL. Lei nº 8.666, de 21 de junho de 1993. Lei de Licitações e Contratos da Administração Pública. *Diário Oficial da República Federativa do Brasil*, Brasília, DF, 22 jun. 1993.

BRASIL. Lei nº 9.868, de 10 de novembro de 1999. Dispõe sobre o processo e julgamento da ação direta de inconstitucionalidade e da ação declaratória de constitucionalidade perante o Supremo Tribunal Federal. *Diário Oficial da República Federativa do Brasil*, Brasília, DF, 11 nov. 1999.

BRASIL. Lei nº 10.520, de 17 de julho de 2002. Lei de Pregão. *Diário Oficial da República Federativa do Brasil*, Brasília, DF, 18 jul. 2002.

BRASIL. Lei nº 12.462, de 4 de agosto de 2011. Lei do Regime Diferenciado de Contratações Públicas – RDC. *Diário Oficial da República Federativa do Brasil*, Brasília, DF, 5 ago. 2011.

BRASIL. Lei nº 13.303, de 30 de junho de 2016. Lei das Estatais. *Diário Oficial da República Federativa do Brasil*, Brasília, DF, 1º jul. 2016.

BRASIL. Lei nº 14.133, de 1º de abril de 2021. Lei de Licitações e Contratos Administrativos. *Diário Oficial da República Federativa do Brasil*, Brasília, DF, 1º abr. 2021.

BRASIL. Tribunal de Contas da União. Acórdão nº 7.248/2017 – TCU – 2ª Câmara. Ata nº 29/2017 – 2ª Câmara. Data da Sessão: 15.8.2017 – Telepresencial. Código eletrônico para localização na página do TCU na internet: AC-7248-29/17-2.

BRASIL. Tribunal de Contas da União. Acórdão nº 1.154/2021 – TCU – Plenário. Ata nº 17/2021 – Plenário. Data da Sessão: 19.5.2021 – Telepresencial. Código eletrônico para localização na página do TCU na internet: AC-1154-17/21-P.

BRASIL. Tribunal de Contas da União. Acórdão nº 1.213/2021 – TCU – Plenário. Ata nº 18/2021 – Plenário. Data da Sessão: 26.05.2021 – Telepresencial. Código eletrônico para localização na página do TCU na internet: AC-1213-18/21-P.

BRASIL. Tribunal de Contas da União. Acórdão nº 1.320/2021 – TCU – Plenário. Ata nº 19/2021 – Plenário. Data da Sessão: 02.06.2021 – Telepresencial. Código eletrônico para localização na página do TCU na internet: AC-1320-190/21-P.

BRASIL. Tribunal de Contas da União. Acórdão nº 2.458/2021 – TCU – Plenário. Ata nº 40/2021 – Plenário. Data da Sessão: 13.10.2021 – Telepresencial. Código eletrônico para localização na página do TCU na internet: AC-2458-40/21-P.

BRASIL. Tribunal de Contas da União. Acórdão nº 2.463/2021 – Plenário. Ata nº 40/2021 – Plenário. Data da Sessão: 13.10.2021 – Telepresencial. Código eletrônico para localização na página do TCU na internet: AC-2463-40/21-P.

BRASIL. Tribunal de Contas da União. Acórdão nº 2.673/2021 – TCU – Plenário. Ata nº 44/2021 – Plenário. Data da Sessão: 10.11.2021 – Telepresencial. Código eletrônico para localização na página do TCU na internet: AC-2673-44/21-P.

BRASIL. Tribunal de Contas da União. Acórdão nº 2.852/2021 – TCU – Plenário. Ata nº 47/2021 – Plenário. Data da Sessão: 1º.12.2021 – Telepresencial. Código eletrônico para localização na página do TCU na internet: AC-2852-47/21-P.

BRASIL. Tribunal de Contas da União. Acórdão nº 2.941/2021 – TCU – Plenário. Ata nº 48/2021 – Plenário. Data da Sessão: 08.12.2021 – Telepresencial. Código eletrônico para localização na página do TCU na internet: AC-2941-48/21-P.

BRASIL. Tribunal de Contas da União. Acórdão nº 2.977/2021 – TCU – Plenário. Ata nº 48/2021 – Plenário. Data da Sessão: 08.12.2021 – Telepresencial. Código eletrônico para localização na página do TCU na internet: AC-2977-48/21-P.

BRASIL. Tribunal de Contas da União. Acórdão nº 533/2022 – TCU – Plenário. Ata nº 9/2022 – Plenário. Data da Sessão: 16.3.2022 – Telepresencial. Código eletrônico para localização na página do TCU na internet: AC-0533-09/22-P.

BRASIL. Tribunal de Contas da União. Acórdão nº 1.842/2022 – TCU – Plenário. Ata nº 31/2022 – Plenário. Data da Sessão: 10.08.2022 – Ordinária. Código eletrônico para localização na página do TCU na internet: AC-1842-31/22-P.

BRASIL. Tribunal de Contas da União. Acórdão nº 1.999/2022 – TCU – Plenário. Ata nº 34/2022 – Plenário. Data da Sessão: 31.8.2022 – Ordinária. Código eletrônico para localização na página do TCU na internet: AC-1999-34/22-P.

BRASIL. Tribunal de Contas da União. Acórdão nº 2.036/2022 – TCU – Plenário. Ata nº 35/2022 – Plenário. Data da Sessão: 14.9.2022 – Ordinária. Código eletrônico para localização na página do TCU na internet: AC-2036-35/22-P.

BRASIL. Tribunal de Contas da União. Acórdão 2.099/2022 – TCU – Plenário. Ata nº 36/2022 – Plenário. Data da Sessão: 21.9.2022 – Ordinária. Código eletrônico para localização na página do TCU na internet: AC-2099-36/22-P.

BRASIL. Tribunal de Contas da União. Acórdão nº 2.165/2022 – TCU – Plenário. Ata nº 38/2022 – Plenário. Data da Sessão: 5.10.2022 – Ordinária. Código eletrônico para localização na página do TCU na internet: AC-2165-38/22-P.

BRASIL. Tribunal de Contas da União. Acórdão nº 2.191/2022 – TCU – Plenário. Ata nº 38/2022 – Plenário. Data da Sessão: 05.10.2022 – Ordinária. Código eletrônico para localização na página do TCU na internet: AC-2191-38/22-P.

BRASIL. Tribunal de Contas da União. Acórdão nº 2.291/2022 – TCU – Plenário. Ata nº 40/2022 – Plenário. Data da Sessão: 19.10.2022 – Ordinária. Código eletrônico para localização na página do TCU na internet: AC-2291-40/22-P.

BRASIL. Tribunal de Contas da União. Acórdão nº 3.616/2022 – TCU – 2ª Câmara. Ata nº 24/2022 – 2ª Câmara. Data da Sessão: 19.7.2022 – Ordinária. Código eletrônico para localização na página do TCU na internet: AC-3616-24/22-2.

BRASIL. Tribunal de Contas da União. Acórdão nº 4.958/2022 – TCU – 1ª Câmara. Ata nº 30/2022 – 1ª Câmara. Data da Sessão: 30.8.2022 – Ordinária. Código eletrônico para localização na página do TCU na internet: AC-4958-30/22-1.

BRASIL. Tribunal de Contas da União. Acórdão nº 5.495/2022 – TCU – 2ª Câmara. Ata nº 32/2022 – 2ª Câmara. Data da Sessão: 13.9.2022 – Ordinária. Código eletrônico para localização na página do TCU na internet: AC-5495-32/22-2.

FERRAZ, Luciano *et al*. DI PIETRO, Maria Sylvia Zanella (coord.). *Licitações e Contratos Administrativos*: inovações da Lei nº 14.133, de 1º de abril de 2021. São Paulo: Forense (Gen), 2021.

FORTINI, Cristiana; OLIVEIRA, Rafael Sérgio Lima de; CAMARÃO, Tatiana (coord.). *Comentários à Lei de Licitações e Contratos Administrativos*: Lei nº 14.133, de 1º de abril de 2021. Belo Horizonte: Fórum, 2022. v. 1 – artigos 1º ao 70.

Informação bibliográfica deste texto, conforme a NBR 6023:2018 da Associação Brasileira de Normas Técnicas (ABNT):

COSTA, Marcos Bemquerer; BASTOS, Patrícia Reis Leitão. Abordagens sobre a Nova Lei de Licitações e Contratos Administrativos (Lei nº 14.133/2021) nas deliberações do Tribunal de Contas da União. *In*: LIMA, Luiz Henrique; CUNDA, Daniela Zago Gonçalves da; GODINHO, Heloísa Helena Antonacio Monteiro (coord.). *Controle externo e as mutações do Direito Público*: licitações e contratos – Estudos de ministros e conselheiros substitutos dos tribunais de contas. Belo Horizonte: Fórum, 2023. p. 57-90. ISBN 978-65-5518-502-7.

CONTRATAÇÕES PÚBLICAS COMO INSTRUMENTO DE CONCRETIZAÇÃO DO *DEVER DE SUSTENTABILIDADE* E DOS ODS 5 E 12 DA AGENDA DA ONU PARA 2030: A CONTRATAÇÃO DE VÍTIMAS DE VIOLÊNCIA DE GÊNERO COMO UMA BOA PRÁTICA A SER AMPLIADA

DANIELA ZAGO GONÇALVES DA CUNDA
LETÍCIA AYRES RAMOS
ANA CARLA BLIACHERIENE

1 Considerações iniciais

O presente estudo tem como contexto e indagação central a ser respondida em que medida as licitações e contratações públicas, fiscalizadas pelos tribunais de contas, poderão contribuir para a concretização do *dever constitucional de sustentabilidade*, com ênfase na dimensão social e no Objetivo de Desenvolvimento Sustentável nº 5, interligado ao ODS nº 12, da Agenda 2030 da ONU?[1]

No âmbito nacional, depreende-se que a nova Lei de Licitações ampliou as possibilidades de concretização da sustentabilidade, para além da dimensão ambiental, propiciando maiores perspectivas de equidade intrageracional (prevendo explicitamente políticas públicas

---

[1] Registram-se especiais agradecimentos pela leitura atenta do presente estudo à Auditora Pública Externa *Carina Martins de Lucena Franceschini*, membro da Comissão Permanente de Sustentabilidade do TCE/RS e também representante do TCE/RS no Grupo de Trabalho sobre Igualdade de Gênero e não Discriminação (GTG) junto à OLACEFS.

com perspectivas de conceder maior independência financeira às vítimas de violência de gênero) somadas a possibilidades de uma maior equidade intergeracional. Em um panorama internacional sobre o tema, há metas nos ODS 5 e 12 da Agenda da ONU/2030 também a salvaguardar a ampliação da boa prática de contratação de vítimas de violência de gênero nas contratações públicas.

O objetivo final do trabalho é identificar as possibilidades de concretização da dimensão social da sustentabilidade, observada a Constituição da República Federativa do Brasil (CRFB), legislações que regulamentam as licitações e contratações públicas, assim como os objetivos de desenvolvimento sustentável, e respectivas metas, da Agenda da ONU para 2030, bem como as possibilidades de atuação dos tribunais de contas nesse contexto. Nesse percurso da pesquisa, serão respondidas as seguintes questões intermediárias: (1) O *dever fundamental de sustentabilidade* irradia diretrizes à Administração Pública para além da dimensão ambiental/ecológica? (2) Quais os dispositivos constitucionais e infraconstitucionais para a realização de contratações públicas como políticas públicas a propiciar uma maior equidade intra e intergeracional? (3) Pode-se afirmar existir um *direito humano à sustentabilidade e equidade intra e intergeracional* sob a perspectiva dos ODS 5 e 12 da Agenda 2030 da ONU? (4) Qual o papel dos tribunais de contas do Brasil nesse contexto? (5) Um primeiro diagnóstico de boas práticas a serem ampliadas no Brasil e *cases* de contratações de vítimas de violência doméstica no setor público.

Quanto aos fins, a pesquisa realizada foi *descritiva, explicativa* e *prática*; quanto aos meios, desenvolveu-se com supedâneo *bibliográfico* e *documental*. A investigação seguiu, portanto, a abordagem *qualitativa*. A revisão bibliográfica e documental abrangeu: (1) análise de referenciais teóricos clássicos sobre sustentabilidade e artigos voltados para a análise das contratações públicas sustentáveis; e (2) a averiguação de dispositivos constantes na Constituição Federal, na legislação infraconstitucional que dispõem sobre as licitações e contratações sustentáveis e os ODS da Agenda 2030 da ONU aplicáveis à espécie.

O presente artigo desta obra sobre a nova Lei de Licitações iniciará tecendo comentários sobre o *dever constitucional de sustentabilidade*, bem sedimentado na Constituição da República Federativa do Brasil, com perspectiva de ser delineado respectivo *direito fundamental*, inclusive. A promoção de uma sustentabilidade, em suas várias dimensões, trata-se de um objetivo constante em vários documentos internacionais, com característica de *direito humano*, para o qual vários países assumiram compromisos e *deveres* buscando concretizá-lo. Na Agenda da ONU para 2030 foram estabelecidos 17 objetivos, detalhados em 169 metas. Serão abordados neste estudo dois objetivos de desenvolvimento sustentável centrais interligados ao tema a ser estudado – a contratação de vítimas de violência de gênero – os objetivos nº 05 e nº 12 da Agenda da ONU,[2] assim como detalhadas as principais metas (de outros ODS também interligados ao objeto de estudo, inclusive) e normativos internos para concretizá-los. Não se pode negar que o *estado da arte* ainda enseja muitos aprimoramentos, mas algumas boas ações já foram implementadas e poderão servir de estímulo a todos os cidadãos e instituições que atuam de forma incessante na busca de uma maior equidade intra e intergeracional.

2 O dever constitucional de sustentabilidade, de equidade intra e intergeracional a tutelar o direito fundamental de igualdade de gênero

Na Constituição da República Federativa do Brasil (CRFB), o *dever constitucional de sustentabilidade* e o princípio da solidariedade entre gerações, a ele interligado,[3] estão previstos no *caput* do art. 225, em

---

[2] Importante estabelecer já de início um dos recortes da presente análise, no sentido de destaque das *contratações públicas como mais um instrumento a serviço de políticas públicas para uma maior equidade de gêneros e enfrentamento da violência de gênero* (ODS nº 5 da Agenda 2030/ONU), com ênfase na possibilidade de ampliação da independência financeira feminina. Remete-se o leitor a outros estudos que se dedicaram ao detalhamento mais exclusivo do ODS 12 da Agenda 2030/ONU: CUNDA, Daniela Zago G. da; VILLAC, Tereza. Contratações Públicas Sustentáveis e a Atuação da Advocacia Pública e dos tribunais de contas: um "Apelo á Última Geração". In: WARPECHOWSKI, Ana. GODINHO, Heloisa; IOCKEN, Sabrina. (coord.). *Políticas Públicas e os ODS da Agenda 2030*. 1. ed. Belo Horizonte: Fórum, 2021, v.1, p. 383-400.

[3] Sobre a conexão do *dever constitucional de sustentabilidade e o princípio da solidariedade intergeracional*, vide estudos anteriores: CUNDA, Daniela Zago Gonçalves da. *Controle de sustentabilidade pelos tribunais de contas*. 2016. Tese (Doutorado em Direito) – Faculdade de Direito, Pontifícia Universidade Católica do Rio Grande do Sul, Rio Grande do Sul, 2016; CUNDA, Daniela Zago Gonçalves da. Controle de sustentabilidade pelos tribunais de contas e a necessária ênfase à dimensão ambiental. In: MIRANDA, Jorge; GOMES, Carla Amado; PENTINAT, Susana Borràs (coord.). *Diálogo Ambiental, Constitucional e Internacional*. Volume 10, E-Book Internacional (ISBN: 978-989-8722-42-3). Lisboa: Faculdade de Direito da Universidade de Lisboa (CJP e CIDP), abril de 2020, p. 293-341. Também se remete a três importantes referenciais teóricos: WEISS, Edith Brown. *In fairness to future generations*: International Law, common patrimony and intergenerational equity, 1989. Tokyo, Japan: The United Nations University e New York: Transnational Publishers; GOMES, Carla Amado. *Sustentabilidade ambiental*: missão impossível? Publicações da FDUL/ICJP, maio 2014. Disponível em: http://www.icjp.pt/sites/default/files/papers/palmas-sustentabilidade.pdf. Acesso em: 15 jul. 2022; FREITAS, Juarez. *Sustentabilidade*: direito ao futuro. 3. ed. Belo Horizonte: Fórum, 2016.

conjunto com o art. 170, VI. Destaca-se, também, a necessária conexão com o art. 3º (que aborda os objetivos fundamentais da República Federativa do Brasil: I - construir uma sociedade livre, justa e solidária; II - garantir o desenvolvimento nacional; III - erradicar a pobreza e a marginalização e reduzir as desigualdades sociais e regionais; IV - promover o bem de todos, sem preconceitos de origem, raça, sexo, cor, idade e quaisquer outras formas de discriminação) e o próprio "caput" do art. 5º da CRFB. No preâmbulo, o constituinte refere que será assegurado o *desenvolvimento* em conjunto com o bem-estar, exercício dos direitos sociais e individuais, igualdade e justiça, possibilitando visualizar não somente o desejável, mas o necessário desenvolvimento sustentável. Na mesma linha, com enfoque na *sustentabilidade multidimensional*[4] (salientando-se, neste estudo, as dimensões social, ética, econômica, fiscal e tecnológica) são também pilares da Carta Constitucional o art. 3º e o "caput" do art. 5º. Propõe-se uma aplicação dos referidos dispositivos constitucionais de maneira sistemática e abrangente, destinando-se a tutelar direitos e deveres constitucionais; destacando-se o enfoque de zelo aos direitos fundamentais de igualdade, de integridade física e psicológica, e ao direito fundamental à própria vida, como forma de dar *suporte constitucional a políticas públicas para uma maior equidade de gênero*.[5] Diante dos dispositivos constitucionais antes destacados, conclui-se que todas as ações das instituições públicas deverão estar pautadas na tutela de uma maior *equidade intra e intergeracional*[6] e o *dever de sustentabilidade multidimensional* deverá estar na pauta de todos os atos e contratos administrativos.[7]

---

[4] Nos termos propostos na seguinte obra: FREITAS, Juarez. *Sustentabilidade*: direito ao futuro. 3. ed. Belo Horizonte: Fórum, 2016.

[5] *Equidade de gênero* no sentido de ensejar políticas afirmativas, em um primeiro momento, concedendo garantias de maneira a melhor equilibrar os direitos e garantias, como etapa de futuramente estabelecer-se *igualdade (substancial) de gênero*.

[6] *Equidade intrageracional*, no sentido de políticas públicas para uma maior aproximação de *igualdade material* de direitos e garantias dos indivíduos das gerações já existentes, e *equidade intergeracional*, no sentido interligado a políticas públicas de longo prazo, com zelo e curadoria das gerações futuras (que ainda não nasceram). Da leitura da obra de John Rawls depreende-se a ideia de *justiça entre gerações* no "princípio da poupança justa", mediante a lógica de existência de deveres e obrigações entre gerações (RAWLS, John. *Uma teoria da justiça*. 2. ed. São Paulo: Martins Fontes, 2002, p. 320 e ss.). Vide também o estudo do seguinte autor português: PEREIRA DA SILVA, Jorge. Breve ensaio sobre a protecção constitucional das gerações futuras, in *Em homenagem ao Prof. Doutor Diogo Freitas do Amaral*, Coimbra, 2010, p. 459 e ss.

[7] Para embasar maiores investigações quanto à temática "políticas públicas e direitos fundamentais", recomenda-se a leitura: CUNDA, Daniela Zago G. da. Controle de Políticas Públicas pelos tribunais de contas: Tutela da efetividade dos direitos e deveres fundamentais.

A Constituição da República Federativa do Brasil, em seu art. 5º, estabelece como direito fundamental que "todos são iguais perante a lei, sem distinção de qualquer natureza, garantindo-se aos brasileiros e aos estrangeiros residentes no País a inviolabilidade do direito (...) à igualdade". No inciso I do mesmo artigo determina-se que "homens e mulheres são iguais em direitos e obrigações, nos termos desta Constituição", igualdade que não pode permanecer meramente formal. Considerando a persistente desigualdade de gênero, tanto no setor público como no privado, e o respectivo dever fundamental de igualdade, a conceder tutela ao direito fundamental de igualdade, as atuações dos administradores deverão estar pautadas como verdadeiras ações de Estado (não restritas a um único governo ou ideologia de partidos específicos).[8]

As várias dimensões da sustentabilidade[9] requerem primazia (não apenas a dimensão econômica) de maneira a ensejar um olhar para além das questões imediatas. A par disso, a própria sociedade deverá seguir a mesma trilha, mediante um olhar sensível e responsável visando a uma maior equidade nos diversos setores, concedendo, portanto, também tutela às vítimas de violência doméstica (e outras de natureza idêntica), mediante políticas públicas que permitam sua maior autonomia e independência financeira, além de medidas preventivas a evitar tais violências.

Entende-se por sustentabilidade o *dever constitucional e fundamental que objetiva tutelar direitos fundamentais* (neste estudo o direito

---

Revista Brasileira de Políticas Públicas, Brasília: UniCEUB, vol. 01, 2010. Vide também: FREITAS, Juarez. *Sustentabilidade*: direito ao futuro. 3. ed. Belo Horizonte: Fórum, 2016.

[8] Nesse sentido, também abordando uma análise do ODS 05 da Agenda 2030/ONU com análise das previsões constitucionais do *dever de sustentabilidade*, vide: ROSARIO, A. C. T.; CUNDA, Daniela Zago G. da. Sub-representação feminina na música. *PER MUSI* (UFMG), v. 42, p. 1-20, 2022. Disponível em: https://periodicos.ufmg.br/index.php/permusi/article/view/36925 (acesso em: 15 jul. 2022).

[9] Com respaldo nos seguintes referenciais teóricos e estudos anteriores, no que tange a uma abordagem multidimensional da sustentabilidade:
FREITAS, Juarez. *Sustentabilidade:* direito ao futuro. 3. ed. Belo Horizonte: Fórum, 2016; SACHS, Ignacy. *Caminhos para o Desenvolvimento Sustentável*. 3. ed. Rio de Janeiro: Ed. Garamond, 2008.; SACHS, Ignacy. *Estratégias de Transição para do século XXI* – desenvolvimento e Meio Ambiente. São Paulo: Studio Nobel – Fundação para o desenvolvimento administrativo, 1993. Ainda sobre a dimensão fiscal da sustentabilidade: NABAIS, José Casalta; TAVARES DA SILVA, Suzana. *Sustentabilidade Fiscal em Tempos de Crise*. Coimbra: Almedina, 2011; CUNDA, Daniela Zago Gonçalves da. Controle de Sustentabilidade Fiscal pelos tribunais de contas: tutela preventiva da responsabilidade fiscal e a concretização da solidariedade intergeracional, *In*: LIMA, Luiz Henrique; SARQUIS, Alexandre (coord.). *Contas Governamentais e Responsabilidade Fiscal:* desafios para o controle externo. Estudos de Ministros e Conselheiros Substitutos dos tribunais de contas. Belo Horizonte: Fórum, 2017.

fundamental à igualdade de gênero), *também princípio instrumento a dar-lhes efetividade, ou seja, princípio que vincula o Estado (e suas instituições) e a sociedade, mediante responsabilidade partilhada, e redesenha as funções estatais, que deverão ser planejadas não apenas para atender demandas de curto prazo, mas também providenciar a tutela das futuras gerações*.[10] Pretende-se com o referido conceito abordar as duas noções de sustentabilidade: sentido amplo, englobando as dimensões: ambiental, social, cultural, ética, fiscal, econômica, jurídico-política e tecnológica[11] e o sentido mais específico denominado como sustentabilidade forte,[12] que, em regra, dá primazia à dimensão ecológica (tema desenvolvido em outras pesquisas).[13]

Nas abordagens a seguir, serão tecidas considerações relacionadas às *dimensões social e* ética *da sustentabilidade*, também interligadas à *dimensão fiscal* (objeto de averiguação dos tribunais de contas, *v.g.* análise das contratações, que utilizam verbas públicas e deverão atender as determinações legais e constitucionais de sustentabilidade) e *dimensão tecnológica* da sustentabilidade, que diretamente estejam conectadas à

---

[10] CUNDA, Daniela Zago Gonçalves da. *Controle de sustentabilidade pelos tribunais de contas*. 2016. Tese (Doutorado em Direito) – Faculdade de Direito, Pontifícia Universidade Católica do Rio Grande do Sul, Rio Grande do Sul, 2016; CUNDA, Daniela Zago Gonçalves da. Controle de sustentabilidade pelos tribunais de contas e a necessária ênfase à dimensão ambiental. In: MIRANDA, Jorge; GOMES, Carla Amado; PENTINAT, Susana Borrás (coord.). *Diálogo Ambiental, Constitucional e Internacional*. Volume 10, E-Book Internacional (ISBN: 978-989-8722-42-3). Lisboa: Faculdade de Direito da Universidade de Lisboa (CJP e CIDP), abril 2020, p. 293-341.

[11] Com amparo nas referidas obras de FREITAS, Juarez. *Sustentabilidade*: direito ao futuro... e SACHS, Ignacy. *Caminhos para o Desenvolvimento Sustentável*... e ainda: SACHS, Ignacy. *Estratégias de Transição para do século XXI* – desenvolvimento e Meio Ambiente... Complementadas com obras abordando as dimensões fiscal e tecnológica, tal como detalhado em outro recente estudo: CUNDA, Daniela Zago Gonçalves da; BLIACHERIENE, Ana Carla. Controle externo planetário e 4.0 para uma maior eficiência energética sob a perspectiva dos Objetivos de Desenvolvimento Sustentável da Agenda 2030 da ONU. In: MIRANDA, Jorge; GOMES, Carla Amado; QUEIROZ, Bleine (coord.). *Diálogo Ambiental, Constitucional e Internacional*. Volume 17, E-Book Internacional. Lisboa: Faculdade de Direito da Universidade de Lisboa (CJP e CIDP), 2022 (no prelo, aceito para publicação).

[12] BOSSELMANN, Klaus, *The principle of sustainability. Transforming Law and governance*, Ashgate, 2008; E também na versão traduzida: BOSSELMANN, Klaus. *O princípio da sustentabilidade*: Transformando direito e governança. Tradução: Phillip Gil França. São Paulo: Revista dos Tribunais, 2015.

[13] Para um maior aprofundamento do tema, em versão resumida de tese sobre o tema, vide: CUNDA, Daniela Zago Gonçalves da. Controle de sustentabilidade pelos tribunais de contas: proposta de marco legal a ser utilizado no controle externo concretizador da sustentabilidade ambiental. *Revista Interesse Público*, Belo Horizonte, ano 18, n. 96, mar./abr. 2016. Com amparo também na doutrina portuguesa: CANOTILHO, J. J. Gomes. Sustentabilidade – um romance de cultura e de ciência para reforçar a sustentabilidade democrática. *Boletim da Faculdade de Direito* – Universidade de Coimbra, n. 88, v. 53, Tomo I, p. 1-11, 2012.

temática em análise – *contratações públicas na busca de melhor proposta para a Administração Pública e a serviço de uma maior equidade intra e intergeracional*.

Entende-se que a sustentabilidade consta de forma clara como um *dever constitucional* na Carta da República Federativa do Brasil. Vista como dever constitucional ou como *metaprincípio* ou ainda como *garantia constitucional*, torna-se evidente que a *sustentabilidade redefine o papel e as funções do Estado agregando uma missão de curadoria tanto ao Estado como à sociedade*,[14] também assentada "na lógica de solidariedade responsável inerente ao Estado Social [...]".[15]

Como afirmado, paralelamente, a *igualdade de gênero* é um *direito fundamental*, nos termos da Carta Constitucional do Brasil, e também é *direito humano*, com amparo em documentos internacionais (mesmo que com caráter de *soft Law*, ou visualizada por alguns autores como obrigação *erga omnes*), que também servem de base necessária para a construção de um mundo pacífico, próspero e sustentável. O alcance da diretriz constante no ODS 05 é transversal e interligado a vários outros objetivos de desenvolvimento sustentável da Agenda da ONU para 2030 evidenciando que a igualdade de gênero tem efeitos multiplicadores na sustentabilidade em suas múltiplas dimensões. Para tal, será importante uma maior participação dos seres humanos (independente do gênero) na política, na economia, assim como assegurada sua integridade física e moral, dignidade, bem-estar e autonomia financeira, como forma de garantir os vários direitos fundamentais previstos nas Cartas Constitucionais.

Associadas aos 17 ODS da Agenda da ONU para 2030, há 169 metas. Especificamente quanto ao ODS 05, destacam-se as mais relevantes ao presente estudo, que deverão ser consideradas nas tomadas de decisões quanto às políticas públicas para uma maior equidade de gênero, assim como também deverão pautar as atuações da sociedade na ampliação da independência econômica feminina, como supedâneo, inclusive, a contornar a persistência da violência doméstica:

---

[14] BOSSELMANN, Klaus. *O princípio da sustentabilidade*: Transformando direito e governança. Tradução: Phillip Gil França. São Paulo: Revista dos Tribunais, 2015, p. 23 e ss.

[15] GOMES, Carla Amado. *Risco e Modificação do Acto Autorizativo Concretizador de deveres de Protecção do Ambiente*. Coimbra: Coimbra Editora, 2007 (versão Ebook), p 151. Também da mesma autora, vide: GOMES, Carla Amado. *Introdução do Direito do Ambiente*. 2. ed. AAFDL, 2014. GOMES, Carla Amado. *Sustentabilidade ambiental*: missão impossível? Publicações da FDUL/ICJP, maio 2014. Disponível em: http://www.icjp.pt/sites/default/files/papers/palmas-sustentabilidade.pdf (acesso em: 15 jul. 2022).

5.1 Acabar com todas as formas de discriminação contra todas as mulheres e meninas em toda parte;

5.2 *Eliminar todas as formas de violência contra todas as mulheres e meninas nas esferas públicas e privadas,* incluindo o tráfico e exploração sexual e de outros tipos;

Com averiguação da

5.2.1 Proporção de mulheres e meninas de 15 anos de idade ou mais que sofreram violência física, sexual ou psicológica, por parte de um parceiro íntimo atual ou anterior, nos últimos 12 meses, por forma de violência e por idade;

5.2.2 Proporção de mulheres e meninas de 15 anos ou mais que sofreram violência sexual por outras pessoas não parceiras íntimas, nos últimos 12 meses, por idade e local de ocorrência[16]

5.5 Garantir a participação plena e efetiva das mulheres e a igualdade de oportunidades para a liderança em todos os níveis de tomada de decisão na vida política, econômica e pública;

5.a *Empreender reformas para dar* às *mulheres direitos iguais aos recursos econômicos,* bem como o acesso a propriedade e controle sobre a terra e outras formas de propriedade, serviços financeiros, herança e os recursos naturais, de acordo com as leis nacionais;

5.b *Aumentar o uso de tecnologias de base, em particular as tecnologias de informação e comunicação, para promover o empoderamento das mulheres;*

5.c Adotar e fortalecer políticas sólidas e legislação aplicável para a promoção da igualdade de gênero e o empoderamento de todas as mulheres e meninas, em todos os níveis;[17] (grifou-se)

Sem esforços, pode-se concluir que os diversos entes federativos do país carecem de políticas públicas sólidas e eficazes a fim de promover uma maior igualdade de gêneros. Por outro lado, começam a ser ampliadas previsões legais a tutelar o que se pode considerar "ações afirmativas" nesse âmbito. Neste estudo, dedicar-se-á a analisar a nova lei de licitações e perspectivas de políticas públicas para uma maior *equidade de gêneros* (nos termos do §9º do art. 25 e inc. III do art. 60), sem o esquecimento de vários outros diplomas legais[18] que promovem a *sustentabilidade multidimensional* e políticas públicas correlatas (*v.g.*

---

[16] Disponível em: https://odsbrasil.gov.br/objetivo/objetivo?n=5. Acesso em: 4 ago. 2022.
[17] Disponível em: http://www.agenda2030.org.br/ods/5/. Acesso em: 29 jul. 2022.
[18] Sobre uma proposta de marco legal para uma maior sustentabilidade, vide: CUNDA, Daniela Zago Gonçalves da. Controle de sustentabilidade pelos tribunais de contas: proposta de marco legal a ser utilizado no controle externo concretizador da sustentabilidade ambiental. *Revista Interesse Público*, Belo Horizonte, ano 18, n. 96, mar./abr. 2016.

Resolução TCE/RS nº 1.142, de 17.09.2021 (art. 2º, incisos XVI, XVII, XVIII, XIX, XX e XXI).[19]

Embora não seja o objetivo da presente análise uma abordagem detalhada sob a perspectiva dos *direitos fundamentais* e *direitos humanos*,[20] procurou-se destacar os principais dispositivos constitucionais aplicáveis, acrescidos dos objetivos e metas internacionais constantes na Agenda da ONU para 2030 (retomados nos tópicos a seguir).

3 *Sustentabilidade* como um *direito humano* e o ODS 12 como mais um instrumental para a concretização do ODS 05 da Agenda da ONU para 2030

Deveria ser suficiente demonstrar a previsão constitucional do *direito fundamental de igualdade (de gênero), o direito à vida, à saúde física e mental*, e a própria *dignidade da pessoa humana* (como princípio e objetivo do Estado), e que o *dever de sustentabilidade* (ora instrumentalizado pela utilização de contratação sustentável) poderá ser mais uma maneira a conduzir a ação de todos os cidadãos e gestores para uma maior equidade, contornando, com a máxima urgência, a violência nas suas diversas formas. Contudo, prudente também demonstrar que *a erradicação da violência de gênero e a adoção de políticas públicas para uma maior equidade de gênero são pactos mundiais*.

Várias cartas constitucionais contemporâneas às décadas de 70 e 80 dedicaram-se a delinear o crescimento econômico como uma perspectiva de progresso e, inclusive, qualidade de vida. Ao se demonstrar ineficiente o "Estado Social ou de Providência", com o agravamento oriundo de várias crises (*v.g.* Crise do Petróleo de 1970, que atualmente ressurge, crises econômicas e sanitárias) e sobretudo as crises sociais e ambiental, *chegado o momento de uma leitura mais atenta e "ativista"*

---

[19] Recentemente o Tribunal de Contas do Estado do Rio Grande do Sul aprovou normativo que destaca diplomas legais a receberem primazia dos gestores em seu cumprimento, no qual constam vários diplomas legais para a concretização do *dever constitucional de sustentabilidade*, mediante aprovação de proposta da Comissão Permanente de Sustentabilidade do TCE/RS nesse sentido. Disponível em: https://atosoficiais.com.br/tcers/resolucao-n-1142-2021-dispoe-sobre-os-criterios-a-serem-observados-na-apreciacao-das-contas-anuais-para-fins-de-emissao-de-parecer-previo-e-no-julgamento-das-contas-dos-administradores-e-demais-responsaveis-por-bens-e-valores-publicos-da-administracao-direta-e-indireta-e-da-outras-providencias?origin=instituicao. Acesso em: 14 jul. 2022.

[20] Para detalhamentos sobre direitos fundamentais e direitos humanos, indica-se o seguinte referencial teórico: SARLET, Ingo Wolfgang. *A Eficácia dos Direitos Fundamentais*. 10. ed. Porto Alegre: Livraria do Advogado, 2009.

das Constituições. Cientes dos limites do crescimento econômico e da finitude dos recursos naturais, dos infindáveis problemas sociais, econômicos e ambientais, demonstra-se essencial as instituições públicas tomarem frente na tutela da dignidade dos seres vivos da presente e futuras gerações.

Não são propósitos do presente texto detalhar e historiar os vários documentos internacionais de tutela das dimensões (clássicas) da sustentabilidade – ambiental, social e econômica – mas sim destacar a Agenda da ONU para 2030 e enfatizar que *o conceito de desenvolvimento transcende a ideia restrita de crescimento econômico*. Nessa linha, a Declaração sobre o Direito ao Desenvolvimento (1986), da qual o Brasil é signatário, já dispunha (no art. 1º, §1º) que o direito ao desenvolvimento é um "direito humano inalienável" com perspectivas de todas as pessoas e todos os povos estarem "habilitados a participar do desenvolvimento econômico, social, cultural e político, a ele contribuir e dele desfrutar, no qual todos os direitos humanos e liberdades fundamentais possam ser plenamente realizados".[21]

Da mesma maneira, *erradicar a violência em todas as suas formas*, com ênfase na presente análise do enfrentamento da *violência de gênero* (*v.g.* violência contra as mulheres), é um *objetivo mundial*, pelo que consta previsto no ODS 05 da Agenda da ONU/2030, propósito com metas especificadas e interligado a vários outros objetivos para uma maior *sustentabilidade*.

Diante da conexão de tais deveres e direitos humanos, conclui-se que *todos os humanos* (em seus múltiplos gêneros) *deverão estar habilitados a participar do desenvolvimento econômico, social, cultural e político, a ele contribuir e dele desfrutar, no qual todos os direitos humanos e liberdades fundamentais possam ser plenamente realizados, como o direito* à *vida com dignidade e com integridade física e moral*. Até que se atinja a equidade de acesso ao mercado de trabalho, igualdade salarial e de remuneração, nos moldes da *meta 5.a do ODS 05* da Agenda da ONU/2030 (empreender reformas para dar às mulheres direitos iguais aos recursos econômicos...) serão necessárias políticas públicas para fomentar o acesso igualitário a recursos econômicos como forma de tutelar liberdades e direitos fundamentais. Os vários instrumentos nesse transcurso deverão ser utilizados em sua plenitude, como a utilização de novas tecnologias,

---

[21] COMISSÃO MUNDIAL SOBRE MEIO AMBIENTE E DESENVOLVIMENTO. Relatório Nosso Futuro Comum. 2. ed. Rio de Janeiro: Editora da Fundação Getúlio Vargas, 1991, p. 43 e ss.

ou seja, a *dimensão tecnológica a serviço da dimensão social da sustentabilidade*,[22] concedendo-se implementação à meta 5.b do ODS 05 da Agenda da ONU/2030 (5.b aumentar o uso de tecnologias de base, em particular as tecnologias de informação e comunicação, para promover o empoderamento das mulheres). Dentre os vários instrumentos a promover uma maior independência econômica com zelo à equidade de gêneros, os gestores públicos deverão estar atentos, quando das realizações de contratações públicas, às novas diretrizes trazidas pela Lei nº 14.133/21 (§9º do art. 25 e inc. III do art. 60).

Tecidas considerações iniciais a demonstrar a natureza da *sustentabilidade* como *dever constitucional* correlacionado a *direitos fundamentais e direitos humanos*, passa-se à análise de dispositivos infraconstitucionais que denotam também a *obrigação legal* de os gestores públicos realizarem contratações sustentáveis, tendo em mente suas múltiplas dimensões (*v.g. dimensão social* e ética – diretamente interligadas ao tema proposto para reflexão).

4 A nova Lei de Licitações e as ações afirmativas para uma maior *equidade de gêneros* (§9º do art. 25 e inc. III do art. 60) a promoverem a sustentabilidade multidimensional

A Lei nº 14.133/21, em vigor desde 1º de abril de 2021, é o novo diploma que disciplinará os procedimentos licitatórios e contratos da Administração Pública. Conforme dados do Portal da Transparência, apenas o Governo Federal tinha contratado o valor de R$ 55.278.618.078,54 para o ano de 2021,[23] situação que evidencia o potencial de influenciar a realidade, uma vez que se contemplem incentivos para uma determinada conduta. Assim, para além da função de regular as licitações e contratos da Administração Pública, a lei é um instrumento apto a incluir práticas que concretizem políticas públicas.[24]

---

[22] Tema de estudo mais específico na seguinte pesquisa: CUNDA, Daniela Zago G. da. Um diálogo pautado nos ODS instrumentais da Agenda 2030 da ONU *In:* II *Meeting of Researchers in Law and Sustainability* – Propositions and Debates., 2021, Itajaí - SC. Anais do II Meeting of Researchers in Law and Sustainability – Propositions and. Itajaí - SC: Editora da Univali, 2021. v.1. p. 107-111.

[23] Inclui as seguintes formas de contratação: dispensa, pregão, inexigibilidade, pregão-registro de preços, concorrência, tomada de preços, convite, concorrência-registro de preços, concorrência internacional e concurso. Consulta em https://www.portaltransparencia.gov.br/orgaos/?ano=2021. Acesso em: 13 jul. 2022.

[24] "Não existe uma única, nem melhor, definição sobre o que seja política pública". Mead (1995) a define como um campo dentro do estudo da política que analisa o governo à luz

Amartya Sen defende que as políticas públicas são meio para ampliar a capacidade das pessoas e, por consequência, contribuem mais com a sociedade em que estão inseridas.[25] Nessa linha do entendimento, diversos exemplos podem ilustrar a função da lei de promover o crescimento e concretizar políticas públicas, como é o caso das margens de preferência[26] para produtos manufaturados e para serviços nacionais que atendam normas técnicas brasileiras e para bens reciclados, recicláveis ou biodegradáveis.

A mesma indução legislativa positiva poderá ser concedida aos *critérios de julgamento estabelecidos pelo art. 60 da Nova Lei*, como é o caso de empresas que promovam ações de equidade de gênero e programas de integridade. Além disso, tem-se a novidade de *o edital da licitação exigir que percentual mínimo da mão de obra seja constituído de mulheres vítimas de violência doméstica* ao lado da já contemplada cota de oriundos do sistema prisional, prevista na antiga lei.[27] Trata-se de

---

de grandes questões públicas e Lynn (1980), como um conjunto de ações do governo que irão produzir efeitos específicos. Peters (1986) segue o mesmo veio: política pública é a soma das atividades dos governos, que agem diretamente ou através de delegação, e que influenciam a vida dos cidadãos. Dye (1984) sintetiza a definição de política pública como "o que o governo escolhe fazer ou não fazer". A definição mais conhecida continua sendo a de Laswell, ou seja, decisões e análises sobre política pública implicam responder às seguintes questões: quem ganha o quê, por quê e que diferença faz? Conforme o seguinte estudo: SOUZA, C. *Políticas Públicas*: uma revisão da literatura. Dossiê Sociedade e Políticas Públicas, 2006. Disponível em: https://www.scielo.br/j/soc/a/6YsWyBWZSdFgfSqDVQhc4jm/?lang=pt. Acesso em: 15 jul. 2022.

[25] Para Sen, a liberdade é crucial para o desenvolvimento humano:
"As liberdades não são apenas os fins primordiais do desenvolvimento, mas também os meios principais. Além de reconhecer, fundamentalmente, a importância avaliatória da liberdade, precisamos entender a notável relação empírica que vincula, umas às outras, liberdades diferentes. Liberdades políticas (na forma de liberdade de expressão e eleições livres) ajudam a promover a segurança econômica. Oportunidades sociais (na forma de serviços de educação e saúde) facilitam a participação econômica. Facilidades econômicas (na forma de oportunidades de participação no comércio e na produção) podem ajudar a gerar a abundância individual, além de recursos públicos para os serviços sociais. Liberdades de diferentes tipos podem fortalecer umas às outras". *In*: SEN, Amartya. Desenvolvimento como liberdade. São Paulo: Companhia das Letras. Edição do Kindle. (p. 20).

[26] Margem de preferência, conforme a Lei nº 14.133/2021:
Art. 26, §1º. §1º A margem de preferência de que trata o *caput* deste artigo:
I - será definida em decisão fundamentada do Poder Executivo federal, no caso do inciso I do caput deste artigo;
II - poderá ser de até 10% (dez por cento) sobre o preço dos bens e serviços que não se enquadrem no disposto nos incisos I ou II do caput deste artigo;
III - poderá ser estendida a bens manufaturados e serviços originários de Estados Partes do Mercado Comum do Sul (Mercosul), desde que haja reciprocidade com o País prevista em acordo internacional aprovado pelo Congresso Nacional e ratificado pelo Presidente da República.

[27] O Decreto nº 9450/2018 regulamenta o antigo parágrafo 5º do artigo 40 da Lei nº 8.666/93, que trata sobre percentual mínimo de trabalhadores egressos do sistema prisional.

exemplos do condão de as leis, desde que cumpridas, transformarem-se em instrumentos aptos a induzir determinados comportamentos para cumprir outros fins estatais, como a redução das desigualdades, geração de empregos, busca pelo desenvolvimento econômico e social da realidade, dentre outros. Fins capazes de evidenciar que nas contratações públicas, nas palavras de Juarez Freitas, "a proposta mais vantajosa será sempre aquela que se apresentar a mais apta a gerar, direta ou indiretamente, o menor impacto negativo e, simultaneamente, os *maiores benefícios econômicos, sociais e ambientais*".[28]

Diante dos dispositivos legais apresentados, depreende-se que as contratações públicas também são instrumentos aptos a contribuir para a implementação da Agenda da ONU/2030, em especial com relação à temática do presente estudo – os Objetivos de Desenvolvimento Sustentável nº 05 e nº 12.

No que concerne ao ODS 05, há meta específica que visa à eliminação de todas as formas de violência contra mulheres e meninas.[29] Convém ser ressaltado que, em *relatório produzido pelo IPEA* em 2018,[30] foram apresentadas algumas considerações de ajustes de metas adotadas pela ONU. Um desses ajustes foi a inclusão da expressão "todas as formas de violência de gênero", ao invés da menção à violência contra as mulheres. Como justificativa, o IPEA considerou que o conceito "violência de gênero" já é o adotado pela Lei nº 11.340/2006.

O relatório do IPEA também consigna uma *relação de órgãos governamentais que contribuem para o alcance da meta*: Judiciário, Secretaria

---

Art. 40. O edital conterá no preâmbulo o número de ordem em série anual, o nome da repartição interessada e de seu setor, a modalidade, o regime de execução e o tipo da licitação, a menção de que será regida por esta Lei, o local, dia e hora para recebimento da documentação e proposta, bem como para início da abertura dos envelopes, e indicará, obrigatoriamente, o seguinte:
(...)
§5º A Administração Pública poderá, nos editais de licitação para a contratação de serviços, exigir da contratada que um percentual mínimo de sua mão de obra seja oriundo ou egresso do sistema prisional, com a finalidade de ressocialização do reeducando, na forma estabelecida em regulamento. (Incluído pela Lei nº 13.500, de 2017)
Referido decreto deverá ser utilizado como referência para a regulamentação do inciso III do parágrafo 9º do artigo 25 da Lei nº 14.133/2021.

[28] FREITAS, Juarez. *Sustentabilidade*: direito ao futuro. 3. ed. Belo Horizonte: Fórum, 2016, p. 237 e ss. (destacou-se com itálico).

[29] Meta 5.2. Eliminar todas as formas de violência contra todas as mulheres e meninas nas esferas públicas e privadas, incluindo o tráfico e exploração sexual e de outros tipos.

[30] Disponível em: http://repositorio.ipea.gov.br/bitstream/11058/8636/1/Agenda%202030% 20ODS%20Metas%20Nac%20dos%20Obj%20de%20Desenv%20Susten%202018.pdf. Acesso em: 29 jul. 2022.

Nacional de Políticas para Mulheres, Ministério da Saúde, Ministério da Justiça e Ministério da Segurança Pública.[31] Veja-se que é importante a inclusão do Ministério Público, que possui atribuição para implantação de cadastro das vítimas de violência, conforme o que consta na Lei Maria da Penha,[32] *assim como também os tribunais de contas e Ministérios Públicos de Contas detêm papel relevante na fiscalização do cumprimento de normativos legais e constitucionais interligados ao tema* (uma das teses destacadas nas presentes reflexões). O acesso ao cadastro será medida indispensável para o cumprimento dos objetivos da ação afirmativa. Essas breves considerações acerca do relatório produzido pelo IPEA demonstram a transversalidade do tema e do necessário diálogo que deve ser realizado entre os diversos atores do processo na busca de resultados efetivos para a redução dos índices de violência contra as mulheres.

A inclusão dessa ação afirmativa[33] relativa às mulheres vítimas de violência é um passo importante, mas outras medidas serão necessárias para a concretude de sua implementação. Uma delas é o necessário regulamento,[34] que deverá ser editado com o objetivo de orientar e esclarecer as dúvidas que possam surgir durante sua execução. Aliás, medida que vai ao encontro do que dispõe o artigo 29[35] da Lei

---

[31] O relatório que foi produzido em 2018 apresentou a nomenclatura dos órgãos da época em que foi elaborado.

[32] Lei nº 11.340/2006. Art. 26, III: "Caberá ao Ministério Público, sem prejuízo de outras atribuições, nos casos de violência doméstica e familiar contra a mulher, quando necessário: (...)
III - cadastrar os casos de violência doméstica e familiar contra a mulher."

[33] Ação afirmativa: "A despeito das conceituações amplas e complexas que circulam na bibliografia especializada, entendemos que uma definição adequada de ação afirmativa deve ser parcimoniosa o suficiente para abarcar as diversas políticas assim denominadas. Portanto, parece-nos razoável considerar ação afirmativa todo programa, público ou privado, que tem por objetivo conferir recursos ou direitos especiais para membros de um grupo social desfavorecido, com vistas a um bem coletivo. Etnia, raça, classe, ocupação, gênero, religião e castas são as categorias mais comuns em tais políticas. Os recursos e oportunidades distribuídos pela ação afirmativa incluem participação política, acesso à educação, admissão em instituições de ensino superior, serviços de saúde, emprego, oportunidades de negócios, bens materiais, redes de proteção social e reconhecimento cultural e histórico" (FERES JÚNIOR *et al.*, 2018, p.13).

[34] Lei nº 14.133/2021, art. 25, §9º: O edital poderá, na forma disposta em regulamento, exigir que percentual mínimo da mão de obra responsável pela execução do objeto da contratação seja constituído por:
I - mulheres vítimas de violência doméstica;
II - oriundos ou egressos do sistema prisional.

[35] Art. 29. Em qualquer órgão ou Poder, a edição de atos normativos por autoridade administrativa, salvo os de mera organização interna, poderá ser precedida de consulta pública para manifestação de interessados, preferencialmente por meio eletrônico, a qual será considerada na decisão.

nº 13.655/2018, na medida em que a garantia de uma participação ampla redunda numa maior exposição de ideias e consideração de argumentos.

Conforme relatório[36] disponível no Portal de Compras do Governo Federal, há previsão de expedição de 66 regulamentos para a nova lei de licitações, como será o caso de cota para mulheres vítimas de violência e da cota para oriundos e egressos do sistema prisional. Em relação às vítimas de violência, foi aberta uma *consulta pública de 08.03.2022 a 22.03.2022*,[37] já consolidada pela equipe técnica responsável pela tarefa. O que se pode perceber pela leitura da minuta de decreto[38] é a confirmação de que a consulta pública é medida importante, mas deverá ser seguida de permanentes diálogos interinstitucionais, dos quais as Cortes de Contas deverão participar e assumir seu papel, assim como os demais atores (destacados no Relatório do IPEA) e os gestores públicos, que terão o dever de implementar as novas diretrizes legais. O conhecimento sobre as ações e o uso da trajetória institucional dos órgãos envolvidos são medidas que aproximam e podem potencializar os resultados esperados.

Outra ação afirmativa proposta pela lei está descrita no artigo 60, III,[39] cujo teor privilegia o desenvolvimento de ações de equidade entre homens e mulheres como *critério de desempate entre duas ou mais propostas*. Essa ação também necessita de regulamento para sua efetivação, conforme o que está descrito na norma. Importante referir que o artigo prevê um primeiro critério, mais objetivo, que possibilita a apresentação de uma nova proposta, que possivelmente irá reduzir a

---

[36] Disponível em: https://www.gov.br/compras/pt-br/nllc/Relatorio_regulamentos_14133_PORTAL_26julv2.pdf. Acesso em: 29 jul. 2022.

[37] Disponível em: https://www.gov.br/participamaisbrasil/decreto-mulheres-vitimas-de-violencia-domestica-nos-contratos-de-mao-de-obra. Acesso em: 29 jul. 2022.

[38] Disponível em: https://pesquisa.in.gov.br/imprensa/jsp/visualiza/index.jsp?data=08/03/2022&jornal=530&pagina=31&totalArquivos=341. Acesso em: 29 jul. 2022.
Uma das fontes de inspiração para a regulamentação é o atual Decreto nº 9.450/2018, que normatiza o §5º do art. 40 da Lei nº 8.666/93, que trata de percentual mínimo de mão de obra que seja oriunda do sistema prisional.

[39] Art. 60. Em caso de empate entre duas ou mais propostas, serão utilizados os seguintes critérios de desempate, nesta ordem:
I - disputa final, hipótese em que os licitantes empatados poderão apresentar nova proposta em ato contínuo à classificação;
II - avaliação do desempenho contratual prévio dos licitantes, para a qual deverão preferencialmente ser utilizados registros cadastrais para efeito de atesto de cumprimento de obrigações previstos nesta Lei;
III - desenvolvimento pelo licitante de ações de equidade entre homens e mulheres no ambiente de trabalho, conforme regulamento;
IV - desenvolvimento pelo licitante de programa de integridade, conforme orientações dos órgãos de controle.

implementação dos demais critérios previstos nos incisos subsequentes. Por fim, além da ressalva da menor possibilidade de incidência, cabe salientar que a situação do inciso III é aberta, na medida em que muitas dúvidas poderão surgir na aplicação da norma, o que confere ainda mais importância ao regulamento que deverá ser editado.

Os dispositivos legais desenvolvidos, juntamente com outros da Lei nº 14.133/2021,[40] confirmam que os contratos administrativos são instrumentos de concretização do *dever constitucional da sustentabilidade* (com ênfase nas dimensões social e ética).

No tópico a seguir, de maneira mais detalhada, serão abordadas as perspectivas de atuações dos tribunais de contas na implementação e fiscalização dos normativos legais e constitucionais que concretizam o *dever de sustentabilidade,* com ênfase nas dimensões interligadas ao tema central – maior equidade de gêneros e ações preventivas a fim de evitar a violência de gênero.

5 Possibilidades de atuação dos tribunais de contas na concretização do *dever de sustentabilidade* nas contratações públicas para uma maior equidade de gêneros

Considerando a missão constitucional atribuída aos tribunais de contas, as possibilidades de contribuir com a implementação da Agenda da ONU/2030 no contexto nacional são inúmeras. O volume de recursos financeiros aplicados em contratações (aspecto interligado à *dimensão fiscal da sustentabilidade*) bem revela que ações coordenadas nas compras públicas poderão influir na concretização dos ODS 05 e 12. Embora a Agenda da ONU/2030 esteja dividida em 17 objetivos de desenvolvimento sustentável, como afirmado, eles estão conectados uns aos outros, destacando a importância da construção de uma forma sistêmica de trabalhar. Por exemplo, a aplicação do parágrafo 9º do art. 25 da Lei nº 14.133/2021 pode trazer questões como a indisponibilidade de mão de obra feminina qualificada para as tarefas. Situação que evidencia a

---

[40] Proteção das micro e pequenas sociedades empresárias, preservação do meio ambiente, promoção do desenvolvimento tecnológico na gestão pública, ressocialização de presos e egressos por meio dos contratos e convênios firmados pelo estado, etc. Conforme: BUSSINGUER, Elda *et al*. A licitação e a contratação pública como instrumentos para o enfrentamento da violência doméstica contra a mulher: uma proposta normativa para Estados e Municípios. https://red-idd.com/files/2021/2021GT01_005.pdf (acesso em: 14 maio 22), p. 8.

conexão *v.g.* com o ODS 04 e com o ODS 10[41] e da necessária articulação entre setores responsáveis para fins de atingimentos das metas estabelecidas. Ademais, ações preventivas para contornar a violência de gênero têm conexão com o bem-estar, com a saúde física e mental (ODS 01 e 03). Conjuntamente, o próprio ODS 12, em suas metas,[42] prevê (meta 12.8) que até 2030 deverá ser garantido que as pessoas tenham informação relevante e conscientização para o desenvolvimento sustentável e estilo de vida em harmonia com a natureza. Confirma-se, mais uma vez, a importância da educação para a sustentabilidade, nos termos do art. 225 da Constituição Federal (que estabelece a educação ambiental como dever constitucional), que deverá incluir educação para a cidadania global e educação para o desenvolvimento sustentável, integradas a políticas nacionais de educação e de gestão pública.

Em atenção à Agenda da ONU/2030, a INTOSAI (Organização Internacional de Entidades Fiscalizadoras Superiores) possui o "Programa Auditando os Objetivos de Desenvolvimento Sustentável", sendo que uma das partes integrantes foi uma *auditoria operacional do Tribunal de Contas da União*[43] sobre questões interligadas ao ODS 05 da Agenda da ONU/2030. O trabalho do Tribunal de Contas da União avaliou a preparação do governo federal brasileiro para a implementação do ODS 05 e revelou resultados preocupantes. Seguem, exemplificativamente, alguns *achados de auditoria*: deficiências de articulação e coordenação entre os órgãos envolvidos; insuficiente inserção da perspectiva de gênero com vistas a alinhar as políticas públicas; indefinição de indicadores de desempenho para relatar o progresso do ODS 05; não estabelecimento de processos que assegurem a produção, a qualidade, a disponibilidade e o nível adequado de desagregação dos dados exigidos para o ODS 05 da Agenda da ONU/2030, entre outros. Verifica-se, assim, pelos achados que os tribunais de contas podem desempenhar importante papel indutor para que se alcance um nível mais desejável de execução de políticas públicas.

---

[41] Objetivo 4. Assegurar a educação inclusiva e equitativa e de qualidade, e promover oportunidades de aprendizagem ao longo da vida para todas e todos.
Objetivo 10. Reduzir a desigualdade dentro dos países e entre eles.
Disponível em: https://brasil.un.org/pt-br/sdgs/4. Acesso em: 31 jul. 2022.
[42] Disponível em: https://odsbrasil.gov.br/objetivo/objetivo?n=12. Acesso em: 15 jul. 2022.
[43] BRASIL. Tribunal de Contas da União – TCU. Acórdão nº 2.766/2019. Plenário, 2019.
Disponível em: https: https://pesquisa.apps.tcu.gov.br/#/documento/acordao-completo/*/NUMACORDAO%253A2766%2520ANOACORDAO%253A2019/DTRELEVANCIA%-2520desc%252C%2520NUMACORDAOINT%2520desc/0/%2520. Acesso em: 01 ago. 2022.

Embora os resultados não tenham sido muito alentadores, o trabalho do Tribunal de Contas da União tem relevância e grande contribuição no sentido de fornecer subsídios para os órgãos envolvidos com a implementação do ODS 05 da Agenda da ONU/2030.

Outro trabalho da Corte de Contas da União sobre a temática envolveu a meta 5.2, mais específica para a violência contra as mulheres. A auditoria operacional[44] buscou avaliar as ações de enfrentamento à violência doméstica e familiar contra as mulheres, considerando o *marco normativo trazido pela Lei nº 11.340/2006*. Os resultados também demonstraram que há muito a ser feito. Alguns achados elucidam como, por exemplo: disponibilização de centros de referência de atendimento aquém do esperado; casas abrigo deixam de cumprir plenamente a função social para qual foram criadas; falta de acesso da mulher a ações de aprendizagem e qualificação profissional, dentre outros.

A questão de falta de acesso à aprendizagem já demonstra que o cumprimento do que preconiza a nova Lei de Licitações precisará de um enorme esforço de trabalho conjunto intergovernamental para fins de efetividade, assim como também a interconexão dos ODS 05 e 04 da Agenda da ONU/2030.

Ainda sobre a temática da violência, está em andamento uma auditoria coordenada sobre violência, organizada pelo Grupo de Trabalho sobre Igualdade de Gênero e não discriminação (GTG) da OLACEFS.[45] O trabalho irá abordar a resposta estatal na prevenção, sanção e erradicação da violência contra as mulheres. Participam da auditoria 12 membros plenos da OLACEFS e 12 membros associados, que são os tribunais de contas.[46] Trata-se de importante diagnóstico que poderá subsidiar a promoção e execução de políticas públicas sobre a matéria.

No sentido de evidenciar as perdas socioeconômicas que um Estado pode ter com o feminicídio, realizou-se um estudo[47] no TCE/SC

---

[44] BRASIL. Tribunal de Contas da União – TCU. Acórdão nº 403/2013. Plenário, 2013. Disponível em: https://pesquisa.apps.tcu.gov.br/#/documento/acordao-completo/*/NUMA-CORDAO%253A403%2520ANOACORDAO%253A2013/DTRELEVANCIA%2520desc%-252C%2520NUMACORDAOINT%2520desc/0/%2520. Acesso em: 01 ago. 2022.

[45] Disponível em: https://olacefs.com/gtg/wp-content/uploads/sites/12/2022/07/02-AC-PORT-Cronograma.pdf. Acesso em: 01 ago. 2022.

[46] Os seguintes tribunais participam: TCE/SC, TCE/BA, TCE/DF, TCE/AM, TCE/RJ, TCE/PE, TCE/RN, TCE/RS, TCE/AL, TC dos Municípios da Bahia e TCE/PR.

[47] IOCKEN, Sabrina; MACHADO, Luciane Beiro de Souza. A (Re)construção social da identidade feminina: desafios dos TCs na implementação do ODS5. *Revista Resenha Eleitoral*, Florianópolis, v. 23, n. 1, p. 71-88, 2019. Disponível em: https://revistaresenha.emnuvens.com.br/revista/article/view/16. Acesso em: 01 ago. 2022.

entre os anos de 2011 e 2018. O estudo demonstrou, numa estimativa mínima, que o Estado de Santa Catarina perdeu R$ 424,3 milhões considerando: impactos na produtividade (redução na capacidade de trabalhar e poder contribuir para a sociedade), trauma (impacto sobre a saúde mental dos envolvidos) e serviços públicos (setores em que ocorre a necessidade de alocação de recursos em detrimento de outros). Sob outra perspectiva, trata-se de um importante exemplo das *perdas econômicas que a violência de gênero pode acarretar*,[48] em paralelo com a importância da independência econômica e de forma a garantir uma maior liberdade e de modo a contornar a persistência de eventual violência de gênero (que engloba a violência contras as mulheres e a violência doméstica).

Abordando novamente a Lei nº 14.133/2021 e o ODS 05 da Agenda da ONU/2030, verifica-se que os tribunais de contas, em auditorias concomitantes dos editais de licitação, terão o poder-dever de acompanhar e solicitar a devida fundamentação, caso esteja ausente a previsão do percentual de mão de obra feminina vítima de violência.

Destaca-se que *não obstante o §9º do art. 25 da Lei nº 14.133/2021 mencione que o edital "poderá"*, na forma disposta em regulamento, *exigir que percentual mínimo da mão de obra* responsável pela execução do objeto da contratação seja constituído por (inciso I) *"mulheres vítimas de violência doméstica"*, mediante a leitura constitucional do dispositivo, entende-se haver *um dever legal* a ser seguido pelos gestores públicos e fiscalizado pelos tribunais de contas.

Retomando as premissas da Agenda da ONU/2030, não há como atingir os objetivos de garantir os direitos humanos, a erradicação da pobreza, a proteção do planeta, a promoção da prosperidade e da paz sem que se atue conjuntamente nas dimensões social, ambiental e econômica. E essas metas são de responsabilidade conjunta entre países, sociedade civil, instituições governamentais e não governamentais. É de todos a responsabilidade de "não deixar ninguém para trás". Tal assertiva comprova a interconexão do ODS 05 também com os ODS 01 (meta 1.b - criar marcos políticos sólidos em níveis nacional, regional e internacional, com base em estratégias de desenvolvimento a favor dos pobres e sensíveis a gênero, para apoiar investimentos acelerados nas ações de erradicação da pobreza), ODS 08 (promover o crescimento

---

[48] Estímulo para até mesmo aqueles que apenas visualizam a dimensão econômica da sustentabilidade também auxiliarem na necessária *força tarefa global* para uma maior equidade de gêneros e erradicação da violência em suas múltiplas formas.

econômico sustentado, inclusivo e sustentável, emprego pleno e produtivo e trabalho decente para todas e todos) e ODS 10 (reduzir a desigualdade dentro dos países e entre eles, com ênfase à *meta 10.2* - empoderar e promover a inclusão social, econômica e política de todos, independentemente da idade, gênero, deficiência, raça, etnia, origem, religião, condição econômica ou outra; *meta 10.3* - garantir a igualdade de oportunidades e reduzir as desigualdades de resultados, inclusive por meio da eliminação de leis, políticas e práticas discriminatórias e da promoção de legislação, políticas e ações adequadas a este respeito e ainda a meta; e *meta 10.4* - adotar políticas, especialmente fiscal, salarial e de proteção social, e alcançar progressivamente uma maior igualdade).[49]

Além dos referidos objetivos de desenvolvimento sustentável conectados ao ODS 05 da Agenda da ONU/2030, o *ODS 12 é mais um objetivo instrumental* (como abordado em tópico anterior), *ao lado dos ODS 16 e 17* a seguir referidos, na lógica de que os setores público e privado e as instituições deverão agir de forma transterritorial.

6 Boas práticas a serem seguidas e ampliadas como a contratação de vítimas da violência de gênero

Como já exposto até o presente momento, o enfoque da pesquisa é centralizado nas perspectivas de auxílio das *contratações públicas*, paralelamente à seleção da melhor proposta para a Administração Pública, *contribuírem para uma maior equidade de gênero* e conceder melhores perspectivas de independência financeira às vítimas da violência de gênero (em uma perspectiva mais ampla à prevista em um sentido estrito na nova lei de licitações que refere "violência doméstica"). Na realidade, como já afirmado, a melhor proposta a ser escolhida pela Administração Pública será a que estiver mais bem alinhada às múltiplas dimensões da sustentabilidade, incluindo a dimensão social e ética, assim como a que concretiza uma maior equidade intra e intergeracional.

Sob as perspectivas dos objetivos de desenvolvimento sustentável da Agenda da ONU para 2030, os questionamentos propostos no início deste estudo têm conexão com a lógica do *ODS 12* (licitações e contratações sustentáveis) como instrumental *do ODS 05* (maior equidade de gêneros), ambos da Agenda da ONU/2030.

---

[49] Todos os ODS, e respectivas metas, da Agenda 2030 da ONU disponíveis em: https://brasil.un.org/pt-br/sdgs. Acesso em: 15 jul. 2022.

Especificamente quanto à perspectiva da presente análise – o ODS 12 a serviço do ODS 05 da Agenda da ONU/2030 –, cumpre ser mencionada a prática inaugurada pelo setor administrativo do Senado Federal, desde o Ato da Comissão Diretora nº 4, de 2016, que instaurou o *Programa de Assistência a Mulheres em Situação de Vulnerabilidade Econômica em Decorrência de Violência Doméstica e Familiar,* mediante reserva de 2% das vagas para mulheres atendidas nas condições do programa, cumpridos requisitos básicos e mantido o sigilo da identidade das trabalhadoras assim contratadas. Além do Senado, também aderiram ao programa instituições como o BNDES, a Fiocruz, a Câmara dos Deputados, o Banco do Brasil e a Prefeitura do Município de Guarulhos, rol que tende a ser ampliado e merece toda a atenção dos demais gestores.[50] Somada à noção de *dever legal e constitucional,* tese sustentada ao longo das presentes reflexões, é importante que todos os gestores e servidores públicos responsáveis pelas contratações públicas tenham em mente que a contratação de um percentual de mão de obra de vítimas da violência de gênero, além dos vários direitos fundamentais a serem tutelados, poderá inclusive ter o condão de salvar vidas.

Além da conexão dos ODS 05 e 12 da Agenda da ONU/2030, assim como dos demais objetivos de desenvolvimento sustentável da Agenda em estudo já abordados, também os ODS 16 e 17 têm forte conexão e são objetivos instrumentais de grande relevância e que confirmam a necessária atuação em rede e a boa prática em análise. O ODS 16, por excelência, já deixa claro seu propósito de promover sociedades pacíficas e inclusivas, temática interligada diretamente à maior equidade de gêneros proposta. Também tem por objeto construir instituições eficazes, responsáveis e inclusivas em todos os níveis, e como visto, doravante, somente as instituições poderão ser assim consideradas se realizarem contratações sustentáveis, dentre as quais, que tenham o zelo de contratar mão de obra de vítimas de violência de gênero. Para deixar mais evidente ainda a conexão com o ODS 16 da Agenda da ONU/2030, a meta 16.1 estabelece o propósito de "reduzir significativamente todas as formas de violência e as taxas de mortalidade relacionada em todos os lugares". As tomadas de decisões – nas realizações de atos e contratos administrativos – deverão ser "responsivas, inclusivas, participativas e representativas em todos os níveis" (tal como o comando estampado na meta 16.7). Ademais, o papel pedagógico e de informação para a

---

[50] Conforme informações obtidas junto às referidas instituições e sintetizadas em: https://www.wald.com.br/licitacao-tem-genero-as-regras-da-nova-lei/. Acesso em: 14 maio 2022.

sustentabilidade assim como a necessidade de políticas públicas não discriminatórias também deverão estar alinhados às metas 16.10 e 16.a e 16.b.[51]

No transcorrer do presente artigo, pelas boas práticas apresentadas demonstra-se a importância da *parceria global para o desenvolvimento sustentável* (ODS 17 da Agenda da ONU/2030), desde os aspectos financeiros interligados à *dimensão fiscal* (metas 17.1, 17.2, 17.3), como os atinentes à *dimensão tecnológica* (metas 17.6 e seguintes), a *capacitação em prol da sustentabilidade e maior equidade* (meta 17.9), além das *parcerias multissetoriais* propriamente ditas, em conexão, inclusive, com a sociedade civil (metas 17.16 e seguintes), e da necessária transparência, com prestação de contas e devido trato e monitoramento dos dados interligados às temáticas de sustentabilidade (metas 17.18 e seguintes)[52] – destacando-se aqui a cautela no trato dos *dados sensíveis* (*v.g.* manter o sigilo da identidade dos contratados na modalidade e percentual destinado às vítimas de violência de gênero).[53]

Demonstradas as interconexões dos objetivos de desenvolvimento sustentável da Agenda da ONU/2030 aplicáveis ao tema proposto, com os diplomas legais e constitucionais pátrios, diagnósticos e propostas de alguns aprimoramentos, assim como boas práticas do levantamento realizado, com votos de que sejam ampliadas, passa-se aos breves apontamentos conclusivos no atual *estado da arte*.

7 Considerações finais

Alguns dos dispositivos constantes na nova Lei de Licitações interligados à concretização do *dever de sustentabilidade* já constavam previstos na Lei nº 8.666/93. As determinações de contratação de mão de obra de vítimas de violência doméstica podem ser consideradas novidade em termos de previsão infraconstitucional específica, não

---

[51] Respectivamente: *meta 16.10* "assegurar o acesso público à informação e proteger as liberdades fundamentais, em conformidade com a legislação nacional e os acordos internacionais"; *meta 16.a* "Fortalecer as instituições nacionais relevantes, inclusive por meio da cooperação internacional, para a construção de capacidades em todos os níveis, em particular nos países em desenvolvimento, para a prevenção da violência (...) e *meta 16.b* "Promover e fazer cumprir leis e políticas não discriminatórias para o desenvolvimento sustentável". Todos também disponíveis em: https://brasil.un.org/pt-br/sdgs. Acesso em: 15 jul. 2022.

[52] Disponível em: https://brasil.un.org/pt-br/sdgs/17. Acesso em: 15 jul. 2022.

[53] Percentual disponível para análise, evidentemente, do controle externo a ser realizado pelos tribunais de contas.

obstante todas as diretrizes constitucionais a direcionar uma maior *equidade de gêneros* encontrarem-se insculpidas na Constituição Federal desde 1988 e já constassem em Cartas Constitucionais anteriores. De qualquer forma, prudente conceder um tempo para adaptação dos gestores, lapso temporal que os tribunais de contas deverão exercer seu papel pedagógico e também indutor da concretização de tais diretrizes em suas atuações administrativas, que deverão ser exemplares.

Mais uma vez, confirma-se que as contratações públicas deverão estar a serviço da sustentabilidade em suas múltiplas dimensões. Mais especificamente, afirma-se que as contratações públicas deverão estar a serviço de uma maior equidade de gêneros. No presente estudo, o ODS 12 (contratações sustentáveis), além de sua relevância por natureza, pode ser visualizado como um objetivo de sustentabilidade também instrumental, concedendo-se possibilidades extras de concretização do ODS 05, em especial algumas de suas metas (no texto que se encerra especificadas).

Sem maiores delongas, sucintamente, com os conhecimentos disponíveis, no atual *estado da arte*, respondem-se as reflexões propostas:

(1) O *dever fundamental de sustentabilidade* irradia diretrizes à Administração Pública, para além da dimensão ambiental/ecológica, com *v.g.* as dimensões social e ética, e dentre os vários *deveres de sustentabilidade* os gestores públicos têm a obrigação legal de efetivar a contratação de vítimas de violência de gênero (em um sentido mais amplo, que tem como espécie a violência doméstica).

(2) Foram destacados dispositivos constitucionais (*v.g.* leitura conjunta do preâmbulo, arts. 3º, 5º, 170, inc. VI e art. 225, todos da CRFB) e infraconstitucionais (*v.g.* §9º do art. 25 e inc. III do art. 60, ambos da Lei nº 14.133/21) para a realização de contratações públicas como políticas públicas a propiciar uma maior equidade de gêneros. Embora na Lei nº 14.133/2021, no art. 25, em seu §9º refira-se que o edital "poderá", na forma disposta em regulamento, exigir que percentual mínimo da mão de obra responsável pela execução do objeto da contratação seja constituído por (inciso I) "mulheres vítimas de violência doméstica", mediante a leitura constitucional do dispositivo, sustentou-se haver um *dever legal a ser seguido pelos gestores públicos e consequentemente fiscalizado pelos tribunais de contas* (que conjuntamente deverão desempenhar um papel indutor e pedagógico na concretização de tão importante dispositivo legal).

(3) Pode-se afirmar existir um *direito humano* à *sustentabilidade e equidade intra* e *intergeracional* e sob a perspectiva dos ODS 12 e 5 da Agenda 2030 da ONU, trata-se de um objetivo a ser implementado por vários países, que deverão atuar em rede. Além da atuação das Cortes de Contas junto a outras instituições com relevante papel na concretização do ODS 5 da Agenda 2030 da ONU (aliados, sem dúvida, aos Ministérios Públicos de Contas), deverão atuar de forma transterritorial, com apoio da INTOSAI, OLACEFS, dentre outros organismos internacionais, compartilhando conhecimentos e informações, mediante os vários instrumentos pertinentes (*v.g.* realização de auditorias operacionais e coordenadas).

(4) Os tribunais de contas do Brasil detêm papel essencial na implementação dos 17 ODS da Agenda 2030/ONU, nas suas atuações como gestores, também nas ações pedagógicas e de indução para uma maior concretização da sustentabilidade em suas várias dimensões, bem como na fiscalização do cumprimento de deveres legais e constitucionais interligados ao tema. Logo, os tribunais de contas, interligados entre si (*v.g. auditorias coordenadas nacionais e internacionais*), assim como aliados a outras instituições, deverão conscientizar e monitorar políticas públicas (de Estado e não meramente de governo e temporárias) que reduzam a violência de gênero e que promovam uma maior equidade de gêneros na presente e futuras gerações.

(5) Neste primeiro diagnóstico realizado, foram destacadas algumas boas práticas interligadas ao ODS 12 e ao ODS 5 da Agenda 2030/ONU, com ênfase nas atuações do Tribunal de Contas da União. Destacou-se, inclusive, a desejável atuação em rede e para além de fronteiras, como a auditoria coordenada sobre violência, organizada pelo Grupo de Trabalho sobre Igualdade de Gênero e não Discriminação (GTG) da OLACEFS,[54] que apresentará importante diagnóstico na América Latina e trará inspirações para uma atuação mais coesa e oxalá com resultados positivos a serem amplificados no que tange a uma maior *equidade de gênero* (rumo a uma efetiva *igualdade substancial de gêneros*). Conjuntamente, foram

---

[54] Disponível em: https://olacefs.com/gtg/wp-content/uploads/sites/12/2022/07/02-AC-PORT-Cronograma.pdf. Acesso em: 01 ago. 2022.

apresentados *cases* de contratações de vítimas de violência doméstica no setor público que serviram e servirão de inspiração ao legislador na regulamentação mais detalhada das novas diretrizes trazidas pela Lei de Licitações nº 14.133/21, dando sonoridade ao *dever de sustentabilidade* mediante a utilização das *contratações públicas como instrumento para uma maior equidade intra e intergeracional* e na contribuição da *erradicação da violência de gênero* (visualização mais ampla[55] que a prevista violência doméstica mencionada na nova Lei de Licitações).

Referências

AZEVEDO, Pedro Henrique Magalhães. Os tribunais de contas brasileiros e as licitações sustentáveis. *Fórum de Contratação e Gestão Pública*, Belo Horizonte, ano 12, n. 142, p. 42-57, out. 2013.

BAUMAN, Zygmunt. *Vida para consumo:* a transformação das pessoas em mercadoria. 1. ed. Rio de Janeiro: Zahar, 2008.

BECK, Ulrich. *Sociedade de risco*: rumo a uma outra modernidade. 2. ed. São Paulo: Ed. 34, 2011.

BERGER, Peter L.; LUCKMANN, Thomas. *A construção social da realidade:* tratado sobre sociologia do conhecimento. 34. ed. Petrópolis, Vozes, 2012.

BRASIL. Tribunal de Contas da União – TCU. Acórdão nº 2766/2019. Plenário, 2019. Disponível em: https: https://pesquisa.apps.tcu.gov.br/#/documento/acordao-completo/*/NUMACORDAO%253A2766%2520ANOACORDAO%253A2019/DTRELEVANCIA%2520desc%252C%2520NUMACORDAOINT%2520desc/0/%2520. Acesso em: 01 ago. 2022.

BRASIL. Tribunal de Contas da União – TCU. Acórdão nº 403/2013. Plenário, 2013. Disponível em: https://pesquisa.apps.tcu.gov.br/#/documento/acordao-completo/*/NUMACORDAO%253A403%2520ANOACORDAO%253A2013/DTRELEVANCIA%2520desc%252C%2520NUMACORDAOINT%2520desc/0/%2520.

BUSSINGUER, Elda *et al*. A licitação e a contratação pública como instrumentos para o enfrentamento da violência doméstica contra a mulher: uma proposta normativa para Estados e Municípios. https://red-idd.com/files/2021/2021GT01_005.pdf (Acesso em: 14 maio 22).

BIM, Eduardo Fortunato. Considerações sobre a juridicidade e os limites da licitação sustentável. *In:* SANTOS, Murillo Giordan; BARKI, Teresa Villac Pinheiro (coord.). *Licitações e contratações públicas sustentáveis*. Belo Horizonte: Fórum, 2011, p. 175-217.

---

[55] Nos termos, inclusive, adotado pela Lei nº 11.340/2006, na mesma linha do asseverado no Relatório do IPEA já em 2016, ao referir-se ao ODS nº 05 da Agenda da ONU/2030.

BLIACHERIS, Marcos Weiss; FERREIRA, Maria Augusta Soares de Oliveira (coord.). *Sustentabilidade na administração pública*: valores e práticas de gestão socioambiental. 1. ed. Belo Horizonte: Fórum, 2012.

BLIACHERIS, Marcos Weiss. Licitações Sustentáveis: Política Pública. *In*: SANTOS, Murillo Giordan; BARKI, Teresa Villac Pinheiro (coord.). *Licitações e contratações públicas sustentáveis*. Belo Horizonte: Fórum, 2011.

BLIACHERIS, Marcos Weiss. A sustentabilidade no Regime Diferenciado de Contratações Públicas. *In*: VILLAC, Teresa; BLIACHERIS, Marcos Weiss; SOUZA, Lilian Castro. *Panorama de Licitações Sustentáveis*: Direito e Gestão Pública. Minas Gerais: Fórum, 2014, p. 87 e ss.

BOFF, Leonardo. *Saber cuidar*: ética do humano – compaixão pela terra. Edição digital. Petrópolis: Vozes, 2017.

BOSSELMANN, Klaus. *The principle of sustainability. Transforming Law and governance*, Ashgate, 2008.

BOSSELMANN, Klaus. *O princípio da sustentabilidade:* Transformando direito e governança. Tradução: Phillip Gil França. São Paulo: Revista dos Tribunais, 2015.

CANOTILHO, J. J. Gomes. Sustentabilidade – um romance de cultura e de ciência para reforçar a sustentabilidade democrática. *Boletim da Faculdade de Direito – Universidade de Coimbra*, n. 88, v. 53, Tomo I, p. 1-11, 2012.

CARLOWITZ, H. C. Von. *Sylvicultura oeconomica. Anweisung zur wilden Baum-Zucht* (Leipzig, repr. Freiberg, TU Bergakademie Freiberg und Akademische Buchhandlung, 2000.

COMISSÃO MUNDIAL SOBRE MEIO AMBIENTE E DESENVOLVIMENTO. Relatório Nosso Futuro Comum. 2. ed. Rio de Janeiro: Editora da Fundação Getúlio Vargas, 1991.

COSTA, Carlos Eduardo Lustosa. As licitações sustentáveis na ótica do controle externo. *Interesse Público – IP*, Belo Horizonte, ano 14, n. 71, p. 243-278, jan./fev. 2012.

CUNDA, Daniela Zago G. da; VILLAC, Tereza. Contratações Públicas Sustentáveis e a Atuação da Advocacia Pública e dos tribunais de contas: um "Apelo á Última Geração". *In*: WARPECHOWSKI, Ana; GODINHO, Heloisa; IOCKEN, Sabrina (coord.). *Políticas Públicas e os ODS da Agenda 2030*. 1. ed. Belo Horizonte: Fórum, 2021, v.1, p. 383-400.

ROSARIO, A. C. T.; CUNDA, Daniela Zago G. da. Sub-representação feminina na música. PER MUSI (UFMG), v. 42, p. 1-20, 2022. Disponível em: https://periodicos.ufmg.br/index. php/permusi/article/view/36925.

CUNDA, Daniela Zago Gonçalves da. *Controle de sustentabilidade pelos tribunais de contas.* 2016. Tese (Doutorado em Direito) – Faculdade de Direito, Pontifícia Universidade Católica do Rio Grande do Sul, Rio Grande do Sul, 2016.

CUNDA, Daniela Zago Gonçalves da. Controle de sustentabilidade pelos tribunais de contas: proposta de marco legal a ser utilizado no controle externo concretizador da sustentabilidade ambiental. *Revista Interesse Público*, Belo Horizonte, ano 18, n. 96, mar./abr. 2016.

CUNDA, Daniela Zago Gonçalves da. Controle de sustentabilidade pelos tribunais de contas e a necessária ênfase à dimensão ambiental. *In*: MIRANDA, Jorge; GOMES, Carla Amado; PENTINAT, Susana Borràs (coord.). *Diálogo Ambiental, Constitucional e Internacional*. Volume 10, E-Book Internacional (ISBN: 978-989-8722-42-3). Lisboa: Faculdade de Direito da Universidade de Lisboa (CJP e CIDP), abril de 2020, p. 293-341.

CUNDA, Daniela Zago Gonçalves da; BLIACHERIENE, Ana Carla. Controle externo planetário e 4.0 para uma maior eficiência energética sob a perspectiva dos Objetivos de Desenvolvimento Sustentável da Agenda 2030 da ONU. *In:* MIRANDA, Jorge; GOMES, Carla Amado; QUEIROZ, Bleine (coord.). *Diálogo Ambiental, Constitucional e Internacional*. Volume 17, E-Book Internacional. Lisboa: Faculdade de Direito da Universidade de Lisboa (CJP e CIDP), 2022 (no prelo, aceito para publicação).

CUNDA, Daniela Zago G. da. Um diálogo pautado nos ODS instrumentais da Agenda 2030 da ONU *In:* II *Meeting of Researchers in Law and Sustainability* – Propositions and Debates., 2021, Itajaí - SC. Anais do II Meeting of Researchers in Law and Sustainability – Propositions and. Itajaí - SC: Editora da Univali, 2021. v.1. p. 107-111.

CUNDA, Daniela Zago Gonçalves da. Controle de Sustentabilidade Fiscal pelos tribunais de contas: tutela preventiva da responsabilidade fiscal e a concretização da solidariedade intergeracional, *In:* LIMA, Luiz Henrique; SARQUIS, Alexandre (coord.). *Contas Governamentais e Responsabilidade Fiscal:* desafios para o controle externo. Estudos de Ministros e Conselheiros Substitutos dos tribunais de contas. Belo Horizonte: Fórum, 2017.

CUNDA, Daniela Zago G. da. Controle de Políticas Públicas pelos tribunais de contas: Tutela da efetividade dos direitos e deveres fundamentais. *Revista Brasileira de Políticas Públicas*, Brasília: UniCEUB, vol. 01, 2010.

FERES JÚNIOR, J.; CAMPOS, L.A.; DAFLON, V.T.; VENTURINI, A.C. Ação afirmativa: conceito, história e debates [online]. Rio de Janeiro: EDUERJ, 2018, 190 p. Sociedade e política collection. ISBN: 978-65-990364-7-7. https://doi.org/10.7476/9786599036477.

FREITAS, Juarez. *Sustentabilidade*: direito ao futuro. 3. ed. Belo Horizonte: Fórum, 2016.

GOMES, Carla Amado. *Risco e Modificação do Acto Autorizativo Concretizador de deveres de Protecção do Ambiente*. Coimbra: Coimbra Editora, 2007 (versão Ebook).

GOMES, Carla Amado. *Introdução do Direito do Ambiente*, 2. ed. AAFDL, 2014.

GOMES, Carla Amado. *Sustentabilidade ambiental*: missão impossível? Publicações da FDUL/ICJP, maio 2014. Disponível em: http://www.icjp.pt/sites/default/files/papers/palmas-sustentabilidade.pdf.

IOCKEN, Sabrina. *Controle compartilhado das políticas públicas*. 1. ed. Belo Horizonte: Fórum, 2018.

IOCKEN, Sabrina; MACHADO, Luciane Beiro de Souza. A (Re) construção social da identidade feminina: desafios dos TCs na implementação do ODS5. *Revista Resenha Eleitoral*, Florianópolis, v. 23, n. 1, p. 71-88, 2019. Disponível em: https://revistaresenha.emnuvens.com.br/revista/article/view/16. Acesso em: 01 ago. 2022.

JONAS, Hans. *O princípio responsabilidade*: ensaio de uma ética para a civilização tecnológica. Rio de Janeiro: Contraponto, Ed. da PUC Rio, 2006.

KAHL, Wolfgang. *Nachhaltigkeit als Verbundbergriff*. Tübingen: Mohr Siebeck, 2008.

MEDEIROS, Fernanda Fontoura. *Meio Ambiente. Direito e dever fundamental*. Porto Alegre: Livraria do Advogado, 2004.

NABAIS, José Casalta. A face oculta dos direitos fundamentais: os deveres e os custos dos direitos. *Revista da AGU*. Brasília, n. especial, p. 73-92, jun. 2002.

NABAIS, José Casalta; TAVARES DA SILVA, Suzana. *Sustentabilidade Fiscal em Tempos de Crise*. Coimbra: Almedina, 2011.

RACKETE, Carola. É *Hora de Agir*: um apelo à ultima geração. Colaboração de Anne Weiss: tradução Augusto Paim; apresentação Eliane Brum. 1. ed. Porto Alegre: Arquipélago, 2020.

RAWLS, John. *Uma teoria da justiça*. 2. ed. São Paulo: Martins Fontes, 2002.

REAL FERRER, Gabriel. La solidariedad en derecho administrativo. *Revista de Administración Pública (RAP)*, n. 161, mayo-agosto 2003. Disponível no site: https://dialnet.unirioja.es/descarga/.../721284.pdf. Acesso em: janeiro 2021.

REZENDE; Henrique Martinelli. A sustentabilidade nos programas de avaliação da conformidade do INMETRO. *In*: BLIACHERIS; FERREIRA (coord.). *Sustentabilidade na Administração Pública*: valores e práticas de gestão socioambiental, p. 237 e ss.

RIBEIRO, Wagner Costa (org.). *Rumo ao pensamento crítico socioambiental*. 1. ed. São Paulo: Annablume, 2010.

SACHS, Ignacy. *Caminhos para o Desenvolvimento Sustentável*. 3. ed. Rio de Janeiro: Ed. Garamond, 2008.

SACHS, Ignacy. *Estratégias de Transição para do século XXI* – desenvolvimento e Meio Ambiente. São Paulo: Studio Nobel – Fundação para o desenvolvimento administrativo, 1993.

SARAIVA, Rute Neto Cabrita e Gil. *A Herança de Quioto em Clima de Incerteza*: Análise Jurídico-Económica do Mercado de Emissões num Quadro de Desenvolvimento Sustentado, p. 195 e ss.

SARLET, Ingo Wolfgang. *A Eficácia dos Direitos Fundamentais*. 10. ed. Porto Alegre: Livraria do Advogado, 2009.

SARLET, Ingo Wolfgang; FENSTERSEIFER, Tiago. *Direito Constitucional Ambiental*. São Paulo: Revista dos Tribunais, 2011.

SARLET, Ingo Wolfgang; FENSTERSEIFER, Tiago. *Princípios do direito ambiental*. São Paulo: Saraiva, 2014.

SARLET, Ingo Wolfgang; FENSTERSEIFER, Tiago. *Direito ambiental*: Introdução, Fundamentos e Teoria Geral. São Paulo: Saraiva, 2014.

SCARTEZINI, Ketlin Feitosa de Albuquerque Lima. *A efetividade das políticas públicas sustentáveis adotadas pelo Poder Judiciário brasileiro à luz da Resolução CNJ nº 201/2015*. Dissertação (Mestrado em Administração Pública) – Instituto Brasiliense de Direito Público. Orientadora: Suely Mara Vaz Guimarães de Araújo. Brasília, 2019. Disponível em: https://repositorio.idp.edu.br/handle/123456789/2561.

SECCHI, Leonardo. *Políticas públicas*: conceitos, esquemas de análise, casos práticos. 2. ed. São Paulo: Cengage Learning, 2013.

SEN, Amartya. *Desenvolvimento como liberdade*. São Paulo: Companhia das Letras (edição do Kindle p. 20).

SILVA, Ildete Regina Vale da; BRANDÃO, Paulo de Tarso. *Constituição e fraternidade*: o valor normativo do preâmbulo da Constituição. Curitiba: Juruá, 2015.

SILVA, Jorge Pereira da. Breve ensaio sobre a protecção constitucional das gerações futuras, in *Em homenagem ao Prof. Doutor Diogo Freitas do Amaral*, Coimbra, 2010, p. 459 e ss.

SOUZA, C. Políticas Públicas: uma revisão da literatura. Dossiê Sociedade e Políticas Públicas, 2006. *In:* https://www.scielo.br/j/soc/a/6YsWyBWZSdFgfSqDVQhc4jm/?lang=pt. Acesso em: 29 jul. 2022.

SOUZA, Maria Cláudia Antunes de (org.). *Sociedade de consumo e a multidisciplinariedade da sustentabilidade*. 1. ed. Rio de Janeiro: Lumen Juris, 2019.

TERRA, Luciana M. J.; CSIPAI, Luciana Pires; UCHIDA, Mara Tieko. Formas práticas de implementação das licitações sustentáveis: três passos para a inserção de critérios socioambientais nas contratações públicas. *In:* SANTOS, Murillo Giordan; BARKI, Teresa Villac Pinheiro (coord.). *Licitações e contratações públicas sustentáveis*. Belo Horizonte: Fórum, 2011, p. 219-245.

VILLAC, Teresa. *Licitações sustentáveis no Brasil*. 2. ed. digital. Belo Horizonte: Fórum, 2020.

VILLAC, Teresa; BESSA, Fabiane Lopes Bueno Netto; DOETZER, Gisele Duarte (coord.). *Gestão pública brasileira:* inovação sustentável em rede. 1. ed. Belo Horizonte: Fórum, 2020.

WEISS, Edith Brown. Our rights and obligations to future generations for the environment. *In:* what obligations does our generation owe to the next? An approach to global environmental responsibility. *AJIL*, v. 94, p. 198 e ss., 1990.

WEISS, Edith Brown. *In fairness to future generations: International Law, common patrimony and intergenerational equity*, 1989. Tokyo, Japan: The United Nations University e New York: Transnational Publishers.

Informação bibliográfica deste texto, conforme a NBR 6023:2018 da Associação Brasileira de Normas Técnicas (ABNT):

CUNDA, Daniela Zago Gonçalves da; RAMOS, Letícia Ayres; BLIACHERIENE, Ana Carla. Contratações públicas como instrumento de concretização do *dever de sustentabilidade* e dos ODS 5 e 12 da Agenda da ONU para 2030: a contratação de vítimas de violência de gênero como uma boa prática a ser ampliada. *In:* LIMA, Luiz Henrique; CUNDA, Daniela Zago Gonçalves da; GODINHO, Heloísa Helena Antonacio Monteiro (coord.). *Controle externo e as mutações do Direito Público*: licitações e contratos – Estudos de ministros e conselheiros substitutos dos tribunais de contas. Belo Horizonte: Fórum, 2023. p. 91-119. ISBN 978-65-5518-502-7.

A LICITAÇÃO E A CONTRATAÇÃO DE SOLUÇÕES INOVADORAS DA LEI COMPLEMENTAR Nº 182/2021: UM PANORAMA DESAFIADOR AO CONTROLE EXTERNO BRASILEIRO

JAQUELINE JACOBSEN MARQUES
ADRIANO DA SILVA FELIX

1 Introdução

Nas últimas décadas, a sociedade contemporânea tem vivenciado intensos impactos resultantes da extraordinária evolução das tecnologias, especialmente as com poder computacional, tão significativa que resultou no que muitos teóricos classificam como a nova revolução industrial nesta era de transformação digital.

Pois bem. Essa exponencialidade do desenvolvimento tecnológico atual resulta na urgente necessidade de inovação na Administração Pública para a constante busca do interesse coletivo dos usuários de bens e serviços públicos da sociedade contemporânea.

Para tanto, o Poder Legislativo brasileiro, nos últimos anos, em que pese em resposta tardia à velocidade das inovações, produziu algumas leis voltadas a incentivar o progresso tecnológico e digital no setor privado e, mais recentemente, no âmbito da própria Administração Pública.

Desse modo, o tema da pesquisa que resultou neste trabalho é o Direito da Inovação e das *Startups* aplicado à função administrativa brasileira.

O problema científico ora pesquisado, por sua vez, delimita-se no questionamento sobre quais seriam os desafios e condições de possibilidade, quanto às funções do controle externo de contas, em face das inovações advindas da nova modalidade de licitação e contratação pública decorrentes da Lei Complementar nº 182/2021.

No que concerne à metodologia utilizada, a pesquisa utilizou-se dos procedimentos das pesquisas bibliográfica e documental e, no que tange aos seus objetivos, aplicou o método descritivo para a compreensão do fenômeno jurídico em exame.

Para tanto, inicialmente este trabalho pretende elucidar os conceitos e características do ecossistema das *startups* e do empreendedorismo inovador, inclusive seus processos, métodos e ciclos de inovação, pré-compreensão essencial para entender a teleologia da legislação pertinente e sua finalidade social.

Em sequência, mediante interpretação sistemática, será apresentada minuciosa descrição de enunciados normativos que dispõem sobre a inovação e *startups* para, então, analisar a modalidade especial de licitação e de contratação pública de soluções inovadoras, previstas na Lei Complementar nº 182/2021.

Quanto a esse intento, a novidade legislativa em comento será também comparada com a licitação do diálogo competitivo e o procedimento de manifestação de interesse, ambos da Lei nº 14.133/2021, a fim de se identificar semelhanças, diferenças e até mesmo se houve ab-rogação ou derrogação, tácita ou expressa, perante o Marco Legal das *Startups*.

Posteriormente, serão discutidas as soluções ao problema da pesquisa, no que concerne à identificação ou não dos desafios e das condições de possibilidades para o controle externo, especialmente no que concerne à licitação e à contratação pública de soluções inovadoras.

Assim, o objetivo final da pesquisa é sistematizar o microssistema do direito à inovação e das *startups* aplicado à função administrativa, mais especificamente quanto aos pressupostos para o fornecimento de bens e serviços públicos, e levantar questionamento e respostas para o controle externo de contas com o intuito de colaborar com as discussões, ainda iniciais, sobre as importantes e pertinentes repercussões, ao setor público, decorrentes do denominado Marco Legal das *Startups*.

2 O peculiar ecossistema do empreendedorismo inovador e das *startups*

O intenso desenvolvimento da tecnologia, ao final do século XX e início do século XXI, permeado por novos modelos de negócio mediante o uso da internet, criou contexto propício para que pequenas empresas inovadoras alcançassem, em tempo relativamente curto de existência, escalabilidade e lucro muito acima do então obtido pela indústria analógica tradicional (FEIGELSON; NYBO; FONSECA, 2018, p. 18).

Essas empresas emergentes, geralmente da área tecnológica ou digital, passaram a receber a alcunha de *startups* e se caracterizam por empreendimentos que se iniciam com poucos recursos e intentam lançar ao mercado um novo produto, serviço ou processo repetível e escalável (GREGÓRIO; ZANONI, 2019, p. 27), sob condições de extrema incerteza (RIES, 2019a, p. 15).

Em decorrência do uso da tecnologia de *softwares* necessitam muito mais de uma equipe de especialistas em programação, *design*, *marketing* e vendas, do que muito investimento pecuniário inicial, o que confere mais facilidade de alcançar a escalabilidade por não demandar matéria-prima física do mesmo modo que um empreendimento tradicional analógico; o objeto, a ser comercializado pelas *startups*, geralmente baseia-se ou parte de algo digital, normalmente um aplicativo, a exemplo do *Facebook, Instagram, Airbnb, Uber, 99táxi, Google, TikTok, Twitter* e *Kawaii*.

Nesse sentido, Gregório *et al.* (2019, p. 43-44) enfatizam:

> A rápida expansão do ecossistema global de inovação, centrado no surgimento de startups, tem gerado novos modelos de negócio que colocam em xeque formas tradicionais de entrega de serviços. Baseada em ideias criativas e aplicativos elegantes, startups tais como 99Táxis, voltada para agilização da solicitação de táxis, Airbnb, dedicada ao aluguel de acomodações particulares e Uber centrada no uso de carros comuns para realização de deslocamentos, previamente acertados, só para citar três delas, em prazo bastante curto, tornaram-se referências nos respectivos segmentos. Tais como estes, diversos modelos de negócio até aqui desconhecidos certamente surgirão nos próximos anos *trazendo para os governos um novo e estratégico foco de atenção, que envolverá questões regulatórias, tributárias, e vinculadas à formulação de políticas públicas de incentivo, entre outras.* (grifo nosso)

Além da forte relação com a tecnologia digital, uma peculiaridade intrínseca às *startups* é o seu característico *ciclo de vida*. Uma vez que se iniciam com poucos recursos, as *startups* sempre buscam lançar uma inovação através de um ciclo que pode ser resumido nas seguintes fases (FEIGELSON; NYBO; FONSECA, 2018, p. 30):

a) Ideação: a ideia do produto, serviço ou processo, geralmente levantada pelos próprios fundadores.
b) Design: O *design* do produto, serviço ou processo.
c) MVP: A delimitação de um mínimo produto viável (MVP) para ser testado no mercado.
d) Teste mercadológico do MVP: o qual poderá validar a ideia ou resultar no que se denomina de pivotar (retroceder para refazer a ideia ou o MVP).
e) Escalabilidade: obtendo-se sucesso na fase de testes, lança-se o produto ao mercado, para o máximo número possível de usuários.
f) Consolidação com vendas e clientes recorrentes: Alcançando este sucesso, a *startup* poderá ser vendida ou poderá adquirir concorrentes e ou mais investimentos para se fortalecer no mercado.

Tal ciclo de vida adéqua-se ao objetivo das *startups*, conforme asseverado por Ries (2019b, p. 25), o qual é "[...] descobrir, o mais rápido possível, o produto certo a ser desenvolvido – aquilo que os clientes vão desejar e pelo qual vão pagar".

Nesse sentido, Oioli (2019, edição Kindle, posição 303-304) esclarece:

> [...] a busca pela inovação também marca fortemente a cultura das startups, por meio da formação de um ambiente propício para a criação (o que, em regra, é muito mais difícil em estruturas rigidamente hierarquizadas e profícuas em criação de regras para controle da atividade de seus colaboradores e pelos altos custos de implementação, sobretudo em empresas de base tecnológica). Isso enfatiza a necessidade de captação de recursos de investidores e também o seu uso racional, a partir da criação de *protótipos* (os *minimum viable productcs* ou *MVP*) *para testar a viabilidade da ideia pelo mercado e fazer os ajustes necessários*. É interessante notar que, nesse contexto, *as startups se notabilizam pelos processos empíricos de desenvolvimento de ideias e produtos, por meio da aplicação de testes, coleta e análise de dados*. (grifos nossos)

Ressalta-se que o usuário-cliente costuma ser o centro do ciclo de vida das *startups*, conforme bem esclarecem Salvador e Castello (2020, p. 32-33):

> [...] Novamente, a resposta não é apenas que esses negócios usam mais ferramentas digitais ou que seus fundadores são mais familiarizados com tecnologia. Em primeiro lugar, desde sua fundação, eles entendem as necessidades do cliente e têm um processo de desenvolvimento de produtos diferente da maioria das grandes empresas. [...] Seu conceito mais relevante é a obsessão pelo cliente, a grande mudança trazida pelas

startups. Elas absorvem o máximo de insights possível sobre a dor e o comportamento dos consumidores que querem atingir e procuram adaptar o produto às necessidades descobertas. Testam rápido, implementam rápido e corrigem a rota rápido, sempre que necessário. [...]

Desse modo, no processo de tentativa e erro das *startups*, o foco a guiar seus fundadores deve ser a empatia com os usuários, uma vez que, provavelmente, o plano inicial poderá mudar e, para se buscar o sucesso, a adaptabilidade necessita enfatizar o que os clientes realmente almejam e precisam (LIVINGSTON, 2007, p. 181-182).

E, para viabilizar o empreendedorismo das *startups*, é importante que se tenha um ecossistema favorável que propicie inovação, tecnologias necessárias, conhecimento, capital humano, redes de relacionamentos, investimentos, legislação e políticas públicas favoráveis (FEIGELSON; NYBO; FONSECA, 2018, p. 44-45).

No que concerne à legislação e às políticas públicas, conforme será demonstrado neste texto, apenas recentemente o Estado brasileiro se esforçou para criar ambiente propício ao desenvolvimento das *startups*.

A seguir, será abordada a importância do *design* de experiência do usuário para a solução de problemas, complexos e tecnológicos, que fazem parte do cotidiano das *startups* durante seus ciclos iterativos de vida.

3 O *design* de experiência do usuário (*ux design*) nas soluções de problemas complexos e tecnológicos

Inicialmente, para afastar corriqueiro erro de percepção do senso comum, destaca-se que o *design* não é sinônimo de desenho ou forma estética.

Design é uma atividade profissional voltada à concepção e desenvolvimento de produtos, serviços ou processos com o objetivo de atender às necessidades dos usuários (HSUAN-AN, 2017, p. 34).

Sobre o equívoco de se confundir o *design* com a forma estética, Borges (2002, p. 46) apresenta, de forma pedagógica, feliz analogia sobre a produção de um bolo:

> Não é uma maquiagem superficial, nem um enfeite que se acrescenta quando o produto está pronto, o chantilly ou a cereja em cima do bolo. Design tem a ver com o bolo todo: a farinha que será usada, o jeito de juntar e mexer os ingredientes, o tempo e a temperatura do forno, o

sabor, quantos e quais recheios serão usados, e como ele será montado e decorado ao final. É, *portanto, um processo de concepção integral dos produtos*. (grifo nosso)

Nesse sentido, Cardoso (2016, p. 169) elucida que "[...] pode-se dizer que o *design* é um campo essencialmente híbrido que opera a junção entre corpo e informação, entre artefato, usuário e sistema".

Pois bem. Nos últimos anos, em decorrência da peculiar necessidade das *startups*, um *design* com especial metodologia ágil, centrada no usuário, surgiu como ferramenta essencial, o denominado *design de experiência do usuário* ou, em inglês, sob a sigla *UX (User eXperience)*.

Quanto ao estrangeirismo, Teixeira (2014, edição Kindle, posição 193 e 200) clarifica:

> Apesar do estrangeirismo que deu origem à sigla UX (User eXperience), o termo é bem mais simples do que parece. Experiência do usuário. Experiência de quem usa. No decorrer do dia, nos tornamos "usuários" de uma porção de coisas. O alarme do celular que nos acorda de manhã, a cadeira, o carro, o controle remoto do ar condicionado, o Facebook, os talheres, o caixa eletrônico, o computador no trabalho, o copo de cerveja – objetos e produtos, digitais ou não, que são "usados" por pessoas e que são projetados para cumprir alguma função. O alarme para nos acordar, o caixa eletrônico para fazer transações financeiras, a cadeira para descansar. [...] A experiência do usuário existe desde que o mundo é mundo. Ou melhor, desde que as pessoas começaram a "usar" objetos para realizar alguma tarefa.

Ressalta-se que a função do *UX Design* não é apenas encontrar a melhor solução para os seus usuários, mas, primeiramente, definir o problema a ser resolvido; para quem esse problema necessita ser solucionado e qual o caminho a percorrer para resolver o problema (HESS *apud* TEIXEIRA, 2014, edição Kindle, posição 214).

Em sequência, o *UX Designer* buscará definir como os usuários irão interagir com o produto, processo ou serviço; quais tarefas conseguirão realizar e qual a ordem em que deverão ser a ele apresentadas, de modo a alcançar a *usabilidade*, ou seja, a facilidade de utilização da inovação (TEIXEIRA, 2014, edição Kindle, posição 228 e 244).

Don Norman (2013, p. 7-8), um dos precursores do *UX Design*, elucida:

> E cada nova invenção de tecnologia ou técnica de interação requer experimentação e estudo antes que os princípios do bom design

possam ser totalmente integrados à prática. Então, sim, as coisas estão melhorando, mas como resultado, os desafios estão sempre presentes. A solução é o design centrado no ser humano (DCH), uma abordagem que coloca as necessidades, capacidades e comportamento humanos em primeiro lugar, e depois projeta para acomodar essas necessidades, capacidades e formas de comportamento. Um bom design começa com uma compreensão da psicologia e da tecnologia. Um bom design requer uma boa comunicação, especialmente de máquina para pessoa, indicando quais ações são possíveis, o que está acontecendo e o que está prestes a acontecer.[1] (Tradução livre)

E sobre a importância de se colocar o usuário no centro do processo de *design*, no lugar de se girar em torno da visão do empreendedor ou do *designer* (KLEIN, 2018, edição Kindle, posição 194), Lowdermilk (2019, p. 20) esclarece:

> É razoável dizer que a prática do design centrado no usuário garante que sua aplicação mantenha uma boa usabilidade. É esta a questão principal! Ao colocar os usuários no centro de seu processo de desenvolvimento, você eliminará a ambiguidade e chegará ao ponto central de suas necessidades.

Nesse contexto, Laura Klein (2018, p. 194) assevera:

> Em outras palavras, não assumimos que sabemos o que o usuário deseja. Fazemos entrevistas e pesquisas com clientes para desenvolver uma hipótese sobre o que um cliente pode querer e, em seguida, testamos essa hipótese de várias maneiras para ver se estávamos certos. E continuamos fazendo isso toda vez que fazemos uma alteração no produto.[2] (Tradução livre)

---

[1] "And each new invention of technology or interaction technique requires experimentation and study before the principles of good design can be fully integrated into practice. So, yes, things are getting better, but as a result, the challenges are ever present. The solution is human-centered design (HCD), an approach that puts human needs, capabilities, and behavior first, then designs to accommodate those needs, capabilities, and ways of behaving. Good design starts with an understanding of psychology and technology. Good design requires good communication, especially from machine to person, indicating what actions are possible, what is happening, and what is about to happen." In: NORMAN, Don. *The design of everyday things*. Basic Books. Edição do Kindle. Nova Iorque: Basic Books, 2013; p. 7-8.

[2] "In other words, we don't assume that we know what the user wants. We do customer interviews and research in order to develop a hypothesis about what a customer might want, and then we test that hypothesis in various ways to see if we were right. And we keep doing that every time we make a change to the product." In: KLEIN, Laura. *UX for lean startups: faster, smarter user experience research and design*. Edição do Kindle. Sebastopol: O'Reilly Media, 2018; posição 194.

Assim, denota-se que o *UX Design* é essencial ao ciclo de vida das *startups* e, inclusive, é um processo que pode ser aplicado até mesmo em grandes organizações privadas e na Administração Pública em busca da inovação para a solução de problemas complexos, em atendimento aos reais interesse e necessidade dos usuários.

4 Panorama da evolução do conceito legal de inovação e do direito das *startups* na legislação brasileira

Em que pese muitos doutrinadores não recomendarem, o Poder Legislativo brasileiro preferiu criar conceitos legais para o verbete "inovação". Destaca-se que a delimitação do seu sentido jurídico é requisito para a obtenção de certos benefícios tributários e societários, bem como para a aplicação de normas especiais de licitação e contratações públicas inovadoras.

Mas antes de se abordar o histórico da evolução do conceito legal de inovação e, em sequência, do direito das *startups*, já que este decorre da resposta do Estado à busca pela inovação empreendedora, faz-se necessário delimitar os sentidos extrajurídicos do conceito para fins de pré-compreensão do verbete e posterior comparação com os sentidos utilizados pela legislação brasileira.

A etimologia do verbete *inovação* vem do latim *innovatio* e, segundo o dicionário Michaelis da língua portuguesa, destacam-se as seguintes definições:

> 1 Ato ou efeito de inovar.
> 2 Tudo que é novidade; coisa nova.
> 3 Introdução de palavra, elemento ou construção nova em uma língua inexistente ou na língua-mãe.[3]

Por outro lado, no âmbito do desenvolvimento econômico, sobressai o *Manual de Oslo da OCDE* (Organização para a Cooperação e Desenvolvimento Econômico), uma vez que apresenta não só uma proposta conceitual, mas também "[...] o objetivo de orientar e padronizar conceitos, metodologias e construção de estatísticas e indicadores de pesquisa de P&D de países industrializados" (OECD, 2005, p. 9).

---

[3] INOVAÇÃO. *In: MICHAELIS*: Dicionário Brasileiro da língua portuguesa. São Paulo: Melhoramentos, 2022. Disponível em: https://michaelis.uol.com.br/busca?r=0&f=0&t=0&palavra=inova%C3%A7%C3%A3o. Acesso em: 22 abr. 2022.

O Manual de Oslo, em sua 4ª edição, assim define o conceito de inovação:

> *Uma inovação é um produto ou processo novo ou aperfeiçoado (ou a combinação de ambos) que difere, significativamente, de produtos ou processos anteriores de uma unidade e que foi disponibilizada para usuários em potencial (produto) ou colocada em uso pela unidade (processo).*[4] (Tradução livre) (grifo nosso)

Pois bem. Após essa prévia delimitação extrajurídica da terminologia "inovação", passa-se à evolução da legislação brasileira quanto ao conceito do termo, da qual se destaca, historicamente, a enxuta definição prevista no texto original do artigo 2º, IV, da *Lei nº 10.973/2004* (dispõe sobre incentivos à inovação e à pesquisa científica e tecnológica no ambiente produtivo e dá outras providências):

> *IV - inovação: introdução de novidade ou aperfeiçoamento no ambiente produtivo ou social que resulte em novos produtos, processos ou serviços;* (BRASIL, 2004) (grifo nosso)

Denota-se que o conceito legal acima aborda também o aperfeiçoamento como tipo de inovação e, ainda, além de produtos e processos, acrescenta também serviços, sendo, portanto, mais abrangente do que o supracitado conceito extrajurídico do Manual de Oslo.

Nesse sentido, ressalta-se também o conceito de inovação nos termos do artigo 17, §1º, da *Lei nº 11.196/2005* (esta lei, conhecida como "Lei do Bem", dispõe, dentre outros temas, sobre incentivos fiscais para a inovação tecnológica):

> Art. 17. A pessoa jurídica poderá usufruir dos seguintes incentivos fiscais:
> [...]
> *§1º Considera-se inovação tecnológica a concepção de novo produto ou processo de fabricação, bem como a agregação de novas funcionalidades ou características ao produto ou processo que implique melhorias incrementais e efetivo ganho de qualidade ou produtividade, resultando maior competitividade no mercado.* (BRASIL, 2005) (Grifo nosso)

---

[4] "*An innovation is a new or improved product or process (or combination thereof) that differs significantly from the unit's previous products or processes and that has been made available to potential users (product) or brought into use by the unit (process).*" OECD. Oslo Manual 2018: guidelines for collecting, reporting and using data on innovation. 4. ed. Paris: EUROSTAT, 2018; p. 20. Disponível em: https://read.oecd-ilibrary.org/science-and-technology/oslo-manual-2018_9789264304604-en#page22. Acesso em: 23 abr. 2022.

Posteriormente, a *Lei Complementar nº 123/2006* (Estatuto Nacional da Microempresa e da Empresa de Pequeno Porte) apresentou um capítulo específico sobre o estímulo à inovação e que, também, veicula conceito idêntico ao da Lei do Bem, conforme grifado a seguir:

> Art. 64. Para os efeitos desta Lei Complementar nº considera-se:
> I - *inovação: a concepção de um novo produto ou processo de fabricação, bem como a agregação de novas funcionalidades ou características ao produto ou processo que implique melhorias incrementais e efetivo ganho de qualidade ou produtividade, resultando em maior competitividade no mercado;* (BRASIL, 2006) (grifo nosso)

Em sequência, no âmbito da evolução do conceito legal citado, é importante destacar também certos enunciados normativos por formarem, em conjunto, um *microssistema brasileiro do direito* à *inovação*.

Assim, no que concerne à inovação digital, ou seja, aquela desenvolvida por intermédio da internet, sobressai a *Lei nº 12.965/2014*, conhecida como *Marco Civil da Internet no Brasil*, da qual se destacam os seguintes enunciados:

> Art. 4º *A disciplina do uso da internet no Brasil tem por objetivo a promoção*:
> [...]
> III - *da inovação* e do fomento à ampla difusão de novas tecnologias e modelos de uso e acesso; e
> [...]
> Art. 24. Constituem diretrizes para a atuação da União, dos Estados, do Distrito Federal e dos Municípios no desenvolvimento da internet no Brasil:
> [...]
> VII - otimização da infraestrutura das redes e estímulo à implantação de centros de armazenamento, gerenciamento e disseminação de dados no País, *promovendo a* qualidade técnica, a *inovação* e a difusão das aplicações de internet, sem prejuízo à abertura, à neutralidade e à natureza participativa; (BRASIL, 2014a) (grifo nosso)

Ademais, no âmbito da educação, as metas previstas no *Anexo único da Lei nº 13.005/2014* também incentivam expressamente a inovação, conforme se depreende dos seguintes itens normativos selecionados:

> Meta 12: elevar a taxa bruta de matrícula na educação superior para 50% (cinquenta por cento) e a taxa líquida para 33% (trinta e três por cento)

da população de 18 (dezoito) a 24 (vinte e quatro) anos, assegurada a qualidade da oferta e expansão para, pelo menos, 40% (quarenta por cento) das novas matrículas, no segmento público.
Estratégias:
[...]
12.14) mapear a demanda e fomentar a oferta de formação de pessoal de nível superior, destacadamente a que se refere à formação nas áreas de ciências e matemática, considerando as necessidades do desenvolvimento do País, a *inovação* tecnológica e a melhoria da qualidade da educação básica;
[...]
12.21) fortalecer as redes físicas de laboratórios multifuncionais das IES e ICTs nas áreas estratégicas definidas pela política e estratégias nacionais de ciência, tecnologia e *inovação*.
[...]
Meta 14: elevar gradualmente o número de matrículas na pós-graduação stricto sensu , de modo a atingir a titulação anual de 60.000 (sessenta mil) mestres e 25.000 (vinte e cinco mil) doutores.
Estratégias:
[...]
14.11) ampliar o investimento em pesquisas com foco em desenvolvimento e estímulo à *inovação*, bem como incrementar a formação de recursos humanos para a *inovação*, de modo a buscar o aumento da competitividade das empresas de base tecnológica;
[...]
14.14) estimular a pesquisa científica e de *inovação* e promover a formação de recursos humanos que valorize a diversidade regional e a biodiversidade da região amazônica e do cerrado, bem como a gestão de recursos hídricos no semiárido para mitigação dos efeitos da seca e geração de emprego e renda na região;
14.15) estimular a pesquisa aplicada, no âmbito das IES e das ICTs, de modo a incrementar a *inovação* e a produção e registro de patentes. (BRASIL, 2014b) (grifo nosso)

Posteriormente, quanto às *relações com o Poder Público*, ressalta-se que, antes mesmo do advento das Leis Complementares nºs 14.133/2017 e 182/2021, a *Lei Complementar nº 147/2014* acrescentou importantes enunciados sobre fomento à inovação à Lei Complementar nº 123/2006 (Estatuto Nacional da Microempresa e da Empresa de Pequeno Porte):

Art. 47. *Nas contratações públicas* da administração direta e indireta, autárquica e fundacional, federal, estadual e municipal, deverá ser concedido *tratamento diferenciado e simplificado* para as microempresas e empresas de pequeno porte *objetivando* a promoção do desenvolvimento econômico

e social no âmbito municipal e regional, a ampliação da eficiência das políticas públicas e *o incentivo* à *inovação tecnológica*.
[...]
Art. 65. A União, os Estados, o Distrito Federal e os Municípios, e as respectivas agências de fomento, as ICT, os núcleos de inovação tecnológica e as instituições de apoio manterão programas específicos para as microempresas e para as empresas de pequeno porte, inclusive quando estas revestirem a forma de incubadoras, observando-se o seguinte:
[...]
§3º Os órgãos e entidades integrantes da administração pública federal, estadual e municipal atuantes em pesquisa, desenvolvimento ou capacitação tecnológica terão por meta efetivar suas aplicações, no percentual mínimo fixado neste artigo, em programas e projetos de apoio às microempresas ou às empresas de pequeno porte, transmitindo ao Ministério da Ciência, Tecnologia e Inovação, no primeiro trimestre de cada ano, informação relativa aos valores alocados e a respectiva relação percentual em relação ao total dos recursos destinados para esse fim. (BRASIL, 2014c e 2006) (grifo nosso)

Mais adiante, em 2015, o direito à inovação foi expressamente elevado à sistemática constitucional, mediante a Emenda Constitucional nº 85, de 26 de fevereiro de 2015, com destaque para os seguintes enunciados normativos da Constituição da República de 1988: 23, V; 24, IX; 167, §5º; 200, V; 213, §2º; 218, §§1º, 3º, 6º e 7º; 219, parágrafo único e 219-A e 219-B.

Em sequência ao novo direito constitucional da inovação, acrescentado pela referida Emenda Constitucional nº 85/2015, foi promulgada a Lei nº 13.243/2016 (dispõe sobre estímulos ao desenvolvimento científico, à pesquisa, à capacitação científica e tecnológica e à inovação), conhecida como o novo marco legal da inovação no Brasil.

A referida lei, entre outros inúmeros dispositivos alterados e acrescentados, ampliou o conceito de inovação previsto no art. 2º, IV, da Lei nº 10.973/2004, atualmente regulamentada pelo Decreto nº 9.283/2018, nestes termos:

Art. 2º Para os efeitos desta Lei, considera-se:
[...]
IV - inovação: introdução de novidade ou aperfeiçoamento no ambiente produtivo e social que resulte em novos produtos, serviços ou processos ou que compreenda a agregação de novas funcionalidades ou características a produto, serviço ou processo já existente que possa resultar em melhorias e em efetivo ganho de qualidade ou desempenho; (Redação pela Lei nº 13.243, de 2016) (BRASIL, 2016a) (grifo nosso)

Denota-se que a ampliação do conceito mantém a inserção de novidades em serviços, se assemelha ao previsto no citado artigo 17, §1º, da Lei nº 11.196/2005 e se mostra mais técnica e adequada à realidade tecnológica contemporânea e, assim, contribui para a regulação e fomento da inovação em suas múltiplas áreas e formatos.

Ademais, a Lei nº 13.243/2016 acrescentou diversos princípios de inovação à já citada Lei nº 10.973/2004, nos termos do *artigo 1º, parágrafo único e incisos I ao XIV* desta legislação.

Em sequência, a *Lei nº 13.303/2016*, conhecida como o estatuto jurídico da empresa pública, da sociedade de economia mista e de suas subsidiárias, nos termos de seu artigo 27, §3º, trouxe a possibilidade de celebração de convênio ou contrato de patrocínio com pessoa física ou jurídica para, dentre outros objetivos, *promover atividades de inovação tecnológica*, desde que comprovadamente vinculadas ao fortalecimento da marca da empresa estatal, observando-se, no que couber, as normas de licitação e contratos do referido estatuto jurídico (BRASIL, 2016b).

No ano seguinte, sobreveio a *Lei nº 13.460/2017*, que dispõe sobre a participação, proteção e defesa dos direitos do usuário dos serviços públicos da Administração Pública, da qual se destaca o *inciso XIII, do artigo 5º*, por enunciar a diretriz de "[...] *aplicação de soluções tecnológicas que visem a simplificar processos e procedimentos de atendimento ao usuário e a propiciar melhores condições para o compartilhamento das informações;*" (grifado) (BRASIL, 2017).

Posteriormente, destaca-se a *Lei nº 13.709/2018 (Lei Geral de Proteção de Dados Pessoais)*, promulgada em 14 de agosto de 2018, uma vez que *a inovação é tratada como um dos fundamentos da proteção de dados pessoais*, nos termos de seu *artigo 2º, V*.

Em sequência, sobreveio a *Lei nº 14.129/2021*, conhecida por *Lei do Governo Digital*, a qual é um marco para a inovação e transformação digital no âmbito do Poder Público e da qual se ressaltam os seguintes dispositivos sobre inovação: art. 1º; art. 3º, XXVI; art. 4º, VII e VIII; art. 44 e art. 45, I ao X.

Segundo Motta e Valle (2021, p. 83), governo digital "[...] significa alta velocidade do fluxo informacional, significa inovação, significa conhecimento, significa desenvolvimento".

Quanto aos objetivos a serem atingidos pela implantação da Lei do Governo Digital, Bitencourt e Tavares (2021, p. 156) listam:

> [...] i) a digitalização da Administração Pública e da prestação digital dos serviços públicos, prescrevendo-se para isso o uso de plataformas de governo digital; ii) a abertura e a interoperabilidade dos dados, além da

possibilidade de criação de espaços colaborativos de inovação, tais como as redes de conhecimento e os laboratórios de inovação; iii) o reforço à utilização da tecnologia para as atividades de governança, gestão de riscos, controle e auditoria no setor governamental.

Em sequência, ressaltam-se também, alguns dispositivos da *Lei nº 14.133/2021 (Nova Lei de Licitações e Contratos Administrativos)* sobre inovação, sendo que o incentivo a esta é, inclusive, *um dos objetivos do processo licitatório*, nos termos do artigo 11, inciso IV, da referida lei (BRASIL, 2021b).

Da mencionada Lei nº 14.133/2021, sobressai para este trabalho a nova modalidade de licitação, inspirada no Direito da União Europeia (Diretiva 2014/24), denominada de *diálogo competitivo* (BITTENCOURT, 2021, p. 300), uma vez que uma de suas condições é a *contratação de objeto que envolva inovação tecnológica ou técnica*, nos termos do artigo 32, I, "a", da mesma lei.

Sobre o tema, Saadi *et al.* (2021, p. 22) esclarecem:

> De forma geral, trata-se de modalidade a ser utilizada quando a complexidade do objeto a ser contratado não permita a estruturação de uma licitação em seu formato tradicional, sendo necessário recorrer à expertise dos licitantes para definir qual solução deverá ser contratada para melhor atender aos interesses da Administração Pública.

Outro artigo de relevância é o *81*, por tratar do *procedimento de manifestação de interesse*, iniciado por chamamento público, que abrange a realização de *projetos de soluções inovadoras*. Ressalta-se, também, o *artigo 93* da referida lei, uma vez que trata de *cessão de direitos envolvendo projetos ou serviços inovadores*:

> Art. 93. Nas contratações de projetos ou de serviços técnicos especializados, inclusive daqueles que contemplem o desenvolvimento de programas e aplicações de internet para computadores, máquinas, equipamentos e dispositivos de tratamento e de comunicação da informação (*software*) - e a respectiva documentação técnica associada -, o autor deverá ceder todos os direitos patrimoniais a eles relativos para a Administração Pública, hipótese em que poderão ser livremente utilizados e alterados por ela em outras ocasiões, sem necessidade de nova autorização de seu autor.
> §1º Quando o projeto se referir a obra imaterial de caráter tecnológico, insuscetível de privilégio, a cessão dos direitos a que se refere o *caput* deste artigo incluirá o fornecimento de todos os dados, documentos e elementos de informação pertinentes à tecnologia de concepção,

desenvolvimento, fixação em suporte físico de qualquer natureza e aplicação da obra.

§2º É facultado à *Administração Pública deixar de exigir a cessão de direitos a que se refere o caput deste artigo quando o objeto da contratação envolver atividade de pesquisa e desenvolvimento de caráter científico, tecnológico ou de inovação, considerados os princípios e os mecanismos instituídos pela Lei nº 10.973, de 2 de dezembro de 2004.* (BRASIL, 2021b) (grifo nosso)

No que tange especificamente às *normas jurídicas especiais sobre startups*, a cronologia do estudo inicia-se com a criação do "Inova Simples" pela *Lei Complementar nº 167/2019* (BRASIL, 2019). E conforme elucidam Moretti e Oliveira (2019, p. 11):

O "Inova Simples" está previsto no artigo 65-A da Lei Complementar nº Federal nº 123/2006, incluído pela Lei Complementar nº Federal nº 167/2019, permitindo a fixação de rito sumário para abertura e fechamento dessas empresas, utilizando-se, para tanto, do mesmo ambiente digital do portal da Rede Nacional para a Simplificação do Registro e da Legalização de Empresas e Negócios (Redesim), além de conferir benefícios relacionados ao registro de propriedade intelectual e industrial dos produtos produzidos por elas já no momento em que a empresa é aberta.

Contudo, foi com o advento da *Lei Complementar nº 182, de 1º de junho de 2021* (BRASIL, 2021c), conhecida como *Marco Legal das Startups e do Empreendedorismo Inovador*, que o Poder Legislativo brasileiro apresentou maior regulação e até mesmo nova modalidade de licitação e contratação com a Administração Pública, objeto deste trabalho.

Inicialmente destacam-se, da mencionada lei complementar, diversos *princípios* previstos no seu *artigo 3º, incisos I ao IX*.

Outro dispositivo de grande relevância é o que definiu o enquadramento de empresas como *startups*, qual seja, o *artigo 4º e parágrafos da Lei Complementar nº 182/2021*:

Art. 4º *São enquadradas como startups as organizações empresariais ou societárias, nascentes ou em operação recente, cuja atuação caracteriza-se pela inovação aplicada a modelo de negócios ou a produtos ou serviços ofertados.*
§1º Para fins de aplicação desta Lei Complementar, são elegíveis para o enquadramento na modalidade de tratamento especial destinada ao fomento de startup o empresário individual, a empresa individual de responsabilidade limitada, as sociedades empresárias, as sociedades cooperativas e as sociedades simples:
I - *com receita bruta de até* R$ 16.000.000,00 (dezesseis milhões de reais) no ano-calendário anterior ou de R$ 1.333.334,00 (um milhão, trezentos

e trinta e três mil trezentos e trinta e quatro reais) multiplicado pelo número de meses de atividade no ano-calendário anterior, quando inferior a 12 (doze) meses, independentemente da forma societária adotada;
II - com até 10 (dez) anos de inscrição no Cadastro Nacional da Pessoa Jurídica (CNPJ) da Secretaria Especial da Receita Federal do Brasil do Ministério da Economia; e
III - que atendam a um dos seguintes requisitos, no mínimo:
a) declaração em seu ato constitutivo ou alterador e utilização de *modelos de negócios inovadores* para a geração de produtos ou serviços, nos termos do *inciso IV do caput do art. 2º da Lei nº 10.973, de 2 de dezembro de 2004*; ou
b) enquadramento no regime especial *Inova Simples*, nos termos do art. 65-A da Lei Complementar nº 123, de 14 de dezembro de 2006.
§2º Para fins de contagem do prazo estabelecido no inciso II do §1º deste artigo, deverá ser observado o seguinte:
I - para as empresas decorrentes de incorporação, será considerado o tempo de inscrição da empresa incorporadora;
II - para as empresas decorrentes de fusão, será considerado o maior tempo de inscrição entre as empresas fundidas; e
III - para as empresas decorrentes de cisão, será considerado o tempo de inscrição da empresa cindida, na hipótese de criação de nova sociedade, ou da empresa que a absorver, na hipótese de transferência de patrimônio para a empresa existente. (BRASIL, 2021c) (grifo nosso)

O enquadramento como *startup* é requisito para receber aporte de recursos para fomento oriundo de empresas que possuem obrigações de investimento em pesquisa, desenvolvimento e inovação, decorrentes de outorgas ou de delegações firmadas por meio de agências reguladoras, nos termos dos *artigos 9º e 10* da Lei Complementar nº 182/2022.

A Lei Complementar nº 182/2022 também fez previsão de alguns instrumentos de investimento às *Startups*, além de conferir segurança jurídica tanto para os investidores quanto para os sócios das *startups*, nos termos dos *artigos 5º ao 8º*.

O Marco Legal das *Startups* e do Empreendedorismo Inovador também prevê a criação de *sandbox regulatório*, conforme disposto no *artigo 11* da referida lei complementar.

Sobre o tema, Bruno Feigelson e Luiza Leite (2020, edição Kindle, posição 2927) esclarecem que:

> [...] o *Sandbox* não seria nada mais do que uma nova abordagem para os poderes reguladores e supervisores, segundo a qual se permitiria a experimentação dentro do ecossistema para testar produtos num quadro bem restrito e limitado.

Enfim, destaca-se que, quanto ao direito das *startups*, sobressaem dois grandes desafios, quais sejam: (a) obter-se a medida adequada, e não exagerada, de regulação, a fim de se evitar a redução da própria atividade empresarial dessas empresas emergentes (KLAPPER *et al.*, 2016, p. 216) e (b) acompanhar a velocidade da inovação (KELLY, 2018, p. 17).

Nessa direção, asseveram Feigelson, Nybo e Fonseca (2018, p. 58):

> Ecossistemas de startups vitoriosos são aqueles que possuem legislações compreensivas e adaptáveis ao dinamismo típico desse segmento – o que, de maneira objetiva, pode ser compreendido como práticas menos burocráticas e mais facilitadoras.

Gregório *et al.* (2019, p. 42-43), em publicação anterior ao Marco Legal das *Startups* e Empreendedorismo Inovador, asseveraram que:

> As parcerias público-privadas, crescentemente utilizadas pelos governos, ainda são entendidas como um mecanismo de atrair capitais para realização de obras ou serviços para os quais os governos tenham esgotado sua capacidade financeira de atuar.
>
> Este conceito, segundo nosso julgamento, pode ser ampliado para parcerias com *startups* e empreendedores sociais que não possuem capital financeiro, mas que trazem dentro deles capital intelectual da melhor qualidade, que poderá ajudar os governos a melhorar serviços que ele entrega, bem como viabilizar a realização de outros tantos.
>
> Neste caso, consideramos fundamental que os governos criem um ambiente de negócios que atraia este tipo de empreendedor, envolvendo mecanismos de financiamento, *formação, abertura de espaços, atualização da legislação, entre outras.* (grifo nosso)

Pois bem. Após a sistematização realizada quanto ao direito à inovação e das *startups*, o próximo tópico abordará a nova modalidade de licitação e contratações de soluções inovadoras incluídas pela Lei Complementar nº 182/2022.

5 A licitação e a contratação estatal de soluções inovadoras segundo a Lei Complementar nº 182/2021

No que concerne à importância do Estado incentivar a inovação quanto aos próprios serviços públicos ofertados, Drucker *apud* Feigelson, Nybo e Fonseca (2018, p. 54) elucida:

> *Importante também é destacar que o Estado pode – e deve – inovar a si mesmo. Os serviços públicos podem beneficiar-se da inovação, garantindo melhor prestação e qualidade à população.* [...] as instituições de serviço público tornaram-se demasiadamente importantes e demasiadamente grandes nos países desenvolvidos. O setor de serviços públicos, tanto governamentais como os privados sem fins lucrativos, cresceu mais rapidamente neste século que o setor privado [...]. Instituições de serviços públicos precisarão aprender a serem inovadoras, e se administrarem empreendedorialmente. Para conseguir isso, as instituições de serviço público precisarão aprender a ver as mudanças sociais, tecnológicas, econômicas e demográficas como oportunidades em período de rápida mudança em todas essas áreas. Caso contrário, elas se tornarão obstáculos. (Grifo nosso)

Desse modo, o Estado que for refratário à inovação tecnológica de seus próprios serviços torna-se obsoleto e contrário ao próprio interesse público (FEIGELSON; NYBO; FONSECA, 2018, p. 54-55).

Sobre o tema, Carvalho (2020, p. 117) assevera:

> Com efeito, cada vez mais conectados e acostumados à velocidade de resposta típica dos serviços ofertados por *startups* e gigantes da tecnologia, à disposição com um simples toque na tela de seu smartphone, *os cidadãos direcionam, cada vez mais, expectativas similares para a administração pública. No entanto, a frustração tem sido a regra, pois muitos serviços públicos permanecem baseados em relações burocráticas e em procedimentos analógicos.* Neste sentido, são serviços desconectados, lentos e ineficientes. Por conseguinte, associados a altos custos e a uma baixa qualidade, pouco aproveitam as possibilidades abertas pelas novas tecnologias digitais. (grifo nosso)

Assim, é essencial que a Administração Pública se torne evolutiva e desenvolvimentista (REIS, 2022, p. 177) e busque a contratação de "[...] soluções inovadoras destinadas a melhorar a eficiência de seus processos e o alcance de suas finalidades" (PÉRCIO, 2020, p. 20).

Desse modo, é de se enaltecer a iniciativa do Legislador ao incluir o Capítulo VI, "da contratação de soluções inovadoras pelo Estado", no Marco Legal das *Startups* e do Empreendedorismo Inovador.

De início, destaca-se que as licitações e contratos de soluções inovadoras pelo Estado, nos termos do *artigo 12 da Lei Complementar nº 182/2021*, têm duas finalidades, quais sejam: (i) resolver demandas públicas que exijam solução inovadora com emprego de tecnologia; e (ii) promover a inovação no setor produtivo por meio do uso do poder de compra do Estado.

Desse modo, em interpretação sistemática, para a incidência do referido Capítulo VI, aplica-se o conceito legal de inovação previsto no *artigo 2º, IV, da Lei nº 10.973/2004*, mas delimitado à tecnologia e para bens e serviços públicos.

Assim, serão objeto do referido Capítulo VI as *inovações tecnológicas* que possibilitem a introdução de novidade ou aperfeiçoamento quanto aos *bens e serviços públicos* e que resulte em novos produtos, serviços ou processos ou que compreenda a agregação de novas funcionalidades ou características a produto, serviço ou processo já existente que possa resultar em melhorias e em efetivo ganho de qualidade ou desempenho.

No que concerne aos licitantes, a Lei Complementar nº 182/2022 não se limitou às *startups*: poderão ser pessoas naturais ou jurídicas, isoladamente ou em consórcio, nos termos do *artigo 13* da referida Lei.

Por outro lado, também quanto ao teor do citado *artigo 13, e §1º*, denota-se que a modalidade especial de licitação e as subsequentes contratações têm objetivos e fases que *se assemelham ao ciclo de vida das startups e ao processo de design de experiência do usuário (UX Design)*, conforme se depreende das seguintes características do seu procedimento: a) o objetivo da licitação especial será a validação, mediante teste, de soluções inovadoras desenvolvidas ou a serem desenvolvidas, com ou sem risco tecnológico; b) para delimitação do escopo da licitação, a Administração Pública poderá apenas indicar o problema a ser resolvido e os resultados esperados, incluídos os desafios tecnológicos a serem superados; c) caberá aos licitantes proporem diferentes meios para a resolução do problema; e d) é dispensada a descrição de eventual solução técnica previamente mapeada e suas especificações técnicas.

Em relação às propostas dos licitantes, o *artigo 13, §3º*, da Lei Complementar nº 182/2021, dispõe que serão avaliadas e julgadas por *comissão especial*, a qual será composta pelo mínimo de três pessoas de reputação ilibada e reconhecido conhecimento no assunto, das quais uma deverá ser servidor público, integrante do órgão para o qual o serviço está sendo contratado, e a outra deverá ser professor de instituição pública de educação superior, na área relacionada ao tema da contratação.

Quanto aos critérios para julgamento das propostas, a Lei apresentou rol não taxativo, qual seja: (a) o potencial de resolução do problema pela solução proposta e, se for o caso, da provável economia para a Administração Pública; (b) o grau de desenvolvimento da solução proposta; (c) a viabilidade e a maturidade do modelo de negócio da solução; (d) a viabilidade econômica da proposta, considerados os recursos financeiros disponíveis para a celebração dos contratos; e (e) a demonstração comparativa de custo e benefício da proposta em relação às opções funcionalmente equivalentes.

Além disso, quanto ao preço indicado pelos proponentes, a Lei, nos termos do *§5º do artigo 13*, prevê que será critério de julgamento somente em relação à viabilidade econômica da proposta, antes mencionada, e à referida demonstração comparativa de custo e benefício da proposta em relação às opções funcionalmente equivalentes.

Destaca-se, também, que o Marco Legal das *Startups* e do Empreendedorismo Inovador, conforme *artigo 13, §6º*, prevê que a licitação especial poderá selecionar mais de uma proposta para a celebração de contrato público para solução inovadora, hipótese em que caberá ao edital limitar a quantidade de propostas selecionáveis.

Quanto à fase de habilitação, esta será posterior à fase de julgamento das propostas e contemplará somente os proponentes selecionados (*artigo 13, §7º*).

Ademais, o *§8º do artigo 13* da Lei Complementar em exame prevê, ressalvados os débitos perante a seguridade social, a possibilidade da Administração Pública *dispensar, mediante justificativa expressa*, a prestação de garantia para a contração e, ainda, os seguintes documentos para a fase de habilitação: a) habilitação jurídica; b) qualificação técnica; b) qualificação econômico-financeira; e c) regularidade fiscal.

A Legislação Complementar em comento dispõe, ainda, conforme o *§9º do artigo 13*, que, após a fase de julgamento das propostas, a Administração Pública poderá negociar, com os selecionados, as condições econômicas mais vantajosas para a Administração e os critérios de remuneração que serão adotados, desde que se observe um dos critérios previstos no *§3º do artigo 14* da mesma lei, quais sejam: a) preço fixo; b) preço fixo mais remuneração variável de incentivo; c) reembolso de custos sem remuneração adicional; d) reembolso de custos mais remuneração variável de incentivo; ou e) reembolso de custos mais remuneração fixa de incentivo.

Encerrada a fase de julgamento e também da possível negociação já comentada, se o preço for superior à estimativa, o *§10 do artigo 13* prevê que a Administração Pública poderá, mediante justificativa expressa, com base na demonstração comparativa entre o custo e o benefício da proposta, aceitar o preço ofertado, desde que seja superior em termos de inovações, de redução do prazo de execução ou de facilidade de manutenção ou operação, limitado ao valor máximo que se propõe a pagar.

Pois bem. Após a homologação do resultado da licitação, a Lei prevê fase de validação para testar o êxito da solução inovadora, novamente aproximando-se da metodologia inovadora das *startups*.

Conforme prevê o *artigo 14 da Lei Complementar nº 182/2021*, após a mencionada homologação, a Administração Pública celebrará o *Contrato Público para Solução Inovadora (CPSI)* com as proponentes selecionados, com vigência de até doze meses, podendo ser prorrogável por mais um período limitado também a doze meses.

O *§1º* do mesmo artigo 14 relaciona, em rol não taxativo, as cláusulas que o CPSI deverá conter: a) as *metas* a serem atingidas para que seja possível a validação do *êxito* da solução inovadora *e a metodologia* para a sua aferição; b) a *forma e a periodicidade da entrega* à Administração Pública *de relatórios* de andamento da execução contratual, que servirão de instrumento de monitoramento, e do relatório final a ser entregue pela contratada após a conclusão da última etapa ou meta do projeto; c) a *matriz de riscos* entre as partes, incluídos os riscos referentes a caso fortuito, força maior, risco tecnológico, fato do príncipe e álea econômica extraordinária; d) a definição da *titularidade dos direitos de propriedade intelectual* das criações resultantes do CPSI; e f) a *participação nos resultados de sua exploração*, assegurados às partes os direitos de exploração comercial, de licenciamento e de transferência da tecnologia de que são titulares.

O *§2º do artigo 14* estabelece o valor máximo a ser pago à contratada, qual seja, o de um milhão e seiscentos mil reais por CPSI, sem prejuízo da possibilidade de o edital da licitação estabelecer limites inferiores.

A remuneração da contratada será conforme os critérios previstos no §3º do artigo 14 já relacionados.

O *§4º do artigo 14* prevê ainda que, nas hipóteses em que houver risco tecnológico, os pagamentos serão efetuados proporcionalmente aos trabalhos executados, de acordo com o cronograma físico-financeiro aprovado, observado o critério de remuneração previsto contratualmente.

Por outro lado, o *§5º* do mesmo artigo dispõe que, com exceção das remunerações variáveis de incentivo vinculadas ao cumprimento das metas contratuais, a Administração Pública deverá efetuar o pagamento conforme o critério adotado, ainda que os resultados almejados não sejam atingidos em decorrência do risco tecnológico, sem prejuízo da rescisão antecipada do contrato *caso seja comprovada a inviabilidade técnica ou econômica da solução*.

Desse modo, em vez de se pivotar para a mesma contratada rever a solução inovadora, a lei prevê a rescisão antecipada caso a validação não obtenha êxito, seja por inviabilidade técnica, seja por inviabilidade econômica da solução.

Deveria a legislação prever a possibilidade de se reiniciar o ciclo de inovação com a mesma contratada, assim como é feito no âmbito privado das *startups*?

Considerando-se que muitas das inovações tecnológicas estarão sob condições de extrema incerteza (RIES, 2019a, p. 15), aumentam-se as possibilidades de não validação das soluções inicialmente propostas.

Por outro lado, caso fosse adotada a estratégia de pivotação, poderia ocorrer um ciclo interminável com a mesma contratada, o que violaria o princípio constitucional da isonomia (*artigo 37, XXI, da CR/88*) e os princípios infraconstitucionais da competitividade, razoabilidade, do interesse público e da impessoalidade (*artigo 5º da Lei nº 14.133/2021*).

No entanto, essas violações poderiam ser evitadas se o contrato fizesse previsão de fases dos testes e, dentro do período máximo de doze meses, ou durante a prorrogação, permitisse a pivotação com o reinício do ciclo de inovação, desde que a nova solução estivesse conforme a previsão editalícia.

A própria prorrogação poderia ser justificada pela necessidade, motivada, de pivotação e as fases de pivotação poderiam ter critérios distintos de remuneração, mediante justificativa também expressa, em consonância com o teor do *§6º* do citado artigo 14.

Em sequência, o *§7º* prevê, ainda, que os pagamentos serão feitos após a execução dos trabalhos, e, a fim de garantir os meios financeiros para que a contratada implemente a etapa inicial do projeto, a Administração Pública deverá prever em edital o pagamento antecipado de uma parcela do preço anteriormente ao início da execução do objeto, mediante justificativa expressa.

A previsão é deveras importante e interessante, uma vez que o legislador considerou a situação, comum de muitas *startups*, de necessidade de investimento inicial para o começo do empreendimento inovador, tal qual um "investidor anjo".

Freear, Sohl e Wetzel (*apud* FEIGELSON; NYBO; FONSECA, 2018, p. 98) elucidam que o investidor anjo é "[...] o indivíduo possuidor de um *high net worth* (valor líquido elevado), disposto a investir parte de seus ativos em empreendimentos de alto risco que apresentam um grande potencial para retorno".

Contudo, no caso de *inexecução injustificada* da etapa inicial, o *§8º* do mencionado artigo 14 dispõe que a Administração exigirá a devolução do valor antecipado ou efetuará as glosas necessárias nos pagamentos subsequentes, se houver.

Pois bem. O contrato examinado tem por objetivo validar a solução inovadora. Após a validação, a Lei Complementar nº 182/2021, mais uma vez se aproximando do ciclo de vida das *startups*, fez previsão de outro contrato que se assemelha à *fase de consolidação* do produto ou serviço, já comentada anteriormente. Seria o *Contrato de Fornecimento*, com previsão no *artigo 15* do Marco Legal das *Startups* e do Empreendedorismo Inovador.

O supracitado artigo dispõe que, encerrado o CPSI, a Administração Pública *poderá* celebrar *com a mesma contratada, sem nova licitação*, contrato para o fornecimento do produto, do processo ou da solução resultante do CPSI ou, se for o caso, para integração da solução à infraestrutura tecnológica ou ao processo de trabalho da Administração Pública.

E, quando for o caso de mais de uma proposta selecionada pela licitação, nos termos do §6º do artigo 13, o *§1º do artigo 15* prevê que, quando mais de uma contratada cumprir satisfatoriamente as metas estabelecidas no CPSI, o contrato de fornecimento será firmado, mediante justificativa, com aquela cujo produto, processo ou solução *atenda melhor às demandas públicas em termos de relação de custo e benefício com dimensões de qualidade e preço*.

A vigência do Contrato de Fornecimento, por sua vez, é maior do que a do CPSI, o que se justifica por se tratar de solução inovadora cuja validade obteve êxito na fase de testes. De acordo com o §2º do mesmo artigo 15, a vigência será limitada a vinte e quatro meses, prorrogável por mais um período também de até vinte e quatro meses.

Por fim, o *§3º do artigo 15* dispõe que os contratos de fornecimento:

> [...] serão limitados a 5 (cinco) vezes o valor máximo definido no §2º do art. 14 desta Lei Complementar nº para o CPSI, incluídas as eventuais prorrogações, hipótese em que o limite poderá ser ultrapassado nos casos de reajuste de preços e dos acréscimos de que trata o §1º do art. 65 da Lei nº 8.666, de 21 de junho de 1993. (BRASIL, 2021c)

Antes de adentrar ao tópico seguinte, tema central deste trabalho, importa asseverar que a Lei nº 14.133/2021 prevê o denominado "procedimento de manifestação de interesse", regulado pelo *artigo 81*.

Referido procedimento não se refere apenas à inovação, mas fez *menção expressa às startups* e, inclusive, apresenta um *conceito legal* destas, nestes termos:

> *Do Procedimento de Manifestação de Interesse*
> Art. 81. A Administração poderá solicitar à iniciativa privada, mediante procedimento aberto de manifestação de interesse a ser iniciado com a publicação de edital de chamamento público, *a propositura e a realização de estudos, investigações, levantamentos e projetos de soluções inovadoras que contribuam com questões de relevância pública,* na forma de regulamento.
> §1º Os *estudos, as investigações, os levantamentos e os projetos* vinculados à contratação e de utilidade para a licitação, realizados pela Administração ou com a sua autorização, estarão à disposição dos interessados, e o vencedor da licitação deverá ressarcir os dispêndios correspondentes, conforme especificado no edital.
> §2º A realização, pela iniciativa privada, de estudos, investigações, levantamentos e projetos em decorrência do procedimento de manifestação de interesse previsto no *caput* deste artigo:
> I - *não atribuirá ao realizador direito de preferência no processo licitatório;*
> II - *não obrigará o poder público a realizar licitação;*
> III - *não implicará, por si só, direito a ressarcimento de valores envolvidos em sua elaboração;*
> IV - *será remunerada somente pelo vencedor da licitação, vedada, em qualquer hipótese, a cobrança de valores do poder público.*
> §3º Para aceitação dos produtos e serviços de que trata o *caput* deste artigo, a Administração deverá elaborar *parecer fundamentado* com a demonstração de que o produto ou serviço entregue é adequado e suficiente à compreensão do objeto, de que as premissas adotadas são compatíveis com as reais necessidades do órgão e de que a metodologia proposta é a que propicia maior economia e vantagem entre as demais possíveis.
> §4º O procedimento previsto no *caput* deste artigo <u>*poderá* ser restrito a startups,</u> *assim considerados os microempreendedores individuais, as microempresas e as empresas de pequeno porte, de natureza emergente e com grande potencial, que se dediquem à pesquisa, ao desenvolvimento e à implementação de novos produtos ou serviços baseados em soluções tecnológicas inovadoras que possam causar alto impacto, exigida, na seleção definitiva da inovação,* <u>*validação prévia*</u> *fundamentada em métricas objetivas, de modo a demonstrar o atendimento das necessidades da Administração.* (BRASIL, 2021c) (grifo nosso)

Denota-se que há aparente antinomia entre o procedimento de manifestação de interesse e a licitação prevista no artigo 13 da Lei Complementar nº 182/2021.

A Lei Complementar nº 182 foi publicada em 1º de junho de 2021, mas com *vacatio legis* de 90 dias, contados a partir de sua publicação oficial, cujo vigor teria início, portanto, a partir de 30 de agosto de 2021, conforme a regra de contagem do artigo 8º, §1º, da Lei Complementar nº 95/1998.

A Lei nº 14.133/2021, por sua vez, foi publicada em 1º de abril de 2021, *com entrada em vigor na data de sua publicação (artigo 194)*, mas com *peculiar vacatio legis (artigo 193) no que tange à revogação das Leis nºs 8.666/93, 10.520/2002 e artigos 1º a 47-A da Lei nº 12.462/2011*: em que pesem os artigos 89 a 108 terem sido imediatamente revogados pela Nova Lei de Licitações, os demais textos normativos citados só seriam ab-rogados após decorridos *dois anos* de sua publicação oficial, ou seja, em *2 de abril de 2023*.

Ocorre que o artigo 191 da Lei nº 14.133/2021 permitiu que, antes mesmo da *vacatio legis* supracitada, a Administração Pública pudesse optar por *licitar ou contratar* diretamente, de acordo com a Nova Lei de Licitações ou de acordo com as leis citadas, previstas no inciso II do artigo 193 e, como já mencionado, os artigos que não tratam de licitação ou contratação teriam aplicação imediata (artigo 194).

Nesse caso, aplicar-se-ia o disposto no artigo 2º, §1º, da Lei de Introdução às Normas do Direito Brasileiro, para revogar o procedimento de manifestação de interesse, ou este trataria de situação especial, não podendo ser revogado pela norma geral posterior prevista na Lei Complementar nº 182/2021?

Ressalta-se que, como é cediço, não há que se falar em hierarquia entre lei complementar e lei ordinária, não cabendo aplicar o critério hierárquico para a solução do aparente conflito normativo.

Ademais, assevera-se que o legislador deixou claro que o procedimento de manifestação de interesse não seria nem contratação direta e nem licitação, conforme se extrai do artigo 78, III, da Lei nº 14.133/2021. Assim, a princípio, as normas concernentes ao procedimento de manifestação de interesse já estariam em vigor (artigo 194 supracitado).

Todavia, ainda que se entenda o contrário, caso se acate a tese de *vacatio legis* de dois anos, ou, quando da vigência imediata do citado artigo 81 com a Lei Complementar nº 182/2021, permanece o questionamento quanto à revogação ou não do procedimento de manifestação de interesse previsto no artigo 81 da Nova Lei de Licitações.

Extrai-se dos enunciados normativos do procedimento de manifestação de interesse que este se daria por chamamento público, não teria a natureza de licitação e, assim, poderia ser considerado *fase preliminar* à identificação do *Produto Mínimo Viável (solução inovadora a ser objeto de validação mediante o CPSI), se assemelhando à fase de design de produto ou serviço* do ciclo de inovação das *startups*, uma vez que se limitaria à propositura e realização de *estudos; investigações, levantamentos* e *projeto de solução inovadora* (*caput* do artigo 81 da Lei nº 14.133/2021).

Ocorre que poderia se questionar que o procedimento entraria em conflito com o §1º do artigo 13 da Lei Complementar nº 182/2021, uma vez que este prevê a possibilidade da licitação especial indicar, apenas, o problema a ser solucionado.

Todavia, não haveria verdadeira antinomia normativa, uma vez que o mencionado §1º do artigo 13, além de tratar de licitação, exige que os licitantes proponham meios de resolução do problema. Desse modo, desde que *no procedimento de manifestação de interesse não se proponha solução*, mas apenas o projeto, qual seja, o processo de *design* para se chegar à solução; ou de estudos, investigações e levantamentos (artigo 81, *caput*, da Lei nº 14.133/2021), não há que se falar em conflito de normas no tempo.

Por outro lado, o já supracitado *diálogo competitivo*, nova modalidade de licitação prevista na Lei nº 14.133/2021, também aparentemente conflita com o disposto na Lei Complementar nº 182/2021. Denota-se que o diálogo competitivo não busca testar uma solução inovadora, mas sim *identificar uma solução* mediante diálogo registrado e gravado com cada um dos licitantes, individualmente, para, ao final, a Administração Pública escolher e especificar a solução mais vantajosa e permitir que todos os licitantes possam apresentar propostas para a realização da solução (artigo 32 e parágrafos da Lei nº 14.133/2021).

Ora, o diálogo competitivo, desse modo, conflita com a licitação especial do Marco Legal das *Startups* e, por não passar pela fase contratual de testes do CPSI e não observar as demais regras supracitadas da Lei Complementar nº 182/2021, é menos eficiente para a Administração Pública. É também menos atrativo aos licitantes, pois a Administração Pública revelará a melhor solução que escolheu dentre as apresentadas, para a qual os licitantes competirão entre si, o que ocasiona a divulgação do MVP do empreendedor para todos os demais construírem suas propostas licitatórias em cima da solução inovadora revelada.

Assim, *defende-se, neste trabalho, a revogação tácita do diálogo competitivo nos termos do artigo 2º, §1º, da LINDB*.

Portanto, no âmbito da inovação, a Administração Pública contaria com o procedimento de manifestação de interesse, cumulado com a licitação especial, o CPSI e o contrato de fornecimento previstos na Lei Complementar nº 182/2021.

6 Principais desafios e condições de possibilidades ao controle externo das licitações e contratações públicas inovadoras

Como é cediço, o controle externo no Brasil é exercido com o auxílio dos tribunais de contas, mediante fiscalização contábil, financeira, orçamentária, operacional e patrimonial quanto à legalidade, legitimidade, economicidade, aplicação das subvenções e renúncia de receitas públicas, nos termos dos artigos 70 e 71 da Constituição da República Federativa do Brasil.

Ademais, conforme dispõe o parágrafo único do supracitado artigo 70, prestará contas qualquer pessoa física ou jurídica, pública ou privada, que utilize, arrecade, guarde, gerencie ou administre dinheiros, bens e valores públicos.

Além disso, aquele que der causa à perda, extravio ou outra irregularidade de que resulte prejuízo, ao erário público, responderá perante os tribunais de contas respectivos, inclusive mediante aplicação de sanções legais, tais como a multa proporcional ao dano causado ao erário, nos termos do artigo 71, incisos II e VIII da Constituição.

Nesse sentido, assevera Evandro Martins Guerra (2019, p. 126):

> Nessa toada, o controle externo é a função constitucional desempenhada por órgãos alheios à estrutura controlada, buscando efetivar mecanismos com vistas a garantir a plena eficiência e eficácia das ações de gestão governamental. Os órgãos e entidades públicas devem ser monitorados na gestão dos interesses da sociedade, por instituição independente, apartada, assegurando atuação em consonância com os princípios impostos pelo ordenamento jurídico.

Assim, também no âmbito das contratações e licitações públicas, uma vez que envolvem dinheiro, bens e valores públicos, o controle externo exerce função republicana fundamental, vinculada à garantia dos próprios direitos fundamentais previstos na Constituição da República de 1988 e adequada ao exercício da democracia brasileira.

Pois bem. A sociedade contemporânea perpassa por acelerada transformação digital e, conforme exposto, a Lei Complementar nº 182/2021 acrescentou à Administração Pública importantes instrumentos jurídicos adequados às novas demandas da revolução digital e do ecossistema das *startups*.

Esses instrumentos são a licitação especial para demandas públicas que exijam o teste de soluções inovadoras, com emprego de tecnologia, e os subsequentes contratos públicos já mencionados (contrato público de solução inovadora – CPSI – e contrato de fornecimento).

Desse modo, neste tópico cabe analisar a função estatal do Controle Externo, delimitada aos tribunais de contas, quanto à referida licitação especial e aos contratos públicos de inovação.

Não obstante a possibilidade de *controle externo repressivo* quanto à licitação ou contratação já concluídas, ressalta-se que, quanto ao controle das contratações públicas, os artigos 169 a 171 da Lei nº 14.133/2021 preveem, inclusive, o *controle externo preventivo* dos tribunais de contas, elencado como terceira linha de defesa, nos termos do inciso III do mencionado artigo 169, e que possibilita também a expedição de medidas cautelares para suspensão de licitações.

O *artigo 171*, incisos I e II, da Nova Lei de Licitações dispõe que, na fiscalização de controle, deverá se observar:

> I - viabilização de oportunidade de manifestação aos gestores sobre possíveis propostas de encaminhamento que terão impacto significativo nas rotinas de trabalho dos órgãos e entidades fiscalizados, a fim de que eles disponibilizem subsídios para avaliação prévia da relação entre custo e benefício dessas possíveis proposições;
>
> II - adoção de procedimentos objetivos e imparciais e elaboração de relatórios tecnicamente fundamentados, baseados exclusivamente nas evidências obtidas e organizados de acordo com as normas de auditoria do respectivo órgão de controle, de modo a evitar que interesses pessoais e interpretações tendenciosas interfiram na apresentação e no tratamento dos fatos levantados;
>
> III - definição de objetivos, nos regimes de empreitada por preço global, empreitada integral, contratação semi-integrada e contratação integrada, atendidos os requisitos técnicos, legais, orçamentários e financeiros, de acordo com as finalidades da contratação, devendo, ainda, ser perquirida a conformidade do preço global com os parâmetros de mercado para o objeto contratado, considerada inclusive a dimensão geográfica.

O artigo 173 da Nova Lei de Licitações dispõe sobre uma função pedagógica dos tribunais de contas, os quais deverão, por meio de suas escolas de contas:

> [...] promover eventos de capacitação para os servidores efetivos e empregados públicos designados para o desempenho das funções essenciais à execução desta Lei, incluídos cursos presenciais e a distância, redes de aprendizagem, seminários e congressos sobre contratações públicas.

Nesse sentido, esclarece Lima (2020, p. 165):

> [...] a principal missão do Tribunal de Contas não é a de aplicar sanções, mas a de contribuir para a melhoria da qualidade e da efetividade das políticas públicas em benefício da sociedade, mediante atividades de orientação, fiscalização e avaliação de resultados no que concerne à regularidade da aplicação dos recursos públicos.

Destaca-se, ainda, a incidência do previsto nos artigos 20 e seguintes da Lei de Introdução às Normas do Direito Brasileiro.

Obviamente que as normas jurídicas, constitucionais e infraconstitucionais, além das leis ordinárias e demais legislações de cada Tribunal de Contas, são aplicáveis quanto às licitações e contratações públicas de soluções inovadoras.

O controle externo brasileiro é essencial não só para a coibição do abuso de direito e da corrupção, mas presta auxílio técnico e pedagógico para a inovação na Administração Pública.

Para tanto, destaca-se que, no ano de 2019, como resultado do XXIII Congresso Internacional das Entidades Fiscalizadoras Superiores, a INTOSAI, Organização Internacional de Entidades Fiscalizadoras Superiores, apresentou a Declaração de Moscou, documento que propõe direções futuras para o controle externo em face de mudanças substanciais no ambiente das Entidades de Fiscalização Superiores (EFS), quais sejam:

> (a) a adoção da Agenda 2030 para o Desenvolvimento Sustentável (Agenda 2030) e dos Objetivos de Desenvolvimento Sustentável por todos os estados-membros das Nações Unidas; (b) *a revolução digital*; (c) a adoção da Estrutura de Pronunciamentos Profissionais da INTOSAI (IFPP), e (d) expectativas e obrigações advindas da INTOSAIP 12 (NBASP 12): Valor e Benefícios dos Tribunais de Contas – fazendo a diferença na vida dos cidadãos. (INTOSAI, 2019, p. 2). (Grifado)

Dentre as propostas da Declaração de Moscou, para este trabalho destacam-se:

> REFORÇAR O IMPACTO DAS EFS
> 6. *As EFS podem fomentar uma mentalidade experimental para reforçar a inovação e o desenvolvimento.*
> [...]

> 8. *As EFS são encorajadas a formar os auditores do futuro capazes de: trabalhar com análise de dados, ferramentas de inteligência artificial e avançados métodos de análise qualitativa; reforçar a capacidade de inovação; atuar como parceiros estratégicos; compartilhar conhecimento e gerar previsões.*
> [...]
> 10. *As EFS podem ampliar seu impacto positivo ao estabelecer uma interação produtiva com o ente auditado e reforçar a cooperação e comunicação com a comunidade acadêmica e o público em gera*l.
> (INTOSAI, 2019, p. 2). (grifado)

Pois bem. O controle externo exercido pelos tribunais de contas, ao averiguar o cumprimento da economicidade e dos requisitos previstos na Lei Complementar nº 182/2021, cumulado com os princípios gerais da Administração Pública (artigo 37, *caput*, da CF/88) e demais normas gerais da Nova Lei de Licitações e Contratos, inicialmente deve entender o porquê das fases e procedimentos especiais que precedem e decorrem das soluções inovadoras apresentadas ao Poder Público, em consonância com a *formação de auditores do futuro*.

Para tanto, além do estudo da legislação de licitações e contratos administrativos aplicável, é importante a capacitação dos membros e demais servidores públicos dos tribunais de contas quanto ao ecossistema das *startups* e do empreendedorismo inovador; ao *Design* de Experiência do Usuário; às Metodologias Ágeis e ao microssistema jurídico do direitos à inovação e do direito das *startups*.

Essa capacitação também auxiliará na concretização da supracitada *diretriz de fomento a uma mentalidade experimental para reforçar a inovação e o desenvolvimento* nas entidades de fiscalização superiores.

Ademais, essa pré-compreensão permitirá não só a visão sistêmica quanto ao tema, mas também propiciará o entendimento de conceitos legais essenciais, a fim de se delimitar, por exemplo, o que poderia ser considerado inovação, tecnologia, modelo de negócio, já que são verbetes usados pelo Marco Legal das *Startups* e Empreendedorismo Inovador.

Além disso, a capacitação quanto ao processo, metodologia e técnicas do *design* de experiência do usuário e ciclo de inovação das *startups* também auxiliarão o controle externo a medir o potencial de solução de um problema que demanda inovação, bem como o grau de desenvolvimento da solução proposta e a viabilidade e maturidade do modelo de negócio da solução (artigo 13, §4º, I, II e III, da Lei Complementar nº 182/2022), a fim de se avaliar, objetivamente, se houve ou não ilegalidade e impessoalidade na escolha da melhor proposta inovadora.

A aludida capacitação trará fundamentação objetiva para a análise das licitações e contratações públicas inovadoras, evitando-se a mera invasão à discricionariedade administrativa do gestor público.

No que concerne às demais medidas do controle externo, destaca-se a possibilidade de diálogo com especialistas, gestores e servidores públicos responsáveis pela aplicação das licitações e contratos de inovação em comento, mediante audiências públicas especiais ou por reuniões técnicas com membros e servidores dos tribunais de contas, em consonância com a *décima diretriz* da Declaração de Moscou já citada.

Essas audiências públicas poderão também abranger, por exemplo, o debate com especialistas em tecnologia, inovação e *UX Design*.

Ademais, a criação de Laboratórios de Inovação (artigos 44 e 45 da Lei nº 14.129/2021) e a realização de *Hackathons*, no âmbito dos tribunais de contas, também contribuirão com as supracitadas diretrizes da Declaração de Moscou.

Segundo Wanderley Costa *et al.* (2021, edição Kindle, posição 112), eis o conceito do verbete *Hackathon*:

> Atualmente, Hackathon se refere a um evento no qual pessoas com diferentes perfis trabalham intensamente, por um curto período, para criar soluções colaborativamente, levando em consideração um tema específico.

No âmbito do Tribunal de Contas do Estado de Mato Grosso, sobressai a possibilidade de utilização das Mesas Técnicas, regidas pela *Resolução Normativa nº 12/2021-TP/TCE/MT* (TCE/MT, 2021), e que se inspirou nas Mesas Técnicas adotadas pelo Tribunal de Contas dos Municípios de São Paulo (Resolução nº 2/2020-TCM/SP), para o tratamento de matérias de relevância ou de alto grau de complexidade.

Conforme dispõem os incisos do *§1º, do artigo 1º* da Resolução Normativa nº 12/2021-TP/TCE/MT, são objetivos da Mesa Técnica:

> I – realizar um controle externo mais simples, menos solene, mais célere, mais versátil e mais próximo das preocupações cotidianas dos gestores públicos, auxiliando-os na identificação de soluções mais eficientes e seguras, em prol do cidadão;
> II – promover procedimentos de controle externo que prestigiem o diálogo e a cooperação ao invés da unilateralidade, legitimando o processo decisório e ampliando a segurança jurídica aos fiscalizados;

III – privilegiar ações de controle externo preventivo antes de processos sancionadores.

Nesse sentido, Schwab (2019, p. 1293) assevera:

> Em resumo, em um mundo onde as funções públicas essenciais, a comunicação social e as informações pessoais migram para plataformas digitais, *os governos – em colaboração com a sociedade civil e empresarial – precisam criar regras, pesos e contrapesos para manter a justiça, a competitividade, a equidade, a propriedade intelectual inclusiva, a segurança e a confiabilidade.* [...] *Esse é o desafio dos governos, que nunca foram tão necessários quanto nessa quarta revolução industrial: eles devem deixar que as inovações floresçam, enquanto minimizam os riscos.* (grifo nosso)

Obviamente, as medidas são desafiadoras e, com certeza, novas possibilidades e soluções, também inovadoras, surgirão para o controle externo lidar com as licitações e contratações públicas inovadoras decorrentes da Lei Complementar nº 182/2021. No entanto, a aplicação de tais propostas, em consonância com as supracitadas diretrizes da Declaração de Moscou, otimizarão e acelerarão a função do controle externo nesse campo público da revolução digital.

7 Considerações finais

O texto buscou, inicialmente, compreender o sentido, características e a importância das *startups*, do empreendedorismo inovador e do *design* de experiência do usuário (*UX Design*) para a revolução digital e tecnológica contemporânea.

Nesse sentido, destacou-se que a inovação na Administração Pública, a fim de atender ao próprio interesse da coletividade, é essencial e constataram-se, neste âmbito, as recentes criações de algumas leis que buscaram adequar a estrutura estatal às demandas tecnológicas atuais, especialmente para inovar em bens, processos e serviços públicos.

Enfatizou-se a análise da licitação e contratação pública de soluções inovadoras e delimitou-se qual o conceito de inovação a ser utilizado, bem como os instrumentos jurídicos que a Administração Pública teria para inovar em sua seara, quais sejam: o procedimento de manifestação de interesse, previsto na Lei nº 14.133/2021; a licitação especial da Lei Complementar nº 182/2021, o CPSI e o Contrato de Fornecimento, também previstos na referida lei complementar.

Por outro lado, defendeu-se a revogação tácita da modalidade licitatória do diálogo competitivo, pelo critério cronológico previsto no artigo 2º, §1º, da LINDB, em face do advento da Lei Complementar nº 182/2021.

Por fim, no que concerne ao controle externo, identificaram-se diretrizes da Declaração de Moscou, de 2019, alinhadas à finalidade pública de inovação e enfatizou-se o controle preventivo dos certames e contratações públicas de inovação.

Ademais, frisou-se a necessidade de capacitação especial dos membros e demais servidores públicos dos tribunais de contas e dos agentes públicos responsáveis pelas licitações e contratações aqui analisadas, quanto à compreensão do ecossistema das *startups* e do empreendedorismo inovador e não somente em relação à legislação aplicável.

Destacou-se a importância da realização de *hackathons* nos tribunais de contas, bem como a criação de Laboratórios de Inovação em seus ambientes técnicos.

Além disso, ressaltou-se a viabilidade de audiências públicas com a sociedade civil e especialistas em tecnologia e inovação, bem como o exemplo das Mesas Técnicas, e destacamos a Mesa Técnica do Tribunal de Contas do Estado de Mato Grosso.

Pois bem. A jornada pela e na inovação é, ao mesmo tempo, longa, incerta e extremamente rápida. Assim, urge-se que o controle externo exerça, principalmente, função preventiva, pedagógica e dialogal, alinhada às metodologias ágeis e conhecimentos além da contabilidade pública e do direito, colocando-se sempre o interesse coletivo dos usuários no centro, em busca da melhor eficiência para controlar a legalidade, legitimidade e economicidade das licitações e contratações públicas de soluções inovadoras.

Referências

BITTENCOURT, Sidney. *Nova Lei de Licitações*. 1. ed. Belo Horizonte: Fórum, 2021.

BRASIL. *Decreto-lei nº 4.657, de 4 de setembro de 1942*. Lei de Introdução às Normas do Direito Brasileiro. Disponível em: http://www.planalto.gov.br/ccivil_03/decreto-lei/del4657compilado.htm/. Acesso em: 15 jun. 2022.

BRASIL. *Constituição da República Federativa do Brasil, de 1988*. Disponível em: http://www.planalto.gov.br/ccivil_03/constituicao/constituicaocompilado.htm. Acesso em: 22 abr. 2022.

BRASIL. *Lei nº 10.973, de 2 de dezembro de 2004*. Dispõe sobre incentivos à inovação e à pesquisa científica e tecnológica no ambiente produtivo e dá outras providências. Disponível em: http://www.planalto.gov.br/ccivil_03/_ato2004-2006/2004/lei/l10.973.htm. Acesso em: 22 abr. 2022.

BRASIL. *Lei nº 11.196, de 21 de novembro de 2005*. Institui o Regime Especial de Tributação para a Plataforma de Exportação de Serviços de Tecnologia da Informação – REPES, o Regime Especial de Aquisição de Bens de Capital para Empresas Exportadoras – RECAP e o Programa de Inclusão Digital; dispõe sobre incentivos fiscais para a inovação tecnológica. Disponível em: http://www.planalto.gov.br/ccivil_03/_ato2004-2006/2005/lei/l11196.htm Acesso em: 22 abr. 2022.

BRASIL. *Lei Complementar nº 123, de 14 de dezembro de 2006*. Alterações da Lei Complementar nº 147, de 7 de agosto de 2014. Disponível em: http://www.planalto.gov.br/ccivil_03/leis/lcp/lcp123.htm. Acesso em: 25 abr. 2022.

BRASIL. *Lei nº 12.965, de 23 de abril de 2014*. Estabelece princípios, garantias, direitos e deveres para o uso da internet no Brasil. Disponível em: http://www.planalto.gov.br/ccivil_03/_ato2011-2014/2014/lei/l12965.htm. Acesso em: 22 abr. 2022.

BRASIL. *Lei nº 13.005, de 25 de junho de 2014*. Aprova o Plano Nacional de Educação – PNE e dá outras providências. Disponível em: http://www.planalto.gov.br/ccivil_03/_ato2011-2014/2014/lei/l13005.htm. Acesso em: 22 abr. 2022.

BRASIL. *Lei Complementar nº 147, de 7 de agosto de 2014*. Altera a Lei Complementar nº 123, de 14 de dezembro de 2006, e dá outras providências. Disponível em: http://www.planalto.gov.br/ccivil_03/leis/lcp/lcp147.htm. Acesso em: 23 abr. 2022.

BRASIL. *Emenda Constitucional nº 85, de 26 de fevereiro de 2015*. Altera e adiciona dispositivos na Constituição Federal para atualizar o tratamento das atividades de ciência, tecnologia e inovação. Disponível em: http://www.planalto.gov.br/ccivil_03/constituicao/Emendas/Emc/emc85.htm#art1. Acesso em: 22 abr. 2022.

BRASIL. *Lei nº 13.243, de 11 de janeiro de 2016*. Dispõe sobre estímulos ao desenvolvimento científico, à pesquisa, à capacitação científica e tecnológica e à inovação e altera a Lei nº 10.973, de 2 de dezembro de 2004... Disponível em: http://www.planalto.gov.br/ccivil_03/_ato2015-2018/2016/lei/l13243.htm. Acesso em: 22 abr. 2022.

BRASIL. *Lei nº 13.303/2016, de 30 de junho de 2016*. Dispõe sobre o estatuto jurídico da empresa pública, da sociedade de economia mista e de suas subsidiárias, no âmbito da União, dos Estados, do Distrito Federal e dos Municípios. Disponível em: http://www.planalto.gov.br/ccivil_03/_ato2015-2018/2016/lei/l13303.htm. Acesso em: 19 maio 2022.

BRASIL. *Lei nº 13.460, de 26 de junho de 2017*. Dispõe sobre participação, proteção e defesa dos direitos do usuário dos serviços públicos da administração pública. Disponível em: http://www.planalto.gov.br/ccivil_03/_ato2015-2018/2017/lei/l13460.htm. Acesso em: 21 maio 2022.

BRASIL. *Lei nº 13.709, de 14 de agosto de 2018*. Lei Geral de Proteção de Dados Pessoais (LGPD). Disponível em: http://www.planalto.gov.br/ccivil_03/_ato2015-2018/2018/lei/l13709.htm. Acesso em: 25 abr. 2022.

BRASIL. *Lei Complementar nº 167, de 24 de abril de 2019*. Dentre outras providências, dispõe sobre o Inova Simples. Disponível em: http://www.planalto.gov.br/ccivil_03/leis/lcp/lcp167.htm. Acesso em: 26 abr. 2022.

BRASIL. *Lei nº 14.129, de 29 de março de 2021*. Dispõe sobre princípios, regras e instrumentos para o Governo Digital e para o aumento da eficiência pública... Disponível em: http://www.planalto.gov.br/ccivil_03/_ato2019-2022/2021/lei/l14129.htm. Acesso em: 25 abr. 2022.

BRASIL. *Lei nº 14.133/2021, de 1º de abril de 2021*. Lei de Licitações e Contratos Administrativos. Disponível em: http://www.planalto.gov.br/ccivil_03/_ato2019-2022/2021/lei/L14133.htm. Acesso em: 26 abr. 2022.

BRASIL. *Lei Complementar nº 182, de 1º de junho de 2021*. Institui o marco legal das *startups* e do empreendedorismo inovador, dentre outras providências. Disponível em: http://www.planalto.gov.br/ccivil_03/leis/lcp/Lcp182.htm. Acesso em: 19 jun. 2022.

CARDOSO, Rafael. *Design para um mundo complexo*. Edição do *Kindle*. São Paulo: Ubu Editora, 2016.

CARDOSO, Rafael. O design gráfico e sua história. *Revista Artes Visuais, Cultura e Criação*, Rio de Janeiro, 2008.

CARVALHO, Lucas Borges de. Governo digital e direito administrativo: entre a burocracia, a confiança e a inovação. *Revista de Direito Administrativo – RDA*, ano 16, n. 279.3, p. 115-145, set./ dez. 2020.

CATALAN, Marcos; EHRHARDT JÚNIOR, Marcos; MALHEIROS, Pablo (coord.). *Direito civil e tecnologia*: Tomo I. *In*: JABORANDY, Clara Cardoso Machado; GOLDHAR, Tatiane Gonçalves Miranda. *Marco legal para startups no Brasil*: um caminho necessário para segurança jurídica do ecossistema de inovação. Belo Horizonte: Fórum, 2021.

FEIGELSON, Bruno; LEITE, Luiza. *Sandbox*: experimentalismo no direito exponencial. Edição *Kindle*. São Paulo: Thomson Reuters, 2020.

FEIGELSON, Bruno; NYBO, Erik Fontenele; FONSECA, Victor Cabral. *Direito das Startups*. Edição do *Kindle*. São Paulo: Saraiva, 2018.

GREGÓRIO, Alvaro; ZANONI, Luciana Ortiz Tavares Costa; NEVES JUNIOR, Paulo Cezar (coord.). *Inovação no judiciário*: conceito, criação e práticas do primeiro laboratório de inovação do poder judiciário. Edição *Kindle*. São Paulo: Blucher, 2019.

GUERRA, Evandro Martins. *Controle externo da administração pública*. 4. ed. Belo Horizonte: Fórum, 2019.

HSUAN-AN, Tai. *Design*: conceitos e métodos. São Paulo: Blucher, 2017.

INOVAÇÃO. *In*: *MICHAELIS*: Dicionário Brasileiro da língua portuguesa. São Paulo: Melhoramentos, 2022. Disponível em: https://michaelis.uol.com.br/busca?r=0&f=0&t=0&palavra=inova%C3%A7%C3%A3o. Acesso em: 22 abr. 2022.

INTOSAI. *Declaração de Moscou, de 2019*. Disponível em: https://irbcontas.org.br/wp-content/uploads/2020/04/Declara%C3%A7%C3%A3o_de_Moscou_2019_-_tradu%C3%A7%C3%A3o_livre.pdf. Acesso em: 15 maio 2022.

KLAPPER, Leora; LAEVEN, Luc; RAJAN, Raghuram *apud* Brynjolfsson, Erik; McAfee, Andrew. *The Second Machine Age: Work, Progress, and Prosperity in a Time of Brilliant Technologies*. Edição do *Kindle*. Nova Iorque: W. W. Norton & Company. 2016.

KELLY, Kevin. *Inevitável*: as 12 forças tecnológicas que mudarão nosso mundo. Tradução de Cristina Yamagami. Edição do *Kindle*. Rio de Janeiro: Alta Books, 2018.

KLEIN, Laura. *UX for lean startups*: faster, smarter user experience research and design. Edição do *Kindle*. Sebastopol: O'Reilly Media, 2018.

LIMA, Luiz Henrique. *Controle externo contemporâneo*. Belo Horizonte: Fórum, 2020.

LIVINGSTON, Jessica (coord.). *Founders at work:* stories of startup's early days. Edição do Kindle. Nova Iorque: Apress, 2007.

LOWDERMILK, Travis. *Design Centrado no Usuário:* um guia para o desenvolvimento de aplicativos amigáveis. Tradução de Lúcia Ayako Kinoshita. Edição do *Kindle*. São Paulo: Novatec Editora, 2019.

MORETTI, Eduardo; OLIVEIRA, Leandro Antonio Godoy (org.). *Startups*: aspectos jurídicos relevantes. Edição do *Kindle*. 2. ed. Rio de Janeiro: Lumen Juris, 2019.

MOTTA, Fabrício; VALLE, Vanice Regina Lírio do (coord.). *Governo digital e a busca por inovação na administração pública.* Belo Horizonte: Fórum, 2021.

MOTTA, Fabrício; VALLE, Vanice Regina Lírio do (coord.). Governo digital e a busca por inovação na administração pública. *In:* TAVARES, André Afonso; BITENCOURT, Caroline Müller. *A lei do governo digital e os laboratórios de inovação*: inteligência artificial, ciência de dados e *big open data* como ferramentas de apoio à auditoria social e controle social. Belo Horizonte: Fórum, 2021; p. 143-169.

NORMAN, Don. *The design of everyday things. Basic Books.* Edição do *Kindle*. Nova Iorque: Basic Books, 2013.

OECD. *Manual de Oslo*: diretrizes para coleta e interpretação de dados sobre inovação. Tradutora: GOUVEIA, Flávia. 3. ed. Rio de Janeiro: FINEP, 2005; p. 9. Disponível em: http://www.finep.gov.br/images/apoio-e-financiamento/manualoslo.pdf. Acesso em: 22 abr. 2022.

OIOLI, Erik Frederico (coord.). *Manual de direito para startups*: conheça os principais aspectos jurídicos que afetam a constituição e desenvolvimento de uma *startup*. Edição do *Kindle*. São Paulo: Thomson Reuters Brasil, 2019.

PÉRCIO, Gabriela Verona; FORTINI, Cristiana (coord.). *Inteligência e inovação em contratação pública.* Belo Horizonte: Fórum, 2020.

REIS, Luciano Elias. *Compras públicas inovadoras:* o desenvolvimento científico, tecnológico e inovativo como perspectiva do desenvolvimento nacional sustentável - de acordo com a nova lei de licitações e o marco regulatório das *startups*. Belo Horizonte: Fórum, 2022.

RIES, Eric. *O estilo startup*: como as empresas modernas usam o empreendedorismo para transformar sua cultura e impulsionar seu crescimento. Tradução de Carlos Szlak. Edição do *Kindle*. Rio de Janeiro: Sextante, 2019a.

RIES, Eric. *A startup enxuta.* Edição do *Kindle*. Tradutor de Ivanir Calado. Rio de Janeiro: Sextante, 2019b.

SAADI, Mário; DEGUIRMENDIAN, Juliana; BARBOZA, Júlio César Moreira; YOUSSEF, Laís Menegon; OLIVEIRA, Maria Cristina Mendes de. *Nova lei de licitações (Lei nº 14.133/2021) sistematizada.* 1. ed. Belo Horizonte: Fórum, 2021.

SALVADOR, Antonio; CASTELLO, Daniel. *Transformação digital*: uma jornada que vai muito além da tecnologia. Atelier de conteúdo. Edição do *Kindle*. São Paulo: Atelier de Conteúdo, 2020.

SCHWAB, Klaus. *A Quarta Revolução Industrial.* Tradução por Daniel Moreira Miranda. Edição do *Kindle*. São Paulo: Edipro, 2019.

TEIXEIRA, Fabrício. *Introdução e boas práticas em UX Design.* Edição do *Kindle*. São Paulo: Casa do Código, 2014.

TRIBUNAL DE CONTAS DO ESTADO DE MATO GROSSO. *Resolução Normativa nº 12/2021-TP, publicada no Diário Oficial de Contas nº 2.336, em 3/12/2021.* Institui a Mesa Técnica no TCE-MT, visando promover o consensualismo, a eficiência e o pluralismo na solução de temas controvertidos relacionados à administração pública e ao controle externo, e dá outras providências. Disponível em: https://www.tce.mt.gov.br/legislacoes/resolucao-normativa?page=2. Acesso em: 20 jun. 2022.

WANDERLEY COSTA, Alex Rodrigo Moises *et al. Hackathon*: soluções inteligentes e práticas colaborativas. Edição do *Kindle*. São Paulo: Expressa Érica, 2021.

Informação bibliográfica deste texto, conforme a NBR 6023:2018 da Associação Brasileira de Normas Técnicas (ABNT):

MARQUES, Jaqueline Jacobsen; FELIX, Adriano da Silva. A licitação e a contratação de soluções inovadoras da Lei Complementar nº 182/2021: um panorama desafiador ao controle externo brasileiro. *In*: LIMA, Luiz Henrique; CUNDA, Daniela Zago Gonçalves da; GODINHO, Heloísa Helena Antonacio Monteiro (coord.). *Controle externo e as mutações do Direito Público*: licitações e contratos – Estudos de ministros e conselheiros substitutos dos tribunais de contas. Belo Horizonte: Fórum, 2023. p. 121-157. ISBN 978-65-5518-502-7.

A TEORIA DAS INVALIDADES NA NOVA LEI DE CONTRATAÇÕES PÚBLICAS E O EQUILÍBRIO DOS INTERESSES ENVOLVIDOS

FLÁVIO GERMANO DE SENA TEIXEIRA JÚNIOR
MARCOS NÓBREGA

> *"Toda a evolução da ciência indica que a melhor gramática para pensar o mundo é a da mudança, não a da permanência. Do acontecer, não do ser"*.[1]
> Carlo Rovelli

1 Introdução

O tempo, sugeria Aristóteles, é a medida da mudança.[2] Comentando o pensador grego, o físico teórico Carlo Rovelli[3] questiona: "mas então, se nada muda, se nada se move, o tempo não passa?". A despeito das diversas teorias sobre o tempo, algo, porém, nos parece seguro afirmar: "pode-se escolher diferentes variáveis para medi-lo e nenhuma delas terá todas as características do tempo que conhecemos, mas isso jamais eliminará o fato de que o mundo está em constante mudança".[4] Diante disso, então, "a melhor gramática para pensar o mundo é a da

---

[1] Cf. ROVELLI, Carlo. *A ordem do tempo*. 1. ed. Rio de Janeiro: Objetiva, 2018, p. 80.
[2] *Ibidem*, p. 56.
[3] *Ibidem*, p. 80.
[4] *Ibidem*.

mudança, não a da permanência. Do acontecer, não do ser".[5] Com o Direito Administrativo não pode ser diferente.

A deflagração do processo legislativo relativo ao novo marco legal de licitações e contratos se deve, em grande parte, ao apontamento, pela Comissão Especial do Senado Federal, de que a Lei nº 8.666/93 "cria insegurança para os administradores públicos",[6][7] de tal maneira que o anacronismo legislativo engendrou um cenário de assimetria de informações e dificuldades aos *players* que se aventuram a participar de certames licitatórios e contratos públicos, sobretudo à Administração (e, como corolário, à coletividade), alijada por famigerados fenômenos como *seleção adversa* e *moral hazard*.[8]

Há um verdadeiro descompasso entre o *ser* e o *dever ser* em razão da "obsolescência gramatical" de certos dispositivos da Lei Geral de Licitações e Contratos, que já ostenta quase 30 (trinta) anos. Assim, o PL nº 4.253/20, agora pendente de sanção presidencial, reveste-se de grande importância, eis que a Lei nº 8.666/93 se mostrou incapaz de atender aos desafios do Estado frente à sociedade complexa.[9]

Esse cenário de imprecisão e insegurança jurídica potencializou diversas mazelas na Administração Pública, tais como o que se convencionou chamar de *Direito Administrativo do Medo*,[10] colocando-se em evidência uma *análise crítica do controle*,[11] falando-se até mesmo em

---

[5] Ibidem.
[6] Cf. SENADO FEDERAL. *Relatório Final da Comissão Especial Temporária de Modernização da Lei de Licitações e Contratos (Lei nº 8.666/1993) – CTLICON*.
[7] Cf. NÓBREGA, Marcos; JURUBEBA, Diego Franco de Araújo. *Assimetrias de informação na nova Lei de Licitação e o problema da seleção adversa*. Disponível em https://dspace.almg.gov.br/handle/11037/37919. Acesso em: 4 fev. 2021.
[8] Ibidem.
[9] Cf. NÓBREGA, Marcos. Esperando Godot: *Poderá a nova Lei de licitações revolucionar as compras públicas no Brasil?* Disponível em: https://www.olicitante.com.br/wp-content/uploads/2020/12/Esperando-Godot-Podera-a-Nova-Lei-de-Licitacao-revolucionar-as-compras-publica-no-Brasil-Marcos-Nobrega.pdf. Acesso em: 8 fev. 2021.
[10] Em razão da hipertrofia/sofisticação da atividade controladora, essa expressão (*Direito Administrativo do Medo*) tem sido utilizada para designar a inibição do administrador público frente ao cenário de ampliação dos riscos jurídicos sobre suas ações. "Decidir sobre o dia a dia da Administração passou a atrair riscos jurídicos de toda ordem, que podem chegar ao ponto da criminalização da conduta". Cf. GUIMARÃES, Fernando Vernalha. *O Direito Administrativo do Medo*: a crise da ineficiência pelo controle. Disponível em: http://www.direitodoestado.com.br/colunistas/fernando-vernalha-guimaraes/o-direito-administrativo-do-medo-a-crise-da-ineficiencia-pelo-controle. Acesso em: 04 fev. 2020.
[11] Cf. DE PALMA, Juliana Bonacorsi. *A proposta de Lei da Segurança Jurídica na gestão e do controle público e as pesquisas acadêmicas*. Disponível em: http://sbdp.org.br/wp/wp-content/uploads/2019/06/LINDB.pdf. Acesso em: 4 fev. 2021.

crise da ineficiência pelo controle.[12] Não se pode perder de vista, no entanto, que o papel do controlador também não é fácil, eis que, por diversas vezes, depara-se com denúncias de irregularidades em licitações e contratos, mas não se encontra munido das informações e dados técnicos necessários a uma tomada de decisão devidamente motivada. A "missão civilizatória", usualmente, também se afigura ingrata.

Nesse diapasão, algumas saídas legislativas foram propostas com o escopo de conferir maior segurança jurídica às decisões tomadas pela Administração Pública e facilitar o diálogo com os órgãos de controle. No âmbito do Direito Público em geral, tem-se as significativas normas instituídas pela Lei nº 13.655/2018, que enfatizam, no decorrer dos seus dispositivos, a necessidade de serem consideradas *as circunstâncias práticas da decisão*,[13] incorporando-se a lógica *consequencialista* como mecanismo de combate ao "ambiente de geleia geral, em que princípios vagos podem sustentar qualquer decisão".[14]

Especificamente em relação ao novo marco legal de licitações e contratos administrativos, ressaltam-se os artigos 146 a 149 (Capítulo XI), que dispõem sobre o regime jurídico das nulidades nas contratações públicas, agora, com um viés claramente consequencialista. Essa "inovação legislativa"[15] é pertinente, sobretudo porque "as pesquisas apontam que, não raro, controladores reputam a decisão administrativa válida ou inválida com base em princípios ou conceitos jurídicos indeterminados e valores abstratos",[16] sendo comum observar tais condutas em matéria de licitações e contratos públicos. Sobre o tema, Juliana de Palma pondera:

---

[12] Cf. GUIMARÃES, Fernando Vernalha, *op. cit.*
[13] Cf. art. 20 da LINDB.
[14] A frase é de Carlos Ari Sundfeld. SUNDFELD, Carlos Ari. Princípio é preguiça. *In*: SUNDFELD, Carlos Ari. *Direito Administrativo para Céticos*. 2. ed. São Paulo: Direito GV/Malheiros, 2014, p. 205.
[15] Tecnicamente, não se trata de uma inovação, já que a Lei nº 13.655/2018, ao introduzir diversos dispositivos na LINDB, já demonstrou a preocupação do legislador com a segurança jurídica e com a motivação das decisões públicas. Os artigos 20, 21, 22 e 24 são prova disso, onde se enfatiza a necessidade de consideração das circunstâncias práticas da decisão, bem como o estabelecimento de óbice à decretação de invalidação de situações fáticas plenamente constituídas. Em outras palavras: a ilegalidade, *de per si*, não tem mais o condão de ensejar, automaticamente, a extirpação integral dos efeitos do contrato ou do administrativo. Não se descure que tanto o STF quanto o TCU já adotavam entendimentos pautados numa análise *consequencialista*, no entanto, a positivação desse *modelo decisório*, tanto na LINDB quanto no novo marco legal de contratações públicas, tende a conferir maior segurança jurídica e qualidade nas decisões.
[16] Cf. DE PALMA, *op. cit.*

Na prática, a motivação tende a não considerar as consequências concretas da decisão controladora: no geral, os controladores adotam uma visão deliberativa limitada ao caso concreto – a casuística –, que não considera os impactos da decisão específica, ou do conjunto decisório, sobre a gestão pública em termos de custos, tempo, legitimidade, eficácia da política pública e isonomia perante os demais cidadãos.[17]

Outro ponto indicado pelos pesquisadores é o de que "as decisões administrativas são meramente provisionais".[18] É dizer: na medida em que atos, contratos, licitações, decisões de políticas públicas e processos administrativos em geral são submetidos a um acentuado grau de controle, frequentemente sem balizas bem delineadas, "as decisões administrativas assemelham-se a uma 'primeira tentativa',[19] cuja deliberação final depende do aval do controlador".[20]

Nessa esteira, por mais que se critique o PL nº 4.253/20 em alguns aspectos, não se pode olvidar que a incorporação de ideais *consequencialistas* na construção de uma "nova" teoria da invalidação atende aos anseios de um Direito Administrativo mais próximo da realidade da sociedade complexa, eis que pautado na análise dos riscos e nos impactos econômico-sociais, num contínuo movimento pendular entre o mundo fenomênico e o arcabouço *jus*normativo. Adota-se uma espécie de *hermenêutica da facticidade*, em que o Direito não se sobrepõe aos fatos, mas dialoga com eles. A ressignificação do conceito de interesse público, cujo enfoque passa a ser o *equilíbrio de interesses envolvidos*, é um dos corolários desse movimento.

O presente artigo estrutura-se, portanto, da seguinte forma: em um primeiro momento, aborda-se o regime jurídico da invalidação na Lei nº 8.666/93, perquirindo-se a "inadequação gramatical" do Direito Administrativo clássico para a teorização da invalidade em contratações públicas na sociedade complexa; segundo, destaca-se a ruptura com o Direito Administrativo tradicional e a virada paradigmática promovida pela Lei nº 13.655/2018, que alterou substancialmente a Lei de Introdução às Normas do Direito Brasileiro (LINDB) e positivou novas e relevantes referências interpretativas no Direito Público, inclusive, no que diz respeito ao instituto da invalidação; terceiro, discute-se o regime jurídico das invalidades estatuído na Nova Lei de Contratações

---

[17] *Ibidem.*
[18] *Ibidem.*
[19] *Ibidem.*
[20] *Ibidem.*

Públicas, estabelecendo-se a relação com a noção de *equilíbrio dos interesses envolvidos*.

Desta feita, sem maiores propensões teóricas, pretende-se, tão somente, comentar o significativo avanço que a futura lei tende a promover, superando-se (ao menos em parte), a partir de uma nova gramática legislativa, o sectarismo e a dicotomia (ato válido-inválido) que permeava o Direito Administrativo Clássico, conjecturando-se sobre as possibilidades de teorizar a nulidade/invalidade no Direito Administrativo (e, mais especificamente, no âmbito das licitações e contratos) a partir do *equilíbrio dos interesses envolvidos*, numa perspectiva dialógica, dando-se primazia ao aspecto *funcional* do princípio da legalidade.

2   O anacronismo da Teoria das Invalidades no Direito Administrativo brasileiro clássico: colocação do problema

No Direito Administrativo, costuma-se dizer que anulação (ou invalidação)[21] "é o desfazimento do ato administrativo por razões de ilegalidade",[22] ou, ainda, "a eliminação, de um ato administrativo ou da relação jurídica por ele gerada, ou de ambos, por terem sido produzidos em desconformidade com a ordem jurídica".[23]

Um dos temas mais debatidos na doutrina diz respeito à classificação dos atos inválidos. O assunto é de grande relevância, tendo em vista que, na doutrina clássica, conforme seja o tipo de invalidade do ato, a reação da ordem jurídica será diversa.

Não existe (e nunca existiu), no Brasil, uma unificação legislativa no que tange ao regime jurídico dos atos inválidos. A razão para isso reside na ausência de codificação do Direito Administrativo brasileiro e na autonomia política conferida pela Constituição a cada entidade federativa.[24] É o princípio federativo que fundamenta a inexistência de

---

[21] Neste trabalho, a despeito de relativa cizânia doutrinária quanto à questão terminológica, utilizaremos os vocábulos *anulação* e *invalidação* como expressões sinônimas e que, portanto, versam sobre o mesmo instituto.
[22] DI PIETRO, Maria Sylvia Zanella. *Direito Administrativo*. 25. ed. São Paulo: Atlas. 2012, p. 243.
[23] VITTA, Heraldo Garcia. *Invalidação dos atos administrativos*. Disponível em: https://www.trf3.jus.br/lpbin22/lpext.dll/FolRevistas/Revista/revs.nfo.ff9.0.0.0/revs.nfo.fff.0.0.0/revs.nfo.1001.0.0.0?fn=document-frame-nosync.htm&f=templates&2.0. Acesso em: 4 fev. 2021.
[24] Cf. FREIRE, André Luiz. *Manutenção e retirada dos contratos administrativos inválidos*. São Paulo: Malheiros Editores, 2008, p. 69.

uma legislação comum. Isso sempre trouxe (e ainda traz) dificuldades para sistematizar a matéria.

Durante muito tempo, não havia qualquer legislação que fornecesse contornos mais seguros para a construção de uma teoria das invalidades dos atos administrativos. Em 1965 foi editada a Lei nº 4.717 (Lei de Ação Popular), a qual dispõe, em seu art. 2º, sobre os atos nulos e anuláveis. No entanto, como não conferiu tratamento jurídico diferenciado para essas figuras, ela não ajudou muito na tarefa de diferenciar os atos administrativos inválidos.[25]

Talvez por força disso, alguns juristas de escol se socorreram da teoria das invalidades dos atos de Direito Privado, adaptando-a ao Direito Administrativo, sob o argumento de que se tratava de teoria geral do Direito. Essa foi a postura adotada, por exemplo, por Oswaldo Aranha Bandeira de Mello, que diferenciou os atos administrativos inválidos em nulos e anuláveis.[26]

Por outro lado, houve quem afastasse a aplicação integral da teoria das invalidades do Direito Privado aos atos administrativos. É o caso de Seabra Fagundes, para quem a classificação do direito privado em atos nulos e anuláveis, constante no Código Civil de 1916, não se ajusta ao Direito Administrativo, tendo em vista o princípio do interesse público.[27] Com base nesses pressupostos, ele classifica os atos inválidos em absolutamente insanáveis (nulos), relativamente inválidos (anuláveis) e atos irregulares. A distinção entre eles se funda na maior ou menor ofensa ao interesse público (gravidade do vício).[28]

---

[25] A Lei de Ação Popular prevê, em seu art. 2º, que os atos administrativos lesivos ao patrimônio público serão nulos nos casos de incompetência, vício de forma, ilegalidade do objeto, inexistência dos motivos e vício de finalidade. Já o art. 3º dispõe que os atos portadores de vícios diversos daqueles citados no art. 2º seriam anuláveis.

[26] "a distinção entre atos nulos e anuláveis, embora objeto de sistematização pelos civilistas, não envolve matéria jurídica de direito privado, mas da teoria geral do direito, pertinente à ilegitimidade dos atos jurídicos, e, portanto, perfeitamente adaptável ao direito público, especialmente, ao direito administrativo. Não se trata, por conseguinte, de transplantação imprópria da teoria do direito privado para o direito público inconciliável com os princípios informadores do ato administrativo" (Oswaldo Aranha Bandeira de Mello. *Princípios Gerais...*, cit., p. 656.

[27] "A infringência legal no ato administrativo, se considerada abstratamente, aparecerá sempre como prejudicial ao interesse público. Mas, por outro lado, vista em face de algum caso concreto, pode acontecer que essa situação resultante do ato, embora nascida irregularmente, torne-se útil àquele interesse. Também as numerosas situações pessoais alcançadas e beneficiadas pelo ato vicioso podem aconselhar a subsistência dos seus efeitos. Por tudo isso, a aplicação dos princípios do direito privado aos atos administrativos tem de ser aceita, limitadamente, no tocante à sistematização geral e pela jurisprudência, no que respeita aos casos concretos, de modo a articulá-los com os princípios gerais e especiais de direito administrativo" (M. Seabra Fagundes, *O controle dos atos administrativos...*, cit., p. 53-54).

[28] *Ibidem*, p. 64 e ss.

Hely Lopes Meirelles também afasta a aplicação da classificação dos atos em nulos e anuláveis no âmbito do Direito Administrativo. Na lição do jurista, nulidade e anulabilidade se fundam, respectivamente, no interesse público e no interesse privado na manutenção ou eliminação do ato inválido. Como para ele não há, no Direito Público, ato editado no interesse privado, não existe a categoria dos atos administrativos anuláveis. Nesse vetor, o autor assevera que os atos administrativos inválidos serão sempre nulos:

> Duas observações se impõem em tema de anulação de ato administrativo: a primeira, é a de que os efeitos do anulamento são idênticos para os atos nulos como para os chamados atos inexistentes; a segunda, é a de que em Direito Público não há lugar para os atos anuláveis. Isto porque a nulidade (absoluta) e a anulabilidade (relativa) assentam, respectivamente, na ocorrência do interesse privado e do interesse público na manutenção ou eliminação do ato irregular. Quando o ato é de exclusivo interesse dos particulares – o que só ocorre no Direito Privado – embora ilegítimo ou ilegal, pode ser mantido ou invalidado segundo o desejo das partes; quando é de interesse público – e tais são todos os atos administrativos – a sua legalidade se impõe como condição de validade e eficácia do ato, não se admitindo o arbítrio dos interessados para a sua manutenção ou invalidação, porque isto ofenderia a exigência de legitimidade da atuação pública. O ato administrativo é legal ou ilegal; é válido ou inválido. Jamais poderá ser legal ou meio legal; válido ou meio válido, como ocorreria se se admitisse a nulidade relativa ou anulabilidade como pretendem alguns autores que transplantam teorias do Direito Privado para o Direito Público sem meditar na sua inadequação aos princípios específicos da atividade estatal.[29]

Já Celso Antônio Bandeira de Mello sistematiza, conforme o regime jurídico aplicável, os atos inválidos em inexistentes, nulos e anuláveis. Os atos inexistentes seriam os que se encontram no campo do impossível jurídico, ou seja, aqueles cujo comportamento consiste na prática de crimes que ofendam os direitos fundamentais da pessoa humana, ligados à sua personalidade ou dignidade. A diferença entre os atos nulos e anuláveis, segundo ele, reside basicamente na possibilidade de convalidação, a qual só existe em relação aos atos anuláveis. Ademais, no curso de uma lide, a arguição do vício dos atos nulos pode ser feita pelo Ministério Público ou de ofício pelo juiz; nos atos anuláveis, tal arguição somente pode ser feita pelo interessado.[30]

---

[29] *Revogação e anulação de ato administrativo.* Texto publicado em 1964. Disponível em: http://bibliotecadigital.fgv.br/ojs/index.php/rda/article/view/25736. Acesso em: 12 fev. 2021.
[30] Celso Antônio Bandeira de Mello, *Curso...*, cit., p. 467 e ss.

Seria possível escrever páginas e páginas acerca das diferentes classificações feitas pela doutrina, cada uma diversa da outra. Não é oportuno cansar o leitor com essa descrição. Esse não é o propósito deste trabalho. O que nos move aqui é perquirir sobre a teoria da invalidação no "novo" Direito Administrativo, sobretudo no âmbito das licitações e contratos administrativos. A grande pergunta é: como construir um regime jurídico de invalidades que esteja mais atento às questões que permeiam as contratações públicas na sociedade complexa?

Não se descure que o tema da invalidade está entre os tópicos mais difíceis do Direito Administrativo. Certo é que a sociedade mudou e, junto com ela, os conceitos tradicionais do Direito Administrativo precisam ser ressignificados. Luís Cabral de Moncada[31] alerta que no contexto atual de um Direito Administrativo voltado e dirigido à realização de fins econômicos e sociais, as figuras tradicionais da invalidade, que eram coevas do seu nascimento, passam a ter maiores dificuldades para atender demandas cada vez mais intrincadas:

> A rigidez do regime jurídico das invalidades administrativas adaptava-se bem a uma conjuntura em que a Administração actuava pouco mas quando o fazia era pela via unilateral e executória, *máxime* policial, e de modo agressivo da esfera jurídica do particular súdito. Ora, hoje a Administração entra em relações muito mais complexas com os particulares a tender para uma cada vez mais nítida paridade a pedir adequada tutela e de que resultam até efeitos atendíveis exteriores aos que afectam as entidades diretamente intervenientes. O regime jurídico das invalidades deve ser assim construído de modo diversificado e os respectivos efeitos devem ser equacionados numa perspectiva abrangente que se não fica pela simples consideração da relação entre as entidades diretamente visadas.

Nesse diapasão, a nossa proposta no presente artigo, portanto, é a de enfatizar o *papel funcional do princípio da legalidade*, a fim de que sirva de maneira mais efetiva ao Direito Administrativo atual, o qual reclama uma dogmática própria em matéria de invalidades, permeável a regimes jurídicos elásticos compatíveis com a vastidão das questões suscitadas e que estejam, portanto, atentos à complexidade dos problemas práticos e à necessidade de *equilibrar os interesses envolvidos*.[32]

---

[31] MONCADA, Luiz Cabral de. *A nulidade do Acto Administrativo*. Disponível em: https://recil.grupolusofona.pt/bitstream/10437/4399/1/a_nulidade_do_acto_administrativo.pdf. Acesso em: 12 fev. 2021.

[32] Essa é a razão pela qual a expressão *equilíbrio dos interesses envolvidos* consta no título do artigo. Com isso, queremos nos referir à capacidade de construir uma noção de legalidade

A título de esclarecimento, não é despiciendo ressaltar que o previsto nos dispositivos da LINDB e no Novo Marco Legal de Contratações Públicas (em matéria de invalidade de ato/contrato administrativo) não se confunde com o instituto da *convalidação*, já consagrado há tempos no Direito Administrativo brasileiro, inclusive na doutrina clássica. Sobre isso, para evitar maiores confusões conceituais, cumpre tecer alguns esclarecimentos.

Segundo Di Pietro, a *convalidação* ou *saneamento* é "o ato administrativo pelo qual é suprido o vício existente em um ato ilegal, com efeitos retroativos à data em que este foi praticado".[33] No magistério de Weida Zancanner,[34] "é um ato, exarado pela Administração Pública, que se refere expressamente ao ato de convalidar para suprir seus defeitos e resguardar os efeitos por ele produzidos".

Antônio Carlos Cintra do Amaral[35] leciona que a convalidação ainda depende da possibilidade de retroação dos efeitos do ato *convalidador* ao momento de nascimento do ato a convalidar, salvo quando decorre exclusivamente de ato do particular. Nesta última hipótese, nenhum ato é praticado pela Administração, como ocorre, por exemplo, com alguém que foi destinatário de uma exoneração a pedido, sem que houvesse requerido. Se fizer o pedido depois, com expressa intenção legitimadora do ato exonerante, tê-lo-á convalidado.

Entretanto, emerge uma dificuldade a superar: se se põe como regra a irretroatividade do ato administrativo, como saber em que hipóteses, excepcionalmente, produzirá efeitos retroativos? Concebendo a irretroatividade como defluência dos princípios da segurança jurídica e da proteção à confiança, possível compreender-se que cederá ante a retroação, quando esta for justamente necessária para a concretização daqueles princípios em dada situação concreta.

Como sintetiza Carlos Ari Sundfeld,[36] para diagnosticar-se a retroatividade ou não de um ato administrativo em dado caso concreto, basta verificar se a *retroeficácia* realiza os valores da segurança e da estabilidade das relações jurídicas. Se o fizer, a retroação é admissível; se negar tais valores, deve-se proscrevê-la.

---

que leve em conta, sobretudo, a acomodação do interesse das partes, encontrando um ponto em comum onde interesses conflitantes possam repousar.

[33] DI PIETRO, *op. cit.*, p. 253

[34] *Da Convalidação e da Invalidação dos Atos Administrativos*. 2. ed. São Paulo: Malheiros, 1993, p. 55.

[35] *Ato Administrativo, Licitações e Contratos Administrativos*. São Paulo: Malheiros, 1995, p. 62.

[36] *Ato Administrativo Inválido*. São Paulo: Revista dos Tribunais, 1990, p. 72.

Em se tratando de convalidação ou convalescimento, portanto, a regra é a retroação. Todavia, não se poderá admiti-la quando resultar prejudicial ou danosa aos administrados. É o segundo critério aferidor da retroação. À nossa vista, a eficácia *ex tunc* para prejudicar frustra a sua base principiológica e axiológica: a segurança jurídica e a proteção à confiança, que, militando em favor da harmonia social, se preordenam à inalterabilidade de situações positivas fruídas pelos administrados. Por conseguinte, vale salientar que, para que aconteça a convalidação, além da possibilidade de o ato ser praticado novamente sem vício e da possibilidade de retroação, é imprescindível que o ato convalidador nenhum prejuízo acarrete aos interessados.

Ademais, no Direito Administrativo Clássico, a obrigação de convalidar surgia, em muitos casos, como o único caminho apto a realizar, *in concreto*, os cânones da segurança jurídica e da boa-fé, tão caros ao Estado Democrático de Direito. Para Sérgio Ferraz e Adilson Abreu Dallari,[37] no entanto, que endossam a posição assumida por Weida Zancanner, tanto a anulação quanto a convalidação são atividades vinculadas, e esse cenário em nada foi alterado pelo art. 55 da Lei nº 9.784/99. É pensamento dos autores mencionados que o dispositivo em foco não tornou a convalidação uma mera faculdade ou expressão de discricionariedade administrativa. Expressam-se nos seguintes termos:

> A flexão verbal "poderão", aí utilizada, significa a expressa atribuição de um poder-dever: "expressa" porque sempre existiu, mesmo antes da lei; "poder-dever" porque a convalidação é emanação direta dos princípios da legalidade e da segurança jurídica, não remanescendo, destarte, margem de volição para o agente administrativo.

Não se pode negar que a questão não desfruta de uniformidade na doutrina. Edmir Netto de Araújo,[38] divergindo dos juristas transcritos, é peremptório em assegurar que

> (...) não há um dever de convalidar o ato anulável, mas o dever de recompor a legalidade ferida, o que se faz tanto fulminando o ato viciado quanto convalidando-o, e esta opção, como se viu, é *discricionariamente* voltada à melhor solução para o Direito, com vistas ao cumprimento do fim específico de interesse público do *ato em revisão*, pois o fim especial do novo ato é o *resguardo* da ordem jurídica.

---

[37] *Processo Administrativo*. São Paulo: Malheiros, 2001, p. 201.
[38] *Convalidação do Ato Administrativo*. São Paulo: LTr, 1999, p. 135.

Prega-se, portanto, a utilização da convalidação com fundamento não somente no princípio da segurança jurídica, mas também nos princípios da proporcionalidade e da boa-fé, uma vez que se pode entender que a atuação desproporcionada é atentatória ou contrária à boa-fé. Consoante Clarissa Sampaio Silva,[39] deve-se adotar a convalidação nas hipóteses em que atos vinculados criaram benefícios aos particulares, por constituir meio menos gravoso do que a invalidação e atingir idêntico fim, que é a recuperação da legalidade ferida.

Não nos cabe aqui um estudo aprofundado acerca do instituto da *convalidação*. Tal exposição foi feita apenas com o escopo de lembrar ao leitor que a *convalidação* pressupõe a supressão da ilegalidade, com efeitos, em regra, retroativos (*ex tunc*). No caso da LINDB e do Novo Marco Legal de Contratações Públicas, como será demonstrado mais à frente, foi positivada a possibilidade de decidir por *não invalidar* um ato/contrato formalmente viciado, quando a declaração de invalidade, a partir de um juízo de ponderação (dentro dos *standards* legais, obviamente), não atender ao *equilíbrio de interesses envolvidos*. *A legalidade, portanto, passa a ostentar um caráter notadamente funcional.*

2.1 Aplicabilidade da teoria da invalidação dos atos administrativos nas contratações públicas e a "obsolescência gramatical" da Lei nº 8.666/93

> *"A gramática formou-se a partir da nossa experiência limitada, antes de nos darmos conta de sua imprecisão em apreender a rica estrutura do mundo".*[40]

Antes de passarmos ao próximo tópico, não é despiciendo esclarecer que, como o contrato administrativo nada mais é do que um ato administrativo bilateral,[41] as considerações que aqui foram feitas sobre invalidação de atos administrativos se aplicam plenamente às contratações públicas. É dizer: "como por detrás do contrato administrativo há um ato administrativo, que deve vir exercitado com legitimidade, os vícios que maculam os atos são os mesmos dos contratos".[42]

---

[39] *Limites à Invalidação dos Atos Administrativos*. São Paulo: Max Limonad, 2001, p. 133-134.
[40] ROVELLI, *op. cit.*, p. 91.
[41] Cf. FREIRE, *op. cit.*
[42] Cf. Manoel de Oliveira Franco Sobrinho. *Contratos Administrativos*, p. 112. No mesmo sentido: Lúcia Valle Figueiredo. *Extinção dos Contratos Administrativos*, p. 85.

Isso significa que a sistematização referente aos atos administrativos inválidos é a mesma para os contratos administrativos (quanto às licitações, nenhuma dúvida paira sobre a aplicabilidade dessa sistematização). Dessa forma, o tema será abordado a partir da teoria dos atos administrativos inválidos. Logo, o que será (e o que foi) exposto se aplica integralmente aos contratos administrativos portadores de vício de legalidade.

Do exame do regime jurídico de nulidades plasmado na Lei nº 8.666/93, infere-se a presença de dispositivos como "a nulidade do procedimento licitatório induz à do contrato" e o artigo 59, o qual prevê a desconstituição (*ex tunc*) de todos os efeitos jurídicos produzidos pelo contrato administrativo declarado inválido/nulo:

> Art. 59. A declaração de nulidade do contrato administrativo opera retroativamente impedindo os efeitos jurídicos que ele, ordinariamente, deveria produzir, além de desconstituir os já produzidos.

Dessume-se, portanto, ao investigar-se a gramática legislativa do Direito Administrativo Brasileiro clássico, notadamente em matéria de contratações públicas, que inexistia preocupação (legislativa) com as circunstâncias práticas da decisão, tampouco se recomendava uma análise de riscos, impactos, despesas etc. (evidências empíricas). Esse foi um dos fatores que tornou a Lei Geral de Licitações – LGL (Lei nº 8.666/93) um diploma normativo falho, ultrapassado e ineficiente.[43]

Cediço que o elemento textual-normativo é indefectível à atividade de controle,[44] e a estrutura da realidade atual não é aquela que essa gramática (da LGL) pressupõe. As licitações e os contratos públicos são muito mais do que um punhado de procedimentos administrativos, posto que envolvem altos custos, riscos, empregos etc. Existem inúmeros fatores que impactam sobremaneira a vida das pessoas, das empresas e do meio ambiente.

Assim, desvela-se o cenário de insuficiência que marca o (início do) fim do sectarismo dicotômico que marca a teoria das invalidades

---

[43] NÓBREGA, Marcos. *Esperando Godot: Poderá a nova Lei de licitações revolucionar as compras públicas no Brasil?* Disponível em: https://www.olicitante.com.br/wp-content/uploads/2020/12/Esperando-Godot-Podera-a-Nova-Lei-de-Licitacao-revolucionar-as-compras-publica-no-Brasil-Marcos-Nobrega.pdf. Acesso em: 8 fev. 2021.

[44] Cf. MAZZONI, Cosimo Marco. I Controlli sulle Attività Economiche. *In:* GALGANO, Francesco; GENGHINI, Riccardo (direzione). *Trattato di Diritto Commerciale e di Diritto Pubblico dell'Economia.* Volume primo. Padova: CEDAM, 1977.

do Direito Administrativo clássico. Referido panorama ensejou uma virada paradigmática do Direito Administrativo, cujo marco legislativo, no Brasil, pode ser atribuído à Lei nº 13.655/2018, chamada por alguns de "Lei da Segurança Jurídica" ou "Lei de Segurança Jurídica para a Inovação Pública".[45] O exame das evidências e circunstâncias práticas do caso concreto passa a ser regra. Na realidade, "apesar de não serem novidade no Brasil, os processos decisórios orientados por evidência paulatinamente deixam de ser uma experiência burocrática pontual. Hoje são uma tendência".[46]

3 A Lei nº 13.655/2018 e o consequencialismo: ruptura com o paradigma do Direito Administrativo clássico

O entendimento de que o interesse público não pode ser prejudicado pela anulação de atos ou contratos administrativos não é novidade. A preservação de um contrato administrativo viciado já poderia ocorrer através da convalidação (supressão do vício de legalidade) ou da estabilização em virtude da incidência de prazos extintivos.

De mais a mais, *a decisão de não invalidar* um ato ou contrato – por conta das circunstâncias práticas da decisão ou pelos efeitos que o ato já produziu – já era aceita pela jurisprudência e por parte da doutrina, todavia, por ser comumente desconsiderada pelos órgãos de controle e pelo Poder Judiciário, precisou ser positivada pelo legislador, o que aconteceu (conforme antes alinhavado), de maneira mais efetiva, com o advento da Lei nº 13.655/2018 e as alterações e acréscimos que promoveu na LINDB.[47]

Por questões metodológicas e para que o artigo não fique demasiado extenso, focaremos, por enquanto, no artigo 20 da LINDB, o qual prescreve que, "nas esferas administrativa, controladora e judicial,

---

[45] Cf. DE PALMA, Juliana Bonacorsi. *A segurança jurídica para a inovação pública*: a nova Lei de Introdução às Normas do Direito Brasileiro (Lei nº 13.655/2018). Disponível em: http://bibliotecadigital.fgv.br/ojs/index.php/rda/article/view/82012#:~:text=A%20tese%20central%20do%20texto,maior%20criatividade%20e%20conforto%20decis%C3%B3rio. Acesso em: 09 fev. 2021.
[46] Cf. DE PALMA, Juliana Bonacorsi. *Consequencialismo, evidências e controle pelo TCU*. Disponível em: https://www.jota.info/opiniao-e-analise/colunas/controle-publico/consequencialismo-evidencias-e-o-controle-pelo-tcu-03042019.
[47] Cf. NOBRE JÚNIOR, Edilson Pereira. *As Normas de Direito Público na Lei de Introdução ao Direito Brasileiro*: paradigmas para a interpretação e aplicação do direito administrativo. São Paulo: Editora Contracorrente, 2019, p. 73.

não se decidirá com base em valores jurídicos abstratos sem que sejam consideradas as consequências práticas da decisão".

Ao comentar o dispositivo, Marçal Justen Filho alerta que "o art. 20 não impede que a decisão seja fundada em valores abstratos, mas exige um processo de sua concretização em vista das circunstâncias verificadas no mundo dos fatos".[48] É que o processo de concretização do direito envolve, de modo inarredável, a determinação (inclusive) do conteúdo dos valores abstratos.[49] "A solução adotada no mundo dos fatos é orientada por valores, mas isso envolve a determinação do conteúdo do valor em face das circunstâncias da situação examinada".[50] É dizer: não está proibida a argumentação com base em princípios, mas a motivação vai além da checagem da legalidade (criando-se o ônus, ao administrador/controlador/juiz, de argumentar pela consequência prática), sobrelevando-se o vetor constitucional da proporcionalidade. Sobre esse ponto, o já citado Justen Filho destaca:

> Como toda e qualquer decisão da autoridade estatal deve ser compatível com a proporcionalidade-adequação, isso significa que o art. 20 da LINDB apenas tornou inquestionável uma exigência que era implicitamente reconhecida como inafastável requisito de validade.[51]

Ora, a autoridade deve tomar em vista os efeitos causados pelas diversas alternativas decisórias, sendo obrigatório escolher aquela solução que acarretar as restrições menos intensas aos interesses e valores em jogo (primazia do equilíbrio de interesses). A Lei prevê ainda a possibilidade de serem oferecidas alternativas de regularização (art. 21), sem esquecer-se de considerar as orientações gerais da época (art. 24) e os obstáculos reais do gestor (art. 22).

Com efeito, por diversas vezes, anular ou invalidar um ato ou contrato administrativo simplesmente exacerbará o desequilíbrio de interesses envolvidos, de sorte que é imprescindível que a autoridade formule uma projeção quanto aos efeitos práticos de sua decisão, o que inclui, em alguns casos, *a decisão de não invalidar* um ato ou contrato administrativo eivado de vício de legalidade.

---

[48] Cf. JUSTEN FILHO, Marçal. Art. 20 da LINDB: dever de transparência, concretude e proporcionalidade nas decisões públicas. Disponível em: http://bibliotecadigital.fgv.br/ojs/index.php/rda/article/view/77648. Acesso em: 16 fev. 2021.
[49] Ibidem.
[50] Ibidem.
[51] Ibidem

A decisão, portanto, deve ser o resultado de um "processo estimativo" realizado pela autoridade competente que leve em consideração os interesses envolvidos, e a consideração aos efeitos práticos da decisão deve obrigatoriamente constar da motivação do ato.[52]

Como já se destacou no presente artigo, o enfoque tradicional do Direito Administrativo "reputa que a teoria das invalidades não atribui margem de autonomia para a autoridade estatal preservar atos defeituosos. A constatação de defeito grave imporia o desfazimento do ato administrativo, independentemente dos efeitos daí decorrentes".[53]

Essa concepção vinha sofrendo mitigações na atuação prática dos órgãos de controle – sobretudo do TCU. Em diversos casos, a Corte de Contas até reconheceu a nulidade, mas não pronunciou a invalidade do ato em virtude de um juízo de proporcionalidade que considerava o equilíbrio dos interesses fragmentados (o que não impedia, entretanto, a punição aos envolvidos nos atos defeituosos). Em outros termos: o controle de viés consequencialista já era implementado, mas, infelizmente, não tão raras vezes, o excessivo culto ao formalismo da Lei nº 8.666/93 acabava por imperar em detrimento do exame das consequências práticas da invalidação.

Esse "ambiente de incerteza" (no âmbito do Direito Público em geral) foi enfrentado pela Lei nº 13.655/2018, a qual aliou, num arremate só, o reforço à regra de competência (a Administração Pública interpreta e sua interpretação tem peso), a integração do controlador na tomada de decisão pública, o diálogo institucional (ou interinstitucional) e o regime especial de motivação (este último, em duas situações: a) *ratio decidendi* construída em valores jurídicos abstratos e b) invalidação).[54]

O parágrafo único do art. 20, inclusive, apregoa expressamente que a técnica de proporcionalidade se aplica à invalidação de atos administrativos, de sorte que o desfazimento de um ato administrativo defeituoso não deriva da mera verificação de sua incompatibilidade com norma jurídica hierarquicamente superior.[55] O simples reconhecimento da ausência de requisito de validade se afigura insuficiente para ensejar, *de per se*, o desfazimento do ato ou contrato administrativo.

---

[52] *Ibidem.*
[53] *Ibidem.*
[54] Cf. Informações extraídas de apresentação produzida por Juliana Bonacorsi de Palma, intitulada de *Motivação, segurança jurídica e controle das decisões administrativas*: Lei de segurança jurídica para a inovação pública (arts. 20, 21, 22 e 28).
[55] Cf. JUSTEN FILHO, *op. cit.*

Desta feita, afigura-se imprescindível avaliar os efeitos concretamente produzidos pelo ato defeituoso. Caso – a partir do juízo de ponderação das evidências (custo econômico, estágio físico e financeiro da obra/contrato, impactos sociais e ambientais etc.) – se verifique que o desfazimento dos efeitos do ato ou contrato viciado tende a comprometer os fins colimados pela Administração, ou, existindo solução que, aparentemente, melhor acomoda os interesses envolvidos, tornar-se-á obrigatória a preservação do ato ou a adoção de providências destinadas a promover o seu saneamento (em detrimento da anulação).

4 A teoria das invalidades à luz da Nova Lei de Contratações Públicas e o equilíbrio dos interesses envolvidos

A nova Lei de Contratações Públicas estabelece parâmetros indicativos para a Administração, Judiciário e órgãos de controle, que, para fins de analisar eventual invalidade na licitação ou no contrato, deverão considerar, nessa avaliação, os fatos, prognoses e assimetrias informativas contemporâneas à tomada de decisão. Elas são um misto de critérios políticos, econômicos e sociais, variando de "impactos econômicos e financeiros decorrentes do atraso na fruição dos benefícios" previstos para o contrato a "riscos sociais, ambientais e à segurança da população decorrentes do atraso na fruição" desses benefícios.

O exame também pode considerar a "motivação social e ambiental do contrato", o "custo da deterioração ou da perda das parcelas executadas"; a "despesa necessária à preservação das instalações e dos serviços já executados"; o "fechamento dos postos de trabalho diretos e indiretos em razão da paralisação", o "custo para realização de nova licitação ou celebração de novo contrato", entre outros.[56] Tais aspectos materializam a moderna ideia de *legalidade funcional*, o que implica admitir que a legalidade seja maleável, ajustável, buscando-se o balanceamento do interesse das partes. A existência de um tratamento funcional do princípio da legalidade dá sentido à questão do equilíbrio de interesses.

Nos dizeres de Jacintho Arruda Câmara, "a invalidação deve ser preterida quando for incompatível com qualquer interesse público que

---

[56] Tudo isso está no art. 146 do PL nº 4253/2020. Referido dispositivo é o enfoque da nossa abordagem no presente artigo.

imponha a preservação do contrato".[57] Essa avaliação será obrigatória. Não basta constatar ilegalidade para expurgar um ato ou contrato administrativo; será necessário ponderar se invalidá-lo é compatível com o "interesse público" (art. 147).[58] Se, para atender ao interesse público, a avença for preservada, a irregularidade poderá gerar apenas indenização por perdas e danos, além da responsabilização de quem lhe tiver dado causa. Vejamos:

> Art. 146. Constatada irregularidade no procedimento licitatório ou na execução contratual, caso não seja possível o saneamento, a decisão sobre a suspensão da execução ou anulação do contrato somente será adotada na hipótese em que se revelar medida de interesse público, com avaliação, entre outros, dos seguintes aspectos:
> I – Impactos econômicos e financeiros decorrentes do atraso na fruição dos benefícios do objeto do contrato;
> II – riscos sociais, ambientais e à segurança da população local decorrentes do atraso na fruição dos benefícios do objeto do contrato;
> III – motivação social e ambiental do contrato;
> IV – custo da deterioração ou da perda das parcelas executadas;
> V – despesa necessária à preservação das instalações e dos serviços já executados;
> VI – despesa inerente à desmobilização e ao posterior retorno às atividades;
> VII – medidas efetivamente adotadas pelo titular do órgão ou entidade para o saneamento dos indícios de irregularidades apontados;
> VIII – custo total e estágio de execução física e financeira dos contratos, dos convênios, das obras ou das parcelas envolvidas;
> IX – fechamento de postos de trabalho diretos e indiretos em razão da paralisação;
> X – custo para realização de nova licitação ou celebração de novo contrato;
> XI – custo de oportunidade do capital durante o período de paralisação.
> Parágrafo único. Caso a paralisação ou anulação não se revele medida de interesse público, o poder público deverá optar pela continuidade do contrato e pela solução da irregularidade por meio de indenização por perdas e danos, sem prejuízo da apuração de responsabilidade e da aplicação de penalidades cabíveis.

---

[57] CÂMARA, Jacintho Arruda. Invalidação de contratos públicos na nova lei: um exemplo de consequencialismo Disponível em: https://www.jota.info/opiniao-e-analise/colunas/publicistas/invalidacao-de-contratos-publicos-na-nova-lei-um-exemplo-de-consequencialismo-12012021. Acesso em: 9 fev. 2021.

[58] Interesse público aqui, no nosso sentir, é o equilíbrio dos interesses envolvidos, o que também inclui a situação do particular contratado.

O dispositivo transcrito é o ponto nevrálgico da nossa análise, porquanto traz grande impacto para o futuro das contratações públicas ao estabelecer *standards* à invalidação (o mecanismo de lei-quadro, similar ao que acontece no âmbito das agências reguladoras). Assim, afigura-se oportuno comentar, ainda que brevemente, os onze incisos e o parágrafo único que o compõem, deixando para outra oportunidade um detalhamento mais agudo. A intenção não é nos aprofundarmos nisso, mas apenas dar algumas pistas para a compreensão da importância desses critérios nas atividades administrativa, controladora e judicial na seara das contratações públicas.

I – Impactos econômicos e financeiros decorrentes do atraso na fruição dos benefícios do objeto do contrato

Da leitura do primeiro inciso, depreende-se que a eventual declaração de invalidação da licitação ou do contrato depende de prévia análise *dos impactos econômicos e financeiros decorrentes do atraso na fruição dos benefícios do objeto do contrato*. Eis o grande desafio que permeia a incompletude intrínseca aos contratos públicos: aglutinar concomitantemente o interesse do Estado, o da coletividade e o da contratada.[59]

Em estudo realizado pela Confederação Nacional da Indústria (CNI), divulgado dia 12 de julho de 2018, apresenta-se o desperdício do dinheiro público com 2.797 obras públicas paralisadas no Brasil. A maior parte é do saneamento básico. Nessa esteira, um dos principais fatores a ser levado em conta é o *custo econômico-financeiro* que será enfrentado, por exemplo, em razão da invalidação do contrato e a consequente suspensão ou interrupção da execução contratual.[60]

A análise sobre invalidar ou preservar a conclusão da obra deve considerar duas questões complementares: 1) olhando exclusivamente para o volume de recursos adicionais para concluir e operar o projeto, bem como considerando os benefícios que ele trará, o projeto é viável econômica e financeiramente? 2) se a resposta à questão anterior for positiva, isto é, sendo viável econômica e financeiramente, faz sentido ser o setor público a financiar e/ou a realizar o restante do projeto?[61]

---

[59] Cf. TEIXEIRA JÚNIOR, Flávio Germano de Sena. Covid 19, Estado de Incerteza e os Contratos de Concessão na Covid-19. Disponível em: https://www.conjur.com.br/2020-out-07/teixeira-junior-contratos-concessao-covid-19. Acesso em: 11 fev. 2021.

[60] Cf. https://www.conjur.com.br/dl/estudo-cni-grandes-obras-paradas.pdf.

[61] *Idem.*

Paralisar uma obra pública implica, necessariamente, revisão ou cancelamento de contratos com projetistas, empreiteiras, montadoras, gerenciadoras, fabricantes de equipamentos etc. Isso desencadeia desequilíbrios econômico-financeiros às partes afetadas e provoca a proliferação de litígios judiciais (ou arbitrais) que acabam onerando bastante a Administração Pública e por um longo prazo.[62]

A existência de vício na licitação ou no contrato não pode ensejar automaticamente a suspensão ou interrupção da execução contratual, sob pena de trazer grande prejuízo à coletividade e à própria Administração Pública. Imperioso que se faça um juízo de ponderação levando-se em conta o equilíbrio dos interesses fragmentados/envolvidos, o que se materializa por meio do exame das evidências. Quando se paralisa abruptamente uma obra, por exemplo, deixa-se de fazer investimentos, de gerar empregos e de atender à demanda da sociedade em áreas essenciais como saúde, educação, transporte e segurança pública.

II – *Riscos sociais, ambientais e à segurança da população local decorrentes do atraso na fruição dos benefícios do objeto do contrato*

Um dos maiores problemas existentes em uma obra paralisada refere-se ao risco estrutural da exposição de intempéries decorrentes da descontinuidade dos trabalhos de conclusão da obra, resultando em danos muitas vezes irreversíveis. Por exemplo, uma obra paralisada, cuja estrutura não tinha previsão de impermeabilização que a protegesse da ação das águas, implica a exposição da estrutura ao tempo, acarretando corrosões das armaduras, bem como uma desagregação do concreto em função do aumento de volume das barras de aço. Esta evidência é muito comum no meio da Engenharia Estrutural.[63]

Os riscos ambientais, por sua vez, relacionam-se com as consequências da paralisação com o meio ambiente. *Exempli gratia*, um corolário desastroso da exposição das fundações e muros de contenção é o comprometimento da estabilidade do prédio como um todo, tendo em vista que tal exposição poderá tirar o apoio de tais elementos de sustentação, provocando uma situação de instabilidade, bem como poderá ocorrer a oxidação da armadura de ferragem. Formação de poças d'água em locais não abrigados, potencializando a procriação do mosquito *Aedes*

---

[62] Cf. https://www.buildin.com.br/obras-publicas-impacto-das-paralisacoes/.
[63] Cf. documento disponível em: http://www.mrcl.com.br/upav/28.pdf, no qual se discorre sobre depreciação e desvalorização de obra paralisada.

Aegypt, dentre outras doenças consectárias da depreciação resultante da interrupção abrupta de uma obra pública.[64]

III – Motivação social e ambiental do contrato

A motivação social e ambiental do contrato, no nosso sentir, é mais do que já fora exposto em relação ao inciso II. Necessário se faz aprimorar os modelos de fiscalização das contratações públicas para levar em consideração não apenas a busca pelo menor preço, mas também a promoção do desenvolvimento sustentável do país (que, inclusive, já era um dos objetivos plasmados na Lei nº 8.666/93). É dizer: deve-se dar primazia à função social do contrato ou da licitação, abarcando-se a preocupação ambiental, social e o desenvolvimento econômico.

IV – Custo da deterioração ou da perda das parcelas executadas

De norte a sul do País, milhares de obras estão paradas, e algumas delas sem perspectivas de serem retomadas.[65] Hoje, o maior desafio do setor é evitar que esses empreendimentos se transformem em grandes esqueletos Brasil afora e causem ainda mais prejuízos para os cofres públicos e para a população.

V – Despesa necessária à preservação das instalações e dos serviços já executados

Outro ponto a ser levado em consideração são os custos decorrentes da necessária preservação das estruturas semiacabadas e dos equipamentos entregues. É de praxe a Administração solicitar das empresas que tiveram contratos invalidados a definição de medidas voltadas à preservação das estruturas civis e equipamentos disponíveis na obra paralisada. Portanto, vale aqui, também como critério de avaliação de ponderação para eventual invalidação do contrato, a contabilização das despesas de preservação, que se estendem à segurança patrimonial, à manutenção do legado, à perda de garantias etc.

VI – Despesa inerente à desmobilização e ao posterior retorno às atividades

Mobilização e desmobilização são o conjunto de providências e operações que o executor dos serviços tem que efetivar para transportar

---

[64] Idem.
[65] Cf. matéria jornalística intitulada "o país das obras paradas", disponível em: https://oglobo.globo.com/opiniao/o-pais-das-obras-paradas-1-24709363#:~:text=Os%20projetos%20integram%20o%20acervo,Contas%20da%20Uni%C3%A3o%20(TCU).

pessoal e equipamentos até o local da obra e, ao final dos trabalhos, retorná-los para o ponto de origem.[66] Esse gasto é comum, por exemplo, nas obras rodoviárias, sendo comum a adoção de taxa de mobilização e desmobilização no orçamento global. É mais um aspecto a ser levado em consideração na eventual invalidação de um contrato administrativo.

VII – Medidas efetivamente adotadas pelo titular do órgão ou entidade para o saneamento dos indícios de irregularidades apontados

Quanto a esse dispositivo, alertamos para a necessidade de observância do "primado da realidade". Não raras vezes, o administrador público se vê diante de recursos humanos e materiais escassos, o que deve ser levado em conta pelos órgãos de controle e pelo Poder Judiciário.[67] [68]

Exempli gratia, as medidas fiscalizatórias disponíveis ao alcance do gestor público de um município interiorano "pequeno" nem de longe são as mesmas de que dispõe o administrador no âmbito federal. Considerar o "primado da realidade", portanto, implica avaliar as dificuldades reais da Administração Pública em cada caso. Na maior parte das vezes, executar aquilo que está no papel é bem mais difícil do que parece.

VIII – Custo total e estágio de execução física e financeira dos contratos, dos convênios, das obras ou das parcelas envolvidas

Além do custo da própria licitação, não se pode olvidar os gastos globais no cumprimento de cada contrato e os respectivos estágios físico e financeiro. Em outras palavras: imagine o impacto negativo caso ocorra a paralisação ou abandono de uma obra de grande vulto que já estava "em vias" de conclusão?

O investimento realizado (tanto em termos pecuniários quanto o "tempo" ali empregado) não pode ser desconsiderado. Muito pelo

---

[66] Cf. MENDES, André Luiz; BASTOS, Patrícia Reis. *Um aspecto polêmico das obras públicas: benefícios e despesas indiretas* (BDI). Disponível em: https://revista.tcu.gov.br/ojs/index.php/RTCU/article/view/889. Acesso em: 15 fev. 2021.

[67] NOBRE JÚNIOR, *op. cit.*, p. 78.

[68] Eduardo Jordão, em artigo sobre o art. 22 da LINDB, discorre sobre o "pedido de empatia" com o gestor público. Entendemos que essa ideia também é aplicável no tocante à teoria da invalidação na Nova Lei de Contratações Públicas. *Art. 22: acabou o romance. O reforço do pragmatismo no Direito brasileiro*. Disponível em: http://bibliotecadigital.fgv.br/ojs/index.php/rda/article/view/77650/. Acesso em: 17 fev. 2021.

contrário. Preservar um contrato "viciado", às vezes, pode ser o caminho que melhor atende o equilíbrio dos interesses envolvidos (particular contratado, Administração e coletividade). É critério, portanto, imprescindível na ponderação de eventual declaração de nulidade.

IX – Fechamento de postos de trabalho diretos e indiretos em razão da paralisação

Há quem diga, inclusive, que a reversão do cenário de desemprego no Brasil depende diretamente da reativação de obras públicas paralisadas.[69] Nesse diapasão, ao verificar-se alguma invalidade num contrato administrativo, tanto o administrador quanto o controlador devem levar em conta o fechamento (direto ou indireto) de postos de trabalho em razão da suspensão ou interrupção da execução contratual.

A despeito do trivial exame dos aspectos formais do regime licitatório e contratual, é importante lembrar que, mesmo observados os rígidos padrões da Constituição Brasileira, há sensível margem para a utilização da modelagem das contratações públicas como mecanismo de indução do desenvolvimento econômico e social. A geração de empregos, inquestionavelmente, é pedra de toque nessa abordagem. Este critério, portanto, não pode ser, de maneira alguma, desconsiderado.

X – Custo para realização de nova licitação ou celebração de novo contrato

Cediço que a licitação ou a própria execução contratual implicam gastos para a Administração Pública. Um estudo realizado pelo Instituto Negócios Públicos, em fevereiro de 2015, possibilitou analisar o custo médio de uma licitação através dos gastos em casa fase do processo.[70] A economia aos cofres públicos é critério de extrema relevância para decidir-se pela invalidação ou não de um contrato administrativo.

---

[69] Cf. https://www.istoedinheiro.com.br/a-saida-esta-no-canteiro-de-obras/.

[70] Segundo o referido estudo, a identificação da necessidade de bens ou serviços tem um custo de R$ 1.051,51; a análise e aprovação de aquisição somam um custo de R$ 726,99; o custo da realização de pesquisa de mercado de valores e quantidade é de R$ 2.561,07; a determinação da modalidade e projeto básico ou termo de referência custa R$ 2.095,44; a elaboração de minuta do edital, contrato e publicação custam R$ 3.954,17; o custo da abertura de propostas e habilitação dos interessados em ato público é de R$ 1.475,27 e, por fim, a verificação nas conformidades do edital, adjudicação e homologação, e publicação do resultado custam R$ 2.487,35. E todo esse processo licitatório gera um custo médio de R$ 14.351,50. Isso em 2015.

XI – Custo de oportunidade do capital durante o período de paralisação

O Manual de Custos Rodoviários – Volume 1 – Metodologia e Conceitos (Sicro2), de 2003, descreve que o custo de capital representa o "custo incorrido pelo empresário, pelo fato de aplicar, num negócio específico, seu capital próprio ou o capital captado de terceiros".[71]

O custo de oportunidade, por sua vez, é definido por Brigham como a "taxa de retorno que se poderia obter com investimentos alternativos de risco semelhante".[72] Assim, na análise de eventual invalidação do contrato administrativo, não se pode perder de vista os valores desembolsados pelo contratado que se presta a cumprir o contrato, ainda mais quando este não deu causa ao vício de legalidade.

> *Parágrafo único. Caso a paralisação ou anulação não se revele medida de interesse público, o poder público deverá optar pela continuidade do contrato e pela solução da irregularidade por meio de indenização por perdas e danos, sem prejuízo da apuração de responsabilidade e da aplicação de penalidades cabíveis.*

O parágrafo único do artigo 146 resume a ideia geral dos incisos aqui comentados, qual seja, a imposição de *standards consequencialistas* pelo legislador, a fim de orientar a atuação do administrador e dos órgãos de controle na busca pela acomodação dos interesses envolvidos/fragmentados no âmbito de uma contratação pública, autorizando-os, inclusive, a *não invalidar* um contrato que, numa análise perfunctória e descontextualizada, seria declarado nulo. Esse aspecto *funcional* da legalidade, respeitada a densificação mínima da lei, é o que se deve buscar.[73]

Por fim, cumpre ressaltar, como previsto expressamente, que a preservação de um contrato viciado não impede a melhor apuração da irregularidade, a possibilidade de serem arbitradas indenizações por perdas e danos, bem como a aplicação de penalidades aos responsáveis pela ilegalidade.

---

[71] Cf. Manual de Custos Rodoviários – Volume 1 – Metodologia e Conceitos (Sicro2), de 2003 p. 208.

[72] Cf. BRIGHAM, Eugene F.; HOUSTON, Joel F. *Fundamentos da moderna administração financeira*. Trad. Maria Imilda da Costa e Silva. Rio de Janeiro: Campus, 1999, p. 208.

[73] Sobre o tema "densidade mínima da lei", ver: CAVALCANTI, Francisco de Queiroz Bezerra. *A reserva de densificação normativa da Lei nº para preservação do princípio da legalidade*. Disponível em: https://www.faculdadedamas.edu.br/revistafd/index.php/cihjur/article/view/158/149. Acesso em: 15 fev. 2021.

5 À guisa de conclusão: invalidação e equilíbrio de interesses envolvidos

Diante de todo o exposto, conclui-se que o tradicional dualismo no regime jurídico das invalidades do ato administrativo – assente na distinção radical entre nulidade e anulabilidade – não serve ao Direito Administrativo atual. Este necessita de uma dogmática própria, em matéria de invalidação, permeável a regimes jurídicos elásticos e compatíveis com a vastidão das questões suscitadas, atenta às complexidades dos problemas práticos e aos valores/interesses que deverão ser levados em conta.[74] Nesse sentido, substitui-se a legalidade tradicional pela noção de legalidade *funcional*.

As normas estatuídas pela nova Lei de Contratações Públicas, no que tange à teorização das invalidades, têm justamente esse objetivo. Orientar, induzir e até mesmo determinar que o administrador e o controlador ponderem sobre os interesses envolvidos, evitando que a invocação do princípio da legalidade seja realizada para amparar arbitrariedades.

Esses dispositivos (sobretudo o art. 146 do novo Marco Legal de Contratações Públicas, que recebeu nosso enfoque no presente artigo) buscam dar maior segurança jurídica aos interesses legitimamente protegidos em uma licitação ou contrato administrativo (Administração, coletividade e particular licitante/contratado). Há a imposição de *standards* que, não obstante impliquem relativa maleabilidade na aplicação do direito, mantêm uma reserva de densificação normativa mínima, preservando o princípio da legalidade, o que garante, como corolário, certo grau de previsibilidade na atuação administrativa (o que é crucial num Estado Democrático de Direito).

Por outro lado, a construção de uma teoria do *equilíbrio de interesses* será feita caso a caso e é tarefa conjunta da doutrina, da jurisprudência dos Tribunais Judiciais e dos tribunais de contas, num esforço contínuo de diálogo interinstitucional. Isso, inexoravelmente, ensejará debate e cizânia, mas é na divergência que se constroem as melhores teorias do conhecimento.

Destarte, conclui-se que a evolução (inclusive gramatical) crescente das regras que envolvem as condições para o desfazimento do ato ou do contrato administrativo e as exigências da sociedade complexa tornou anacrônica a teoria das invalidades do Direito Administrativo

---

[74] MONCADA, *op. cit.*

clássico. O disciplinamento das condições para o desaparecimento do ato ilegal criador de direitos não pode mais ser estruturado *apenas* em torno do princípio da legalidade, exceto se consideramos a legalidade em seu aspecto *funcional*, ou seja, como produto de uma série de outros princípios voltados a equilibrar os interesses envolvidos nas contratações públicas.

Desta feita, ao analisar-se a eventual nulidade de um ato ou contrato administrativo, deve-se levar em conta as consequências práticas da decisão e, principalmente, a estabilização dos interesses envolvidos. Continuar a apresentar o regime de invalidades levando em consideração apenas a *summa diviso* clássica levaria a distorcer a percepção desse equilíbrio e enviar um sinal errado ao destinatário da norma. Por isto, o Novo Marco Legal de Contratações Públicas, sobretudo pelo art. 146, tende a promover importante avanço na conformação de uma teoria das invalidades menos dissonante da realidade. É o que esperamos.

Referências

AMARAL, Antônio Carlos Cintra do. *Ato Administrativo, Licitações e Contratos Administrativos*. São Paulo: Malheiros, 1995.

ARAÚJO, Edmir Netto de. *Convalidação do Ato Administrativo*. São Paulo: LTr, 1999.

BANDEIRA DE MELLO, Celso Antônio. *Curso de Direito Administrativo*. 25. ed. São Paulo: Malheiros Editores, 2008.

BANDEIRA DE MELLO, Oswaldo Aranha. *Princípios Gerais de Direito Administrativo*. Vol. 1. 3. ed. São Paulo: Malheiros Editores, 2007.

BRIGHAM, Eugene F.; HOUSTON, Joel F. *Fundamentos da moderna administração financeira*. Trad. Maria Imilda da Costa e Silva. Rio de Janeiro: Campus, 1999.

CÂMARA, Jacintho Arruda. *Invalidação de contratos públicos na nova lei*: um exemplo de consequencialismo. Disponível em: https://www.jota.info/opiniao-e-analise/colunas/publicistas/invalidacao-de-contratos-publicos-na-nova-lei-um-exemplo-de-consequencialismo-12012021.

CAVALCANTI, Francisco de Queiroz Bezerra. *A reserva de densificação normativa da lei para preservação do princípio da legalidade*. Disponível em: https://www.faculdadedamas.edu.br/revistafd/index.php/cihjur/article/view/158/149.

CRETELLA JÚNIOR, José. *Dos Atos Administrativos Especiais*. 2. ed. Rio de Janeiro: Forense, 1998.

DE PALMA, Juliana Bonacorsi. *A proposta de Lei da Segurança Jurídica na gestão e do controle público e as pesquisas acadêmicas*. Disponível em: http://sbdp.org.br/wp/wp-content/uploads/2019/06/LINDB.pdf.

DI PIETRO, Maria Sylvia Zanella. *Direito Administrativo*. 25. ed. São Paulo: Atlas. 2012.

FAGUNDES, Miguel Seabra. *O controle dos atos administrativos pelo Poder Judiciário*. 7. ed. Atual. por Gustavo Binebojm. Rio de Janeiro: Forense, 2006.

FIGUEIREDO, Lúcia Valle. *Curso de Direito Administrativo*. 8. ed. São Paulo: Malheiros Editores, 2006.

FERRAZ, Sérgio; DALLARI, Adilson Abreu. *Processo Administrativo*. São Paulo: Malheiros, 2001.

FREIRE, André Luiz. *Manutenção e retirada dos contratos administrativos inválidos*. São Paulo: Malheiros Editores, 2008.

GUIMARÃES, Fernando Vernalha. *O Direito Administrativo do Medo*: a crise da ineficiência pelo controle. Disponível em: http://www.direitodoestado.com.br/colunistas/fernando-vernalha-guimaraes/o-direito-administrativo-do-medo-a-crise-da-ineficiencia-pelo-controle.

JUSTEN FILHO, Marçal. *Art. 20 da LINDB*: dever de transparência, concretude e proporcionalidade nas decisões públicas. Disponível em: http://bibliotecadigital.fgv.br/ojs/index.php/rda/article/view/77648.

MAZZONI, Cosimo Marco. I Controlli sulle Attività Economiche. *In*: GALGANO, Francesco; GENGHINI, Riccardo (direzione). *Trattato di Diritto Commerciale e di Diritto Pubblico dell'Economia*. Volume primo. Padova: CEDAM, 1977.

MENDES, André Luiz; BASTOS, Patrícia Reis. *Um aspecto polêmico das obras públicas*: benefícios e despesas indiretas (BDI). Disponível em: https://revista.tcu.gov.br/ojs/index.php/RTCU/article/view/889.

MENDONÇA, José Vicente Santos de. *Artigo 21 da LINDB*: indicando consequências e regularizando atos e negócios. Disponível em: http://bibliotecadigital.fgv.br/ojs/index.php/rda/article/view/77649/74312.

MEIRELLES, Hely Lopes. *Direito Administrativo Brasileiro*. 41. ed. São Paulo: Malheiros Editores, 2015.

MEIRELLES, Hely Lopes. *Revogação e anulação de ato administrativo*. Texto publicado em 1964. Disponível em: http://bibliotecadigital.fgv.br/ojs/index.php/rda/article/view/25736.

MONCADA, Luiz Cabral de. *A nulidade do Acto Administrativo*. Disponível em: https://recil.grupolusofona.pt/bitstream/10437/4399/1/a_nulidade_do_acto_administrativo.pdf. Acesso em: 12 fev. 2021.

NÓBREGA, Marcos; JURUBEBA, Diego Franco de Araújo. *Assimetrias de informação na nova Lei de Licitação e o problema da seleção adversa*. Disponível em: https://dspace.almg.gov.br/handle/11037/37919. Acesso em: 4 fev. 2021.

NÓBREGA, Marcos. *Esperando Godot*: Poderá a nova Lei de licitações revolucionar as compras públicas no Brasil? Disponível em: https://www.olicitante.com.br/wp-content/uploads/2020/12/Esperando-Godot-Podera-a-Nova-Lei-de-Licitacao-revolucionar-as-compras-publica-no-Brasil-Marcos-Nobrega.pdf. Acesso em: 8 fev. 2021.

NOBRE JÚNIOR, Edilson Pereira. *As Normas de Direito Público na Lei de Introdução ao Direito Brasileiro*: paradigmas para a interpretação e aplicação do direito administrativo. São Paulo: Editora Contracorrente, 2019.

PIRES, Gabriel Lino de Paula. *Ministério Público e Controle da Administração Pública*: enfoque sobre a atuação extrajudicial do Parquet. Dissertação de mestrado defendida na Faculdade de Direito da USP em 2014.

ROVELLI, Carlo. *A ordem do tempo*. 1. ed. Rio de Janeiro: Objetiva, 2018.

SUNDFELD, Carlos Ari. Princípio é preguiça. *In*: SUNDFELD, Carlos Ari. *Direito Administrativo para Céticos*. 2. ed. São Paulo: Direito GV/ Malheiros, 2014.

SUNDFELD, Carlos Ari. *Qual o papel do Judiciário no combate à Covid 19?* Disponível em: https://www.jota.info/opiniao-e-analise/artigos/qual-o-papel-do-judiciario-no-combate-a-covid-19-13042020.

TEIXEIRA JÚNIOR, Flávio Germano de Sena. *Covid 19, Estado de Incerteza e os Contratos de Concessão na Covid-19*. Disponível em: https://www.conjur.com.br/2020-out-07/teixeira-junior-contratos-concessao-covid-19.

VITTA, Heraldo Garcia. *Invalidação dos atos administrativos*. Disponível em: https://www.trf3.jus.br/lpbin22/lpext.dll/FolRevistas/Revista/revs.nfo.ff9.0.0.0/revs.nfo.fff.0.0.0/revs.nfo.1001.0.0.0?fn=document-frame-nosync.htm&f=templates&2.0.

ZANCANER, Weida. *Da Convalidação e da Invalidação dos Atos Administrativos*. 2. ed. São Paulo: Malheiros, 1993.

Informação bibliográfica deste texto, conforme a NBR 6023:2018 da Associação Brasileira de Normas Técnicas (ABNT):

TEIXEIRA JÚNIOR, Flávio Germano de Sena; NÓBREGA, Marcos. A teoria das invalidades na nova Lei de Contratações Públicas e o equilíbrio dos interesses envolvidos. *In*: LIMA, Luiz Henrique; CUNDA, Daniela Zago Gonçalves da; GODINHO, Heloísa Helena Antonacio Monteiro (coord.). *Controle externo e as mutações do Direito Público*: licitações e contratos – Estudos de ministros e conselheiros substitutos dos tribunais de contas. Belo Horizonte: Fórum, 2023. p. 159-185. ISBN 978-65-5518-502-7.

A RESPONSABILIZAÇÃO DOS PARECERISTAS PERANTE OS TRIBUNAIS DE CONTAS

MILENE DIAS DA CUNHA

1 Introdução

O parecerista jurídico é figura indispensável na análise de legalidade dos atos administrativos, em especial, quando tais atos importam em realização da despesa pública, como nas compras ou contratação de bens ou de serviços.

Não é razoável exigir dos gestores e servidores públicos conhecimento técnico-jurídico pormenorizado sobre inúmeras legislações, processos ou procedimentos. Daí a importância do parecerista jurídico, que, após análise minuciosa e cuidadosa acerca da legalidade do que submetido a sua apreciação, deverá se manifestar de maneira clara, objetiva e fundamentada quanto à existência ou não de óbices legais à contratação, tal como pretendida.

A nova Lei de Licitações e Contratos traz importantes disposições acerca da atuação do parecerista nos procedimentos de contratações públicas, o que altera o enfoque necessário para sua responsabilização quando comparado com o que dispõe a antiga Lei de Licitações e Contratos (Lei nº 8.666/1993), vigente até abril de 2023.

A Lei nº 8.666/1993, em seu art. 38, parágrafo único, estabelece que as minutas de editais de licitação, bem como as dos contratos, acordos, convênios ou ajustes devem ser previamente examinadas e aprovadas por assessoria jurídica da Administração. Por sua vez, o art. 53 da Lei nº 14.133/2021 determina que, ao final da fase preparatória, o processo licitatório seguirá para o órgão de assessoramento jurídico da Administração, que realizará controle prévio de legalidade mediante análise jurídica da contratação.

No primeiro caso, há o entendimento de que o parecer vincula o gestor, o que pode ensejar responsabilidade solidária, conforme exarado no MS nº 24631/DF (STF, 2022). Já na nova lei, o parecer tem apenas caráter obrigatório, não vinculando o gestor, porém o parecer precisa preencher alguns requisitos para que possa servir de subsídio seguro para a tomada de decisão quanto ao procedimento de contratação.

O parecer jurídico tem o condão não só de dar maior segurança ao gestor na tomada de decisões, como, em alguns casos, sob a perspectiva de cooperação e nos limites que lhe competem, de maneira preventiva, sistêmica e proativa, apontar soluções e entregar verdadeiro auxílio na implementação de políticas públicas, cujo fim maior visa ao interesse público.

Já há algum tempo, discute-se qual seria a extensão desta responsabilidade, de modo a garantir a responsabilização, sem, contudo, amedrontar a busca por soluções inovadoras, travando o profissional de apontar sua opinião com liberdade e autonomia.

Nesse sentido, os órgãos de controle, em especial os tribunais de contas, apresentam algumas divergências quanto ao alcance da responsabilização do parecerista, mas aplicam, em sua maioria, o entendimento da responsabilização somente diante da presença de demonstração de erro grosseiro ou dolo (má-intenção) na condução da orientação jurídica.

Assim, o problema que se busca responder é em quais circunstâncias é cabível a responsabilização do parecerista pelos tribunais de contas e como eles têm interpretado o que é erro grosseiro em matéria de parecer jurídico.

Nesta seara, com as alterações promovidas pela Lei nº 14.133/2021 quanto à participação do parecerista nos procedimentos de licitações e contratos o objetivo do presente artigo é analisar o impacto dessas mudanças na responsabilização do parecerista perante os tribunais de contas, notadamente a par da alteração promovida pela Lei nº 13.655/2018 na Lei de Introdução às Normas do Direito Brasileiro. Para tanto, a metodologia aplicada será a análise das legislações correlatas, jurisprudência e doutrina.

2   Atuação do parecerista na nova lei de licitações e contratos

Desde a Lei nº 8.666/93, há a obrigatoriedade do parecer jurídico nos processos de contratação pública, como parte integrante do procedimento da licitação, inclusive nos casos de dispensa ou inexigibilidade, bem como as minutas de editais de licitação e as dos contratos, acordos, convênios ou ajustes devem ser previamente examinadas e aprovadas por assessoria jurídica da Administração.

Nesse mister, Montoro (2020) observa que o parecer jurídico possui caráter obrigatório, a fim de evitar vícios que possam causar a nulidade de todo um processo de contratação, e sua ausência pode acarretar sanção àqueles que conduziram a licitação em razão do descumprimento de um dever legal.

A doutrina tem dado ao parecer jurídico o caráter de peça consultiva, instrumento por meio do qual o advogado público, no exercício de mister constitucional e legal, exara sua opinião, do ponto de vista jurídico, a respeito da questão posta sob consulta (SANTOS, 2014), definindo o parecer como "a manifestação opinativa de um órgão consultivo expendendo a sua apreciação técnica sobre o que foi submetido" (MELLO *apud* SANTOS, 2014). Nesse sentido, o parecer não possui poder decisório, vez que não se pode confundir opinar com decidir, porém, se foi indicado como fundamento da decisão, passará a integrá-lo, por corresponder à própria motivação do ato.

No entanto, conforme lecionam Di Pietro e Mota (2015), no que diz respeito à previsão do art. 38 da Lei nº 8.666/1993,

> [...] a análise jurídica, para além de obrigatória, é vinculante: as minutas devem ser analisadas e aprovadas. A participação do órgão jurídico não é apenas função de consultoria, já que tem que examinar e aprovar as minutas de edital e de contrato. Tais manifestações, quando acolhidas pela autoridade competente para decidir, constituem a própria motivação ou fundamentação do ato. A aprovação, no caso, integra o próprio procedimento e equivale a um ato de controle de legalidade e não de mérito; trata-se de hipótese em que o parecer é obrigatório e vinculante.

Os doutrinadores supracitados alertam que a regra contida no artigo 38, parágrafo único, ao atribuir competência ao órgão jurídico para "aprovar" as minutas de editais e contratos, dá a impressão de que a aprovação, no caso, teria natureza jurídica de ato administrativo produtor de efeitos jurídicos, vinculante para a Administração, e não mera opinião jurídica.

Por sua vez, o art. 53, *caput* e §1º da Lei nº 14.133/2021, a Nova Lei de Licitações e Contratos Administrativos (NLLC), estabeleceu que, ao final da fase preparatória, o processo licitatório seguirá para o órgão de assessoramento jurídico da Administração, que realizará controle prévio da legalidade mediante análise jurídica da contratação, não mais se referindo à aprovação, mas o tornando obrigatório. O §3º do artigo 53, ao assinalar que a divulgação do edital de licitação se dará após encerrada a instrução do processo sob os aspectos técnico e jurídico, mostra claramente que o parecer jurídico é parte indispensável à fase preparatória do procedimento licitatório.

Esse controle prévio é o de fiscalização e de colaboração, a fim de orientar a tomada de decisão. A função de fiscalizar está no art. 169, II, da Lei nº 14.133/2021, no capítulo destinado ao controle das contratações públicas, que rotula o parecer jurídico, ao lado do controle interno, como a segunda linha de defesa no âmbito desse controle. Já na função de colaboração ou de orientação, o parecerista deve, além de indicar as falhas, também avaliar possíveis soluções a serem adotadas pelo gestor público, expondo alternativas quanto à proposta de escolha mais adequada e abordando, a teor da previsão do artigo 20, *caput*, da Lei de Introdução às Normas do Direito Brasileiro (LINDB), as consequências práticas da decisão (CARVALHO; SIMÕES, 2021).

Nos termos do art. 53, §1º, incisos I e II,[1] para emissão do parecer deverão ser observados critérios objetivos para atribuição de prioridade, assim como o uso de linguagem simples, clara e objetiva, quando da redação do parecer.

Carvalho e Marçal (2021) explicam que o inciso I inaugura uma importante garantia para as assessorias jurídicas, que pode ser interpretada como norma de prudência, em que é possível disciplinar, em nível interno, quais são os critérios objetivos para atribuição de prioridade, que devem coincidir com as necessidades públicas prioritárias e não com a falta de diligência do administrador em enviar o documento para análise em momento tardio. Portanto, mesmo que inovadora e ainda sujeita a interpretações variadas, a atribuição de prioridade deve ser determinada pelo administrador, de forma escrita e objetiva, o que não impede que a própria assessoria jurídica discipline,

---

[1] Art. 53. Ao final da fase preparatória, o processo licitatório seguirá para o órgão de assessoramento jurídico da Administração, que realizará controle prévio de legalidade mediante análise jurídica da contratação.
§1º Na elaboração do parecer jurídico, o órgão de assessoramento jurídico da Administração deverá:
I - apreciar o processo licitatório conforme critérios objetivos prévios de atribuição de prioridade;
II - redigir sua manifestação em linguagem simples e compreensível e de forma clara e objetiva, com apreciação de todos os elementos indispensáveis à contratação e com exposição dos pressupostos de fato e de direito levados em consideração na análise jurídica;

utilizando balizas constantes na própria lei, os critérios objetivos que definam prioridade.

Já o inciso II aborda que a redação do parecer deve ter uma linguagem simples, clara e objetiva e atesta que a apreciação deve ser realizada por todos os elementos indispensáveis à contratação, devendo o parecerista expor não só os pressupostos de direito levados em consideração, como os pressupostos de fato. Com razão, em questões predominantemente técnicas, a linguagem de todo o processo licitatório deve ser simples, clara e objetiva. Dessa forma, o pressuposto de fato a ser levado em consideração não deverá ser compreendido somente como o *check list* dos documentos juntados aos autos. Juntamente com os pressupostos de direito, as questões de fato devem integrar a motivação, seja pela possibilidade ou não do certame. Assim, havendo dúvida fática do parecerista, este pode e deve levá-la em consideração com o mesmo peso que as questões de direito. O esclarecimento vincula o administrador, mas o pressuposto fático agora compõe as razões de decidir (CARVALHO; MARÇAL, 2021).

Diante do que foi exposto, pode-se concluir que o parecer jurídico nos processos licitatórios é obrigatório e vinculante naquilo que dispõe o art. 38, VI e parágrafo único, da Lei nº 8.666/93, enquanto que, para a Lei nº 14.133/2021, Nova Lei de Licitações, o parecer jurídico é apenas obrigatório, o que não impede a responsabilização do parecerista, conforme se verá adiante.

3 Atributos da responsabilização do parecerista

Desde a entrada em vigor da Lei Federal nº 8.666/1993, a qual impôs, como condição de eficácia do processo licitatório, a análise prévia e a aprovação do órgão consultivo jurídico, das minutas de editais, contratos e seus aditamentos, formou-se um debate na doutrina e na jurisprudência em torno da natureza jurídica dessa manifestação, bem como da extensão da responsabilidade do parecerista frente às suas orientações.

O entendimento que se consolidou pelo STF sobre a natureza jurídica da manifestação do parecerista, em que pese a existência de divergência na doutrina (BARRETO, 2017), foi o de que seria um parecer vinculante, no que diz respeito ao art. 38 da Lei nº 8.666/1993, senão veja-se na decisão do MS nº 24584 (STF, 2022):

ADVOGADO PÚBLICO - RESPONSABILIDADE - ARTIGO 38 DA LEI Nº 8.666/93 - TRIBUNAL DE CONTAS DA UNIÃO - ESCLARECIMENTOS. Prevendo o artigo 38 da Lei nº 8.666/93 que a manifestação da assessoria jurídica quanto a editais de licitação, contratos, acordos, convênios e ajustes não se limita a simples opinião, alcançando a aprovação, ou não, descabe a recusa à convocação do Tribunal de Contas da União para serem prestados esclarecimentos.

Na citada decisão, restou assente que "a exigência legal de aprovação de minutas pela assessoria jurídica da Administração caracteriza, sem dúvida, a vinculação do ato administrativo ao parecer jurídico favorável" e que "essa vinculação gera um compartilhamento do poder administrativo entre o administrador e o Procurador ou Chefe da assessoria jurídica, cujo parecer definitivo condiciona a prática do ato administrativo" (STF, 2022).

Nessa linha de entendimento, a responsabilização do parecerista era cabível quando sua manifestação apresentasse uma relação de causalidade entre o parecer e o ato administrativo do qual tenha resultado dano ao erário. No entanto, essa relação de causalidade era estrita, somente sendo permitida quando na presença de erro grosseiro, dolo ou opinião de teor vinculante. Neste último caso, havia a responsabilidade porque, segundo a Corte, o parecerista seria uma espécie de corresponsável. É o que se abstrai do decidido no âmbito de outra ação (MS nº 24631) (STF, 2022), que assim assentou:

> CONSTITUCIONAL. ADMINISTRATIVO. CONTROLE EXTERNO. AUDITORIA PELO TCU. RESPONSABILIDADE DE PROCURADOR DE AUTARQUIA POR EMISSÃO DE PARECER TÉCNICO-JURÍDICO DE NATUREZA OPINATIVA. SEGURANÇA DEFERIDA.
> I. Repercussões da natureza jurídico-administrativa do parecer jurídico: (i) quando a consulta é facultativa, a autoridade não se vincula ao parecer proferido, sendo que seu poder de decisão não se altera pela manifestação do órgão consultivo; (ii) *quando a consulta é obrigatória, a autoridade administrativa se vincula a emitir o ato tal como submetido à consultoria, com parecer favorável ou contrário, e se pretender praticar ato de forma diversa da apresentada à consultoria, deverá submetê-lo a novo parecer;* (iii) *quando a lei estabelece a obrigação de decidir à luz de parecer vinculante, essa manifestação de teor jurídica deixa de ser meramente opinativa e o administrador não poderá decidir senão nos termos da conclusão do parecer ou, então, não decidir.*
> II. No caso de que cuidam os autos, o parecer emitido *pelo impetrante não tinha caráter vinculante.* Sua aprovação pelo superior hierárquico não desvirtua sua natureza opinativa, nem o torna parte de ato administrativo posterior do qual possa eventualmente decorrer dano ao erário, mas apenas incorpora sua fundamentação ao ato.

III. Controle externo: É lícito concluir que é abusiva a responsabilização do parecerista à luz de uma alargada relação de causalidade entre seu parecer e o ato administrativo do qual tenha resultado dano ao erário. *Salvo demonstração de culpa ou erro grosseiro, submetida às instâncias administrativo-disciplinares ou jurisdicionais próprias, não cabe a responsabilização do advogado público pelo conteúdo de seu parecer de natureza meramente opinativa.* Mandado de segurança deferido.

É válido destacar que, no âmbito do MS nº 29137 (STF, 2022), a 2ª Turma do STF voltou a manifestar-se sobre a questão e, no que se refere especificamente à vinculação do parecer, se posicionou no sentido de que somente o parecer desfavorável gera a vinculação do gestor público, conforme se observa do voto da Ministra Cármen Lúcia:

> [...] É certo que, em matéria de licitações e contratos administrativos, a manifestação dos órgãos de assessoria jurídica não se limita à mera opinião, mas à aprovação ou rejeição da proposta. Contudo, embora seja obrigatória a submissão do contrato e, eventualmente, de seu termo aditivo, ao exame de legalidade pelo órgão de assessoria jurídica, *sua manifestação favorável não ganha contorno de vinculatividade capaz de subordinar a atuação do gestor público, compelindo-o a praticar o ato. Por outro lado, se o parecer técnico-jurídico for desfavorável, seu teor vincula o gestor público, impedindo-o de celebrar o ajuste ou tornando-o exclusivamente responsável pelos danos que dele possam advir.*
> Ao contrário do que pretende fazer crer o Impetrante, *a natureza vinculante de pareceres jurídicos em matéria de licitações somente se revela quando o órgão técnico aponta a existência de vício formal ou material que impeça ou desaconselhe a pratica do ato* [...].

Nesse sentido, com o entendimento de que o parecer favorável emitido com base no art. 38 da Lei nº 8.666/1993 não vincularia o gestor, a identificação de irregularidades no processo de contratação e a consequente responsabilização somente passará a alcançar o parecerista quando comprovada a ocorrência de culpa ou de erro grosseiro.

A questão passou a ser pacificada com a edição da Lei nº 13.655/2018, que incluiu no Decreto-Lei nº 4.657/1942 (Lei de Introdução às Normas do Direito Brasileiro) disposições sobre segurança jurídica e eficiência na criação e na aplicação do Direito público no art. 28,[2] no sentido de que o agente público "responderá pessoalmente por suas decisões ou opiniões técnicas em caso de dolo ou erro grosseiro".

---

[2] Art. 28. O agente público responderá pessoalmente por suas decisões ou opiniões técnicas em caso de dolo ou erro grosseiro.

Ato contínuo, foi editado o Decreto nº 9.830, de 10 de junho de 2019, o qual regulamentou dispositivos da LINDB, deixando assente que:

> Art. 12. O agente público somente poderá ser responsabilizado por suas decisões ou opiniões técnicas *se agir ou se omitir com dolo, direto ou eventual, ou cometer erro grosseiro, no desempenho de suas funções.*
> §1º *Considera-se erro grosseiro aquele manifesto, evidente e inescusável praticado com culpa grave, caracterizado por ação ou omissão com elevado grau de negligência, imprudência ou imperícia.*
> §2º Não será configurado dolo ou erro grosseiro do agente público *se não restar comprovada, nos autos do processo de responsabilização, situação ou circunstância fática capaz de caracterizar o dolo ou o erro grosseiro.*
> §3º *O mero nexo de causalidade entre a conduta e o resultado danoso não implica responsabilização, exceto se comprovado o dolo ou o erro grosseiro do agente público.*
> §4º *A complexidade da matéria e das atribuições exercidas pelo agente público serão consideradas em eventual responsabilização do agente público.*
> §5º *O montante do dano ao erário, ainda que expressivo, não poderá, por si só, ser elemento para caracterizar o erro grosseiro ou o dolo.*
> §6º A responsabilização pela opinião técnica não se estende de forma automática ao decisor que a adotou como fundamento de decidir *e somente se configurará se estiverem presentes elementos suficientes para o decisor aferir o dolo ou o erro grosseiro da opinião técnica ou se houver conluio entre os agentes.*
> §7º No exercício do poder hierárquico, *só responderá por culpa in vigilando aquele cuja omissão caracterizar erro grosseiro ou dolo.*
> §8º O disposto neste artigo não exime o agente público de atuar de forma diligente e eficiente no cumprimento dos seus deveres constitucionais e legais.

Assim, a capacidade sancionadora do Estado restou reduzida com tal dispositivo, de modo que, caso não se configure a ocorrência de dolo ou erro grosseiro, a responsabilidade do agente público restará afastada no âmbito do Direito Administrativo sancionador. Com a nova redação do art. 28, torna-se indiferente saber se há ou não caráter vinculante no parecer. O fundamental é verificar se há dolo ou erro grosseiro.

A gradação do erro foi analisada pelo Tribunal de Contas da União (TCU), no paradigmático Acórdão nº 2.391/2018, de relatoria do Ministro Benjamin Zymler, demonstrada no quadro:

Gradação do erro	Pessoa que seria capaz de perceber o erro	Efeito sobre a validade do negócio jurídico (se substancial)
Erro grosseiro	Pessoa que seria capaz de perceber o erro	Anulável
Erro (sem qualificação)	Com diligência normal	Anulável
Erro leve	Com diligência extraordinária – acima do normal	Não anulável

Nessa toada, para o exercício do poder sancionatório do TCU, o erro sem qualquer tipo de qualificação quanto à sua gravidade é aquele que poderia ser percebido por pessoa de diligência normal, com base no art. 138 do Código Civil. O erro leve, por sua vez, é o que somente seria percebido e, portanto, evitado por pessoa de diligência extraordinária, isto é, com grau de atenção acima do normal, consideradas as circunstâncias do negócio. Já o erro grosseiro é o que poderia ser percebido por pessoa com diligência abaixo do normal, ou seja, que seria evitado por pessoa com nível de atenção aquém do ordinário, consideradas as circunstâncias do negócio. Dito de outra forma, o erro grosseiro é o que decorreu de uma grave inobservância de um dever de cuidado, isto é, que foi praticado com culpa grave. Assim, somente o erro leve não seria passível de responsabilização.

Dessa forma, exemplificando, será erro grosseiro a aplicação de norma jurídica revogada, ou a decisão (e/ou opinião) que ignore a ocorrência de uma prescrição, a despeito de as informações pertinentes constarem do processo administrativo. Também será grosseiro o erro que aplique a legislação municipal para fins de um licenciamento federal, assim como aquele que não alerta para a ausência de um projeto básico em uma obra de engenharia. Importante frisar que o erro grosseiro, para fins de responsabilização, não afasta a ocorrência de culpa. Na verdade, estão abrangidas na ideia de erro grosseiro as noções de imprudência, negligência e imperícia, quando efetivamente graves – ou gravíssimas (CYRINO; BINENDOJM, 2018).

Nessa intelecção, o impacto imediato do art. 28 da LINDB é a reconfiguração da noção de administrador médio. Longe de ser um médium, capaz de antecipar juízos dos órgãos de controle e avaliar todas as consequências, ele deve ser tomado como um sujeito que erra, como qualquer pessoa. Erros que não forem grosseiros deverão ser permitidos, notadamente quando se verificar que decorreram do esforço de encontrar solução inovadora e mais eficiente para os problemas da administração. Ainda que esse ponto demande avanço da jurisprudência e da doutrina na definição dos contornos desse administrador médio, fato é que com o art. 28 já se tem uma diretriz. O administrador médio jamais pode ser alguém irreal. É gente de carne e osso, que erra. Principalmente quando tenta fazer diferente.

Sem embargo, o já citado Acórdão nº 2.391 (TCU, 2018) trouxe outra discussão que, para dizer o mínimo, é preocupante. Os ministros do Tribunal de Contas da União entenderam que a LINDB não poderia limitar a responsabilidade dos agentes públicos aos casos de dolo ou erro grosseiro no tocante à reparação de dano ao erário. O argumento utilizado é o de que o §6º do artigo 37 da Constituição Federal enuncia que a obrigação de reparação de dano ao erário dependeria apenas da culpabilidade do agente público, não importando o grau de culpa. Daí que, por força da Constituição Federal, qualquer grau seria o bastante para fazer com que os agentes públicos fossem obrigados a reparar o dano ao erário. O dolo e o erro grosseiro seriam condicionantes apenas à aplicação de outras sanções, como multas e suspensões de direitos. Nas palavras do ministro relator (TCU, 2018):

> [...]
> 145. Sendo assim, compreendo que as circunstâncias específicas relativas à culpabilidade do Sr. [XXX] impõem um tratamento distinto do responsável quanto à sua punibilidade. Porém, entendo que tais aspectos não alteram a sua responsabilidade pelo débito.
> 146. Isso ocorre porque as alterações promovidas na LINDB, em especial no art. 28, não provocaram uma modificação nos requisitos necessários para a responsabilidade financeira por débito.
> 147. O dever de indenizar os prejuízos ao erário permanece sujeito à comprovação de dolo ou culpa, sem qualquer gradação, como é de praxe no âmbito da responsabilidade aquiliana, inclusive para fins de regresso à administração pública, nos termos do art. 37, §6º, da Constituição: "6º As pessoas jurídicas de direito público e as de direito privado prestadoras de serviços públicos responderão pelos danos que seus agentes, nessa qualidade, causarem a terceiros, assegurado o direito de regresso contra o responsável nos casos de dolo ou culpa" (grifos acrescidos).
> 148. Como regra, a legislação civil não faz nenhuma distinção entre os graus de culpa para fins de reparação do dano. Tenha o agente atuado com culpa grave, leve ou levíssima, existirá a obrigação de indenizar.

A única exceção se dá quando houver excessiva desproporção entre a gravidade da culpa e o dano. Nesta hipótese, o juiz poderá reduzir, equitativamente, a indenização, nos termos do art. 944, parágrafo único, do Código Civil.

149. No presente caso, compreendo que o responsável agiu com culpa na consumação da irregularidade, não havendo nenhuma desproporcionalidade entre o seu grau de negligência, verificado no cometimento do ato inquinado, e o dano que causou ao erário.

150. Sendo assim, compreendo que o Sr. [XXX] deve ser condenado em débito, mas, diante da ausência de culpa grave, deve ser dispensado da aplicação da multa. [...].

Conforme argumenta Niebuhr (2022), o argumento do Tribunal de Contas da União pode ser refutado por, pelo menos, duas razões. A primeira é que o legislador infraconstitucional pode perfeitamente estabelecer balizas e condicionantes às normas constitucionais, inclusive distinguindo graus de culpa para a responsabilização de agentes públicos. A segunda razão é que o §6º do artigo 37 da Constituição Federal trata literalmente da reponsabilidade de agentes públicos diante de danos causados a terceiros e não à própria Administração Pública. Logo, o §6º do artigo 37 não poderia ser utilizado como fundamento para qualificar como inconstitucional o condicionante ao dolo e ao erro grosseiro da obrigação de reparar o dano ao erário (NIEBUHR, 2022).

Nesse sentido, o melhor entendimento é o de que o parecerista somente pode ser responsabilizado em casos de dolo ou erro grosseiro, ainda que presente a obrigação de reparar o dano ao erário.

4 Erro grosseiro: interpretação e aplicação pelos tribunais de contas

A partir da análise das decisões dos tribunais de contas, constata-se que inexiste uma padronização de opiniões dos julgadores acerca do que pode configurar erro grosseiro por parte dos pareceristas em certos casos. A verdade é que não é possível, de fato, antever todas as hipóteses que configurariam erro grosseiro por parte do responsável pela emissão de parecer na Administração Pública, pois a sua responsabilização depende da avaliação do caso concreto. Assim sendo, as informações constantes nos autos do processo a ser analisado é que definirão se houve ou não erro grosseiro do parecerista, via de regra.

Outra via, há certo consenso nas decisões dos tribunais de contas de que o parecer genérico, muito resumido, em que visivelmente foram elaborados para finalidade apenas protocolar, sem a preocupação de efetivamente analisar o processo licitatório, acarreta a responsabilização do parecerista, a exemplo de decisão do Tribunal de Contas do Estado do Mato Grosso do Sul,[3] do Tribunal de Contas do Estado de Pernambuco[4] e do Tribunal de Contas do Estado do Paraná.[5]

É certo que a Lei nº 14.133/2021, além de conferir ao órgão de assessoramento jurídico a função de realizar o controle prévio de legalidade do processo licitatório, conforme art. 53, estabeleceu, também, que o parecerista deverá apreciar todos os elementos indispensáveis à contratação e com exposição dos pressupostos de fato e de direito levados em consideração na análise jurídica, nos termos do inciso II do §1º do art. 53.

---

[3] No que se refere ao parecer jurídico proforma, a equipe técnica verificou que não foi realizada a efetiva análise acerca dos itens da minuta do edital e anexos, limitando-se a inserção de texto padrão em que ao final a Procuradoria se posiciona pela aprovação. Sobre esse ponto, a Lei nº 8.666/93, em seu art. 38, 1º, dispõe que as minutas dos editais e contratos devem ser previamente examinadas e aprovadas pela assessoria jurídica da administração. [...].
Assim, tendo em vista o exposto, considerando que a emissão do parecer jurídico proforma falhou em constatar a ausência de estudo técnico preliminar realizado nos termos dos arts. 15, §7º, e 40, §2º, da Lei nº 8.666/93, que comprovasse e justificasse mediante adequadas técnicas os valores para a utilização do objeto, permitindo que o termo de referência apenas demonstrasse os valores médios dos serviços, um dubitável número de horas, ausência de rotas, ou seja, elementos imprescindíveis para um procedimento hígido e eficaz, que se entende pela irregularidade do parecer jurídico e consequente responsabilização do parecerista (TCE-MS. Ata de Registro de Preço / Administrativo: 125322018. MS 1944364. Relator: Marcio Campos Monteiro, Diário Oficial do TCE- MS n. 2944, 13 de setembro de 2021).

[4] A despeito disto, o "Parecer Jurídico" se resumiu a 4 simples parágrafos genéricos, que não atendem à solicitação. Não se trata de equívoco, desatenção ou omissões legais, trata-se, a bem da verdade, de erro grosseiro, e, nessa hipótese, não há que dúvida quanto à responsabilidade do autor do parecer. Esclareça-se que não se está aqui tratando de avaliação de ato improbo, que é realizada em outro fórum, que não este (TCE-PE. 17248700. Relator: Teresa Duere. Segunda Câmara, 22 de junho de 2021).

[5] Representação da Lei nº 8.666/93. Prazo de entrega exíguo. Prejuízo à competitividade. Ausência de critérios objetivos da avaliação dos produtos. Responsabilidade. Pregoeira. Subscritora do edital. Parecerista. Erro grosseiro e inescusável. Procedência parcial. Multa e determinações.
[...].
O senhor Valdecir Lunelli Bonfin Sutil, por outro lado, emitiu parecer jurídico com erro grosseiro e inescusável (peça 7), uma vez que deu interpretação à norma desprovida de fundamento jurídico, jurisprudencial ou doutrinário, apenas discorrendo acerca das competências, atribuições e poderes da Administração Pública.
[...].
Porém, como acima exposto, o parecerista emitiu parecer vago, deixou de analisar pontualmente a falha descrita pelo impugnante e, ainda, não embasou a defendida legalidade na exigência de prazo de entrega diário em qualquer elemento doutrinário, legal, jurisprudencial ou factível constante dos autos do certame (TCE-PR. 72443418. Relator: Fabio de Souza Camargo. Tribunal Pleno, 03 de julho de 2019).

Nesse aspecto, surge a dúvida acerca de quais são os elementos indispensáveis à contratação. Na visão do Tribunal de Contas do Estado de Minas Gerais, os elementos indispensáveis dizem respeito às questões de direito relevantes para a contratação e a regularidade dos respectivos atos administrativos praticados, a exemplo da presença de projeto básico ou termo de referência.[6]

Em outro caso, no Acórdão nº 10.830/2020, o Tribunal de Contas da União (2020) considerou indispensável a análise da viabilidade de concessão de reajuste de preço à empresa contratada de acordo com a Lei nº 8.666/93, senão vejamos:

> A emissão de parecer jurídico sem abordar a inviabilidade de conceder a empresa contratada pela Administração reajuste de preço por desconformidade com o art. 40, inciso XI, da Lei 8.666/1993 c/c os arts. 2º e 3º da Lei 10.192/2001 caracteriza erro grosseiro e acarreta a aplicação de multa ao seu autor.
> 39. A condenação do responsável é decorrente justamente de sua omissão ao não abordar, em tal parecer, aspectos jurídicos que inviabilizariam a assinatura do 1º Termo Aditivo (peça 3, p. 100) . Como dito, o reajuste questionado não encontrava guarida nas cláusulas contratuais, nem na Lei 8.666/1993.
> 40. A conduta permitiu que o acordo fosse assinado e a [contratada] recebesse valores superiores aos previstos no contrato. Sua responsabilização não foi, portanto, arbitrária, como intentou demonstrar.

Noutro julgado, o Acórdão nº 1.695/2018, o TCU (2018) assim manifestou:

> 18.12. Ademais, à luz da jurisprudência deste Tribunal, não há como afastar a responsabilidade do parecerista no caso vertente. Com efeito, o entendimento deste Tribunal é no sentido de que:
> - 'a ausência do critério de aceitabilidade dos preços unitários no edital de licitação para a contratação de obra, em complemento ao

---

[6] O parecer jurídico deve examinar as questões de direito relevantes para a contratação e a regularidade dos respectivos atos administrativos praticados. 4. O descumprimento do art. 7º, §2º, incisos I e II, do art. 40, inciso XI, e do art. 55, inciso III, da Lei nº 8.666/93 configura erro grosseiro e enseja a aplicação de multa aos responsáveis, não havendo que se falar em falha meramente formal. [...].
Desse modo, ao requerer contratação, aprovar contratação e contratar sem projeto básico ou termo de referência, em descumprimento ao art. 7º, §2º, I, da Lei nº 8.666/93, as condutas dos responsáveis configuram erro grosseiro, restando configurados a conduta, o nexo de causalidade, o resultado e a culpabilidade (TCE-MG. RP: 1066809. Relator: Wanderley Ávila. 21 de junho de 2022).

critério de aceitabilidade do preço global, configura erro grosseiro que atrai a responsabilidade do parecerista jurídico a quem coube o exame da minuta do edital, que deveria saber, como esperado do parecerista médio, quando os dispositivos editalícios estão aderentes aos normativos legais e à jurisprudência sedimentada que regem a matéria submetida a seu parecer'.

De modo geral, os tribunais de contas comungam do entendimento de que os pareceristas cujas manifestações técnicas se refiram a matérias que não demandem discussões relevantes, desprovidas de maiores complexidades ou polêmicas ou, ainda, de fácil subsunção do fato ao texto expresso da norma não devem ser isentos de responsabilidade caso seus pareceres deem azo à contratação geradora de danos ao erário. O Ministro Bruno Dantas do TCU (2020), no Acórdão nº 9.294/2020, explana bem a questão no seguinte excerto:

> Para fins do exercício do poder sancionatório do TCU, pode ser tipificada como erro grosseiro (art. 28 do Decreto-lei 4.657/1942 – LINDB) a aprovação, pelo parecerista jurídico (art. 38, parágrafo único, da Lei 8.666/1993), de minuta de edital contendo vícios que não envolvem controvérsias jurídicas ou complexidades técnicas.
>
> 46. No caso concreto, resta caracterizada a responsabilidade da recorrente quanto aos fatos que motivaram a sua condenação, os quais se enquadram em erro grosseiro (culpa grave) ao não apontar, por insuficiência, as irregularidades em seu parecer aprovando minuta de edital eivado de vícios de ilegalidade, no exercício da competência que estabelece o parágrafo único do art. 38 da Lei 8.666/1993.
>
> 47. Os atos cometidos pela recorrente enquadram-se, portanto, como graves e inescusáveis e foram fundamentais para a continuidade do certame com vícios de ilegalidade, coadunando, assim, com a jurisprudência do Supremo Tribunal Federal e outros tribunais para a apenação de pareceristas jurídicos.
>
> 48. De outra parte, para fins de responsabilização de agentes junto ao Tribunal, não é necessário que o ato tenha sido doloso ou praticado com má-fé, estando, no caso, demonstrada a culpa grave da recorrente, por omissão ao não indicar sobre a falta de projeto básico aprovado e sobre as exigências restritivas constantes do edital.
>
> [...]
>
> 51. Ademais, trago excerto do voto do Ministro Benjamin Zymler, o qual fundamentou o Acórdão 2391/2018-TCU-Plenário, que tratou do erro grosseiro, já na vigência do art. 28 da Lei de Introdução às Normas do Direito Brasileiro (LINDB), como aquele que decorreu "de uma grave inobservância de um dever de cuidado, isto é, que foi praticado com culpa grave".

52. No caso concreto, as questões imputadas à recorrente, como visto acima, não eram, entretanto, de cunho técnico, mas, sim, apenas de natureza jurídica, sem controvérsias doutrinárias ou jurisprudências, sendo, portanto, de responsabilidade e dever da recorrente a elaboração de parecer suficiente para o fim a qual se destinava.

É importante ressaltar que não cabe responsabilidade por pareceres devidamente fundamentados, albergados por tese aceitável da doutrina ou jurisprudência, de forma que guardem forte respeito aos limites definidos pelos princípios da moralidade, legalidade, publicidade, dentre outros. Nessa linha, o parecerista que sustenta opiniões técnicas plausíveis, razoáveis, embasado na boa técnica jurídica e na doutrina consagrada, ainda que fundamentado em convicções pessoais, e sendo seu parecer um instrumento que servirá para orientar o administrador público a tomar decisões, não será responsabilizado em solidariedade ao gestor faltoso, tendo em vista que seu parecer estará, como mencionado, livre de opiniões que possam ter carreado em si dolo ou culpa que, de alguma forma, poderiam induzir a erro (TCE-PR, 2019; TCE-GO, 2020; TCU, 2007).

Entretanto, é aconselhável que os pareceristas fiquem atentos à jurisprudência pacificada dos tribunais de contas, a exemplo do Tribunal de Contas da União, que possui o entendimento de que a sua inobservância configura erro grosseiro a atrair a responsabilização do assessor que o emitiu, conforme se extrai dos Acórdãos do Plenário nºs 336/2008, 2.890/2014, 615/2020, 13.375/2020.

No que diz respeito ao tipo de responsabilização, cabe pontuar que, diferentemente do período anterior à inclusão do art. 28 na LINDB, em que se aplicava a solidariedade ao parecerista pelo dano ao erário quando demonstrada relação com o parecer, o que se tem verificado após a alteração da LINDB é que os pareceristas têm sido responsabilizados por meio da aplicação de multas, como se observa em todos os acórdãos citados ao norte.

Cumpre alertar que não existe óbice para a aplicação da responsabilidade solidária aos pareceristas, nem pela Nova Lei de Licitações, nem pela doutrina ou jurisprudência dos tribunais de contas. O que se pontua é apenas que os tribunais de contas usualmente aplicam tão somente multas aos responsáveis pela emissão de parecer em que restou caracterizado o erro grosseiro.

5 Considerações finais

Com efeito, a bem da efetividade da Administração Pública, a responsabilização do parecerista nas contratações públicas deve ser questão excepcional, sendo cabível apenas quando presente o dolo ou o erro grosseiro. Colocar o parecerista no rol de responsáveis pela prática de um ato irregular é questão que precisa ser equilibrada e ponderada a fim de não acarretar a inércia e o receio na busca de soluções inovadoras para os mais diversos problemas da Administração Pública. Nessa linha, a responsabilização não deve ser tão dura a ponto de castrar a criatividade intelectual, nem tão branda a ponto de reforçar a preguiça mental.

Uma responsabilização desmedida pode provocar o receio de o parecerista apresentar alternativa que possa ser mais eficiente ou eficaz à gestão. A aplicação de fórmulas prontas, somente por já terem sido avalizadas pelos órgãos de controle, em detrimento de soluções mais inovadoras e customizadas às necessidades da Administração, tem como consequência minar a criatividade intelectual e enrijecer a dinâmica operacional do órgão.

Do mesmo modo, uma responsabilização branda não estimula o aperfeiçoamento técnico do parecerista, cuja manifestação deve vir acompanhada dos elementos jurídicos e fáticos necessários para a correta e segura tomada de decisão do gestor, o que, em última análise, compromete o aprimoramento e a profissionalização da gestão pública.

O art. 28 da LINDB constitui espécie de cláusula geral do erro administrativo. O objetivo do dispositivo é oferecer segurança jurídica ao agente público, que passa a ser responsabilizado apenas em caso de dolo ou de erro grosseiro.

Com isso, a intenção é respaldar o agente com boas motivações, mas falível como qualquer pessoa. Dessa forma, criam-se os incentivos institucionais necessários à promoção da inovação e à atração de gestores com mais preparo profissional. De um lado, a responsabilização do agente público nos casos de dolo e de erro grosseiro tem o efeito de reprimir e desestimular os casos de corrupção, fraude e culpa grave. De outro lado, admitir o erro, salvo quando grosseiro, faz sentido num regime jurídico que pretenda viabilizar soluções inovadoras e impedir que as carreiras públicas se tornem armadilhas para pessoas honestas, capazes e bem-intencionadas (CYRINO; BINENBOJM, 2018).

Referências

BARRETO, Amanda Louise Ramajo Corvello. A responsabilização do parecerista na jurisprudência dominante e no Novo CPC: análise crítica. *Revista Jurídica da Procuradoria-Geral do Estado do Paraná*, Curitiba, n. 8, p. 65-93, 2017. Disponível em: http://www.mpsp.mp.br/portal/page/portal/documentacao_e_divulgacao/doc_biblioteca/bibli_servicos_produtos/bibli_informativo/bibli_inf_2006/Rev-Juridica-PG-PR_n.08.03.pdf. Acesso em: 5 ago. 2022.

CARVALHO, Guilherme; SIMÕES, Luiz Felipe. Parecer jurídico na nova Lei de Licitações (parte 2). *Revista Consultor Jurídico – ConJur*, São Paulo, 25 jun. 2021. Disponível em: https://www.conjur.com.br/2021-jun-25/licitacoes-contratos-parecer-juridico-lei-licitacoes-parte. Acesso em: 10 ago. 2022.

CARVALHO, Vanessa Cerqueira Reis de; MARÇAL, Thaís. A nova Lei de Licitações e os pressupostos de fato na consideração jurídica. *Revista Consultor Jurídico – ConJur*, São Paulo, 24 jan. 2021. Disponível em: https://www.conjur.com.br/2021-jan-24/opiniao-lei-licitacoes-pressupostos-fato. Acesso em: 10 ago. 2022.

CYRINO, André; BINENBOJM, Gustavo. O Art. 28 da LINDB: A cláusula geral do erro administrativo. *Revista de Direito Administrativo – RDA*, ano 16, n. Especial, p. 203-224, out. 2018. Disponível em: https://www.forumconhecimento.com.br/periodico/125/31732/79160.

DI PIETRO, Maria Sylvia; MOTA, Fabrício. Advocacia pública e sua atuação no procedimento licitatório: fundamentos, limites e responsabilização. *Revista de Direito Administrativo – RDA*, Rio de Janeiro, v. 270, p. 285-299, set./dez. 2015. Disponível em: https://www.forumconhecimento.com.br/periodico/125/340/3268?searchpage=1&keywords=responsabilidade%20parecerista%20segundo%20art.%2038,%20vi%20lei%20n%C2%BA%208.666%2093. Acesso em: 8 ago. 2022.

DOTTI, Marinês Restelatto. A (in)gerência da assessoria jurídica na escolha do objeto da licitação.Responsabilidade do parecerista. *Fórum de Contratação e Gestão Pública – FCGP*, Belo Horizonte, ano 9, n. 103, jul. 2010.

HEINEN, Juliano. Impossibilidade de responsabilização dos advogados públicos no exercício da função consultiva. *In*: Congresso de Procuradores do Estado e do DF, 39, 2013, Porto de Galinhas. Anais [...]. Porto de Galinhas, 2013, p. 24.

MONTORO, Isabela. A responsabilidade do parecerista jurídico no exercício da função prevista no art. 38, VI, da Lei nº 8.666/1993. *Radar IBEGESP*, São Paulo, abr. 2020. Disponível em: https://radar.ibegesp.org.br/a-responsabilidade-do-parecerista-juridico-no-exercicio-da-funcao-prevista-no-art-38-vi-da-lei-no-8-666-1993-2/. Acesso em: 11 ago. 2022.

NIEBUHR, Joel de Menezes. Competências e responsabilidades dos agentes administrativos que atuam em licitação pública. *In:* NIEBUHR, Joel de Menezes. *Licitação Pública e Contrato Administrativo*. Belo Horizonte: Fórum, 2022. p. 537-601 Disponível em: https://www.forumconhecimento.com.br/livro/4381/4580/34579. Acesso em: 3 ago. 2022.

OLIVEIRA, Rafael Sérgio Lima de. Artigo 53. *In:* FORTINI, Cristiana; OLIVEIRA, Rafael Sérgio Lima de; CAMARÃO, Tatiana (coord.). *Comentários à Lei de Licitações e Contratos Administrativos*: Lei nº 14.133, de 1º de abril de 2021. Volume 1. Belo Horizonte: Fórum, 2022. p. 536-547. Disponível em: https://www.forumconhecimento.com.br/livro/4367/4567/34213. Acesso em: 4 ago. 2022.

RIGOLIN, Ivan Barbosa. Art. 51º ao Art. 60º. *In:* RIGOLIN, Ivan Barbosa. *Lei nº 14.133/2021 Comentada*: uma visão crítica. Belo Horizonte: Fórum, 2021. Disponível em: https://www.forumconhecimento.com.br/livro/4352/4548/33885. Acesso em: 4 ago. 2022.

SANTOS, Leonardo Fernandes dos. A responsabilização dos pareceristas jurídicos e a Teoria da Cegueira Deliberada. *Fórum Administrativo – FA*, Belo Horizonte, ano 14, n. 166, p. 37-43, dez. 2014.

SUPREMO TRIBUNAL FEDERAL (STF). *Mandado de Segurança 24.584*. Relator: Marco Aurélio, Tribunal Pleno, 9 de agosto de 2007. Disponível em: https://portal.stf.jus.br/processos/detalhe.asp?incidente=2141808. Acesso em: 11 ago. 2022.

SUPREMO TRIBUNAL FEDERAL (STF). *Mandando de Segurança 24631/DF*. Relator: Joaquim Barbosa, Tribunal Pleno, 09 de agosto de 2007. Disponível em: https://portal.stf.jus.br/processos/detalhe.asp?incidente=2159173. Acesso em: 11 ago. 2022.

SUPREMO TRIBUNAL FEDERAL (STF). *Mandando de Segurança 29.137*. Relatora: Cármen Lúcia, Segunda Turma, 18 de dezembro de 2012. Disponível em: https://portal.stf.jus.br/processos/detalhe.asp?incidente=3939405. Acesso em: 11 ago. 2022.

TRIBUNAL DE CONTAS DO ESTADO DO PARANÁ (TCE-PR). *Acórdão 72443418*. Relator: Fabio de Souza Camargo, Tribunal Pleno, 03 de julho de 2019. Disponível em: https://tce-pr.jusbrasil.com.br/jurisprudencia/729239885/72443418/inteiro-teor-729239915. Acesso em: 10 ago. 2022.

TRIBUNAL DE CONTAS DO ESTADO DE GOIÁS (TCE-GO). *Acórdão 1403*. Relator: Edson José Ferrari, Tribunal Pleno, 25 de junho de 2020. Disponível em: http://www.tce.go.gov.br/ConsultaProcesso/AbraPDF?key=71203142259182156102256104160294190203691971971032591881931252531202861481091542981732922131802. Acesso em: 10 ago. 2022.

TRIBUNAL DE CONTAS DA UNIÃO (TCU). *Acórdão 1.801/2007*. Relator: Raimundo Carreiro, Plenário. 05 de setembro de 2007. Disponível em: https://pesquisa.apps.tcu.gov.br/#/documento/acordao-completo/*/KEY%253AACORDAO-COMPLETO-31441/DTRELEVANCIA%2520desc/0/sinonimos%253Dfalse. Acesso em: 8 ago. 2022.

TRIBUNAL DE CONTAS DA UNIÃO (TCU). *Acórdão 1.695/2018*. Relator: Vital do Rêgo, Plenário, 25 de julho de 2018. Disponível em: https://pesquisa.apps.tcu.gov.br/#/documento/acordao-completo/*/NUMACORDAO%253A1695%2520ANOACORDAO%253A2018/DTRELEVANCIA%2520desc%252C%2520NUMACORDAOINT%2520desc/0/%2520. Acesso em: 8 ago. 2022.

TRIBUNAL DE CONTAS DA UNIÃO (TCU). *Acórdão 2.391/2018*. Relator: Benjamin Zymler, Plenário, 17 de outubro de 2018. Disponível em: https://pesquisa.apps.tcu.gov.br/#/documento/acordao-completo/*/NUMACORDAO%253A2391%2520ANOACORDAO%253A2018%2520COLEGIADO%253A%2522Plen%25C3%25A1rio%2522/DTRELEVANCIA%2520desc/0/sinonimos%253Dfalse. Acesso em: 8 ago. 2022.

TRIBUNAL DE CONTAS DA UNIÃO (TCU). *Acórdão 9.294/2020*. Relator: Bruno Dantas, Primeira Câmara, 1º de setembro de 2020. Disponível em: https://pesquisa.apps.tcu.gov.br/#/documento/acordao-completo/*/NUMACORDAO%253A9294%2520ANOACORDAO%253A2020/DTRELEVANCIA%2520desc%252C%2520NUMACORDAOINT%2520desc/1/%2520. Acesso em: 8 ago. 2022.

TRIBUNAL DE CONTAS DA UNIÃO (TCU). *Acórdão 10.830/2020*. Relator: Vital do Rêgo, Primeira Câmara, 29 de setembro de 2020. Disponível em: https://pesquisa.apps.tcu.gov.br/#/documento/acordao-completo/*/NUMACORDAO%253A10830%2520ANOACORDAO%253A2020/DTRELEVANCIA%2520desc%252C%2520NUMACORDAOINT%2520desc/1/%2520. Acesso em: 8 ago. 2022.

Informação bibliográfica deste texto, conforme a NBR 6023:2018 da Associação Brasileira de Normas Técnicas (ABNT):

CUNHA, Milene Dias da. A responsabilização dos pareceristas perante os tribunais de contas. *In*: LIMA, Luiz Henrique; CUNDA, Daniela Zago Gonçalves da; GODINHO, Heloísa Helena Antonacio Monteiro (coord.). *Controle externo e as mutações do Direito Público*: licitações e contratos – Estudos de ministros e conselheiros substitutos dos tribunais de contas. Belo Horizonte: Fórum, 2023. p. 187-205. ISBN 978-65-5518-502-7.

AS DECISÕES CAUTELARES PROFERIDAS POR TRIBUNAIS DE CONTAS NO ÂMBITO DA FISCALIZAÇÃO DE PROCESSOS LICITATÓRIOS

TELMO DE MOURA PASSARELI
LUCAS ALVIM PAIVA

1 Introdução

A Lei nº 14.133/2021, que dispõe sobre o novo marco normativo das contratações públicas, entrará plenamente em vigor no primeiro semestre de 2023, quando ocorrerá a revogação das Leis nºs 8.666/1993 e 10.520/2002 e dos arts. 1º a 47-A da Lei nº 12.462/2011.

A nova lei proporciona significativas mudanças no sistema de controle externo da Administração Pública, com destaque para aquelas promovidas no regime das decisões cautelares proferidas por tribunais de contas no âmbito da fiscalização de processos licitatórios, a partir da positivação do poder geral de cautela e do estabelecimento de prazos para deliberação do mérito da irregularidade que eventualmente tenha dado causa à suspensão de licitação e de providências que deverão ser assinaladas à entidade licitante, com vistas a preservar o interesse público teoricamente obstado pela decisão cautelar e sanear as falhas porventura identificadas no certame.

As decisões cautelares de suspensão de procedimentos licitatórios, que são ferramentas de controle preventivo das mais eficazes utilizadas pelos tribunais de contas, destinam-se a coibir a ocorrência de ilicitudes potencialmente prejudiciais ao erário, possibilitando que esses órgãos cumpram com eficácia e independência a sua missão institucional.

É fundamental, não obstante, que o exame conclusivo do processo de controle no âmbito do qual a medida cautelar tenha sido concedida se dê no menor espaço de tempo possível, para não comprometer a atividade administrativa e causar à Administração Pública um dano maior do que aquele que, em tese, poderia ter sido causado na continuidade da licitação irregular. Pelo mesmo motivo, também é importante que se assegurem alternativas legítimas para o atendimento do interesse público impactado pela suspensão da licitação e que sejam adotadas as medidas necessárias e adequadas para o saneamento do processo licitatório.

Nesse contexto, com base em experiências importadas do Tribunal de Contas do Estado de Minas Gerais e na análise de textos bibliográficos publicados, este artigo busca ilustrar possíveis consequências práticas das mudanças introduzidas pela Lei nº 14.133/2021 na seara das decisões cautelares proferidas pelos órgãos de controle externo, indicando proposições com o fim de viabilizar o atendimento das novas diretrizes inseridas na rotina das cortes de contas, sem perder de vista a preservação de suas competências constitucionalmente asseguradas.

2 A competência dos tribunais de contas e a suspensão de licitações públicas

O processo no Tribunal de Contas, tal como o processo judicial civil, é ordenado e estruturado a partir dos direitos fundamentais constitucionais, devendo ser interpretado e otimizado conforme o alcance da Constituição, como meio para tutela dos direitos.[1]

Conquanto busque inspirações em regras e princípios constitucionais e processuais civis e até penais fundamentais, o processo de contas possui diretrizes próprias e menos rígidas, se comparadas ao processo judicial. Essas diretrizes são alicerçadas, em grande medida, no Direito Administrativo, especialmente no dever de proteção do interesse público.

Cabe destaque, nesse particular, ao princípio da oficialidade, que possui aplicação diferenciada no campo do sistema de controle externo, permitindo ao julgador agir de ofício na instrução do processo, dando impulso ao feito e determinando a produção, também em nome

---

[1] MARINONI, Luiz Guilherme; ARENHART, Sérgio Cruz; MITIDIERO, Daniel. *Código de Processo Civil comentado*. 3. ed. rev., atual. e ampl. São Paulo: Thomson Reuters Brasil, 2018. p. 161.

da busca pela verdade material, das provas necessárias ao saneamento dos autos, ainda que não provocado ou demandado por qualquer parte legitimada e sem que isso afete o seu dever de imparcialidade.

Como afirma Maria Sylvia Zanella Di Pietro,[2] a aplicação do princípio da oficialidade é mais ampla na esfera administrativa do que no âmbito judicial, uma vez que é assegurada à Administração Pública "a possibilidade de instauração de processos, independentemente de provocação do administrado e ainda a possibilidade de impulsionar o processo, adotando todas as medidas necessárias à sua adequada instrução". Trata-se de prerrogativa que, embora reforce a autonomia dos tribunais de contas – como integrantes da Administração Pública –, não assegura onipresença nem onisciência aos órgãos de controle externo na execução da sua relevante atividade finalística de fiscalização sobre o patrimônio público, muito menos exclui a possibilidade de que essas instituições sejam demandadas por meio de mecanismos de participação popular garantidos pelo ordenamento jurídico.

As denúncias e representações são exemplos desses instrumentos de participação popular que provocam a manifestação dos tribunais de contas acerca de determinado ato ou procedimento potencialmente irregular. Ambas têm a mesma finalidade, por vezes diferenciando-se, basicamente, quanto aos legitimados aptos a apresentá-las. Para simplificação, serão tratadas, nesse texto, como procedimentos similares.

É por meio desses instrumentos de controle social que, no campo das licitações e contratos, qualquer entidade ou pessoa, licitante ou não, delata ao Tribunal de Contas competente irregularidades na aplicação da legislação de regência, nos termos do que dispõem o art. 74, §2º, da Constituição Federal, o art. 113, §2º, da Lei nº 8.666/1993 e o art. 170, §4º, da Lei nº 14.133/2021.

Em regra, para serem recebidas e processadas perante as cortes de contas, as denúncias e representações precisam atender a certos requisitos formais. Em caso de indício suficiente da existência de irregularidade, os tribunais de contas podem receber a denúncia ou representação com fundamento nos princípios do formalismo moderado e da oficialidade, ainda que não estejam presentes todos os requisitos mínimos de admissibilidade.

Por serem instrumentos de controle gratuitos e disponíveis a qualquer pessoa ou entidade, essa classe processual corresponde a

---

[2] DI PIETRO, Maria Sylvia Zanella. *Direito administrativo*. 29. ed. Rio de Janeiro: Forense, 2016. p. 774.

significativa parcela das pautas de julgamento dos órgãos colegiados dos tribunais de contas.[3] Por consequência, os assuntos relacionados a procedimentos licitatórios frequentemente se submetem ao crivo dos membros e do corpo técnico dessas instituições, o que os tornam notórios conhecedores da matéria. Decerto, nem todas as demandas submetidas ao exame das cortes de contas, por meio de denúncias e representações, tratam especificamente de indícios de irregularidades praticadas em procedimentos licitatórios. A prática, contudo, indica uma preponderância de questionamentos ligados a formalidades inerentes a processos de contratação pública no âmbito desses mecanismos de controle.[4] Generalizando, vê-se a importância das denúncias e representações no contexto dos tribunais de contas, e a incidência predominante da temática da licitação pública nesses instrumentos de fiscalização.

É por essa razão que, na análise de demandas relacionadas a certames licitatórios, além das funções sancionatória e pedagógica, que são exercidas, normalmente, no julgamento do mérito do processo de controle, também é garantido aos tribunais de contas um poder de cautela, para fazer valer suas finalidades e competências outorgadas constitucionalmente, prevenir ilicitudes e preservar, em último grau, o interesse público.

Em caso de urgência, diante de uma situação concreta em que se verifiquem irregularidades que impliquem risco de lesão ao patrimônio público ou de ofensa ao Direito, os órgãos colegiados das cortes de contas (Plenário, Turmas ou Câmaras), o relator ou o Presidente do Tribunal (a depender da regulamentação interna) podem ser legitimados para, de ofício ou mediante provocação, expedir medidas cautelares com ou

---

[3] Em Minas Gerais, segundo informações publicadas pela Corregedoria do Tribunal de Contas do Estado, no Relatório Estatístico das Atividades de 2021 (Disponível em: https://corregedoria.tce.mg.gov.br/media/files/2021/Corregedoria_Exercicio_2021_v2_2203_11.pdf. Acesso em: 12 jul. 2022), foram autuadas naquele ano 644 denúncias e 158 representações. Excluindo os processos relacionados à fiscalização de atos de pessoal (13.458 processos, entre aposentadorias, reformas, pensões etc.), que representam, de longe, a maior parte do quantitativo total de feitos autuados, as denúncias e representações corresponderam a, aproximadamente, 31% das autuações no TCEMG em 2021.

[4] Outro fato que corrobora a premissa é que só a Coordenadoria de Fiscalização de Editais de Licitação do TCEMG analisou, em 2021, 411 processos, ainda de acordo com o Relatório Estatístico mencionado. Naquela corte, a unidade é responsável pelo exame prévio da legalidade dos atos convocatórios de licitação requisitados pelo Tribunal ou recebidos por meio de denúncia e representação, o que exclui os casos em que haja contratos assinados e atrai, em regra, processos que abordem fatos mais atuais, ou seja, processos com menos tempo de tramitação, autuados, em sua maioria, no mesmo exercício financeiro da análise desenvolvida.

sem contraditório prévio, decretando, por exemplo, a indisponibilidade de bens ou a suspensão de ato ou procedimento administrativo, até que se decida sobre o mérito da questão fiscalizada.

Considerado por Garcia[5] um dos usos mais frequentes do controle preventivo, a suspensão de processos licitatórios, até que as demais determinações cautelares sejam cumpridas, seria, no seu dizer, "uma das formas mais eficazes de controle pelos tribunais de contas, uma vez que o mau uso do dinheiro público seria evitado", diferentemente do que ocorre no controle posterior, em que o retorno dos recursos gastos irregularmente teria eficácia muito menor.

Em 2003, no julgamento do Mandado de Segurança 24.510, relatado pela Ministra Ellen Gracie, o Supremo Tribunal Federal decidiu que o Tribunal de Contas da União, em decorrência de sua competência para fiscalizar procedimentos licitatórios e examinar editais de licitação publicados, possui legitimidade para expedir medidas cautelares com vistas a determinar a suspensão de certames e, com isso, prevenir lesão ao erário e garantir a efetividade de suas decisões. A decisão do STF se pautou na aplicação da teoria dos poderes implícitos, entendendo os julgadores que, para o exercício das competências finalísticas atribuídas ao órgão de controle externo federal (como a assinatura de prazo para que entidade jurisdicionada adote providências necessárias ao exato cumprimento da lei e a sustação da execução de atos impugnados), hão de ser garantidos os meios adequados, ainda que implicitamente, à consecução dos seus objetivos.

O Supremo tem até mesmo concedido suspensão de segurança para fazer cumprir o entendimento esposado no MS 24.510, suspendendo os efeitos de decisões proferidas pelo Poder Judiciário local que neguem aos órgãos de controle externo sua competência constitucional de expedir medidas cautelares ou proíbam os tribunais de contas de determinar a suspensão de atos administrativos, sob o pretexto de que não detêm função jurisdicional típica (v. SS 3789/MA, Min. Cezar Peluso, p. em 24.04.2009; e SS 4009/RR, Min. Gilmar Mendes, p. em 05.11.2009).

Não prevaleceu, em contrapartida, o entendimento de que as competências do TCU se limitariam àquelas expressamente determinadas pelo art. 71 da Constituição Federal, o que, se acolhido, acarretaria

---

[5] GARCIA, Gilson Piqueras. tribunais de contas, controle preventivo, controle social e jurimetria: um estudo sobre as representações para suspensão de licitações. *Revista Controle – RTCE*, ano 17, n. 19.1, p. 160-193, jan./jun. 2021. Disponível em: https://www.forumconhecimento.com.br/periodico/161/42010/92773. Acesso em: 28 jul. 2022.

um esvaziamento, por completo, do exercício efetivo do controle sobre procedimentos licitatórios em curso. Apesar de defender essa ideia contrária e refutar a atribuição de competência aos tribunais de contas para a imposição de medidas cautelares, Di Pietro[6] reconhece que a Constituição atribui aos órgãos de controle externo a prerrogativa para, verificada a ocorrência de ilegalidade, sustar a execução de ato administrativo, com o que "o ato fica com seus efeitos suspensos, impedindo, inclusive, a consumação de despesas que dele decorreriam". A nosso ver, são medidas que provocam o mesmo efeito de suspender o procedimento licitatório. Mas é que, para a autora, caberia à autoridade administrativa competente dar fiel cumprimento à decisão, corrigir a ilegalidade ou invalidar o ato, estando sujeita às penalidades legais.

Vale destacar que a suspensão cautelar de licitações possui caráter excepcional, de forma que a sua banalização poderia resultar em ingerência indevida do órgão de controle na esfera de atuação privativa das entidades jurisdicionadas e, até mesmo, em eventual dano reverso decorrente da inexecução da política pública que se pretendia fomentar com a realização do certame.

Em levantamento realizado em 10 tribunais de contas do país, Cavalcante e Bonilha[7] constataram que 70% atrelam a fiscalização de atos ou contratos às inspeções e auditorias e preveem expressamente a possibilidade de medidas cautelares nesses processos, tendo regulamentado sua competência ativa de fiscalização de licitações e contratos.

Já Costa,[8] em estudo publicado em 2018, identificou que o TCESP, no segundo semestre de 2016, determinou a suspensão cautelar de um número expressivo de licitações em processos de exame prévio de editais (44 no total, considerando somente casos atinentes ao setor de educação), costumando causar, por vezes sem intenção, a descontinuidade de políticas públicas.

---

[6] DI PIETRO, Maria Sylvia Zanella. O papel dos tribunais de contas no controle dos contratos administrativos. *Interesse Público – IP*, ano 23, n. 82, p. 15-48, nov./dez. 2013. Disponível em: https://www.forumconhecimento.com.br/periodico/172/21332/48868. Acesso em: 28 jul. 2022.

[7] CAVALCANTE, Crislayne; BONILHA, Ivan Lelis. A nova Lei de Licitações e os desafios do controle externo. *In*: LIMA, Edilberto Carlos Pontes (coord.). *Os tribunais de contas, a Pandemia e o Futuro do Controle*. Belo Horizonte: Fórum, 2021. p. 173-189. Disponível em: https://www.forumconhecimento.com.br/livro/4291/4487/32713. Acesso em: 29 jul. 2022.

[8] COSTA, Pedro Truffi de Oliveira. Exame prévio de editais de licitação pelo Tribunal de Contas do Estado de São Paulo. *Revista de Direito Público da Economia – RDPE*, ano 19, n. 63, p. 203-229, jul./set. 2018. Disponível em: https://www.forumconhecimento.com.br/periodico/140/21656/67943. Acesso em: 28 jul. 2022.

Por outro lado, o TCU, no período de 5 anos (de 2017 a 2021) determinou, em média, apenas 50 paralisações de licitações submetidas à sua jurisdição por exercício financeiro (252 decisões no total), de acordo com os dados publicados no Relatório Anual de Atividades de 2021.[9] A média é ainda menor no TCEMG, que proferiu, de 2017 a 2021, cerca de 35 decisões cautelares de suspensão de licitação por ano (178 decisões no total), segundo informações contidas nos respectivos relatórios estatísticos divulgados no site da Corregedoria do Tribunal.[10]

Tais amostras indicam que as cortes de contas têm exercido com prudência a prerrogativa de adotar as medidas cautelares suspensivas na fiscalização concomitante de procedimentos licitatórios eivados de ilegalidade.

É importante, pois, que se garanta aos órgãos de controle o exercício pleno do poder de cautela. E não apenas porque a decisão cautelar produz, de maneira objetiva, um efeito paralisante sobre o ato administrativo irregular, impedindo que dele decorram ilicitudes ou danos, às vezes, irreparáveis à Administração Pública. Mas também porque o referido poder provoca, por via reflexa, efeitos inibidores no sistema, na medida em que, a partir do recebimento nos tribunais de contas de denúncias e representações com pedidos cautelares, a prática mostra que muitas correções são feitas, de ofício, pelas entidades licitantes, o que tem o potencial de fazer diminuir a intensidade da intervenção cautelar nos atos e procedimentos administrativos, sobretudo em matérias licitatórias, além de tornar mais efetiva a atuação do controle externo.

3 Teoria dos poderes implícitos e o poder geral de cautela

3.1 Teoria dos poderes implícitos

Conforme destacado na seção anterior, a teoria dos poderes implícitos foi reiteradamente invocada pelos Ministros do STF como razão de decidir no Mandado de Segurança 24.510, julgado há quase duas décadas (em 19.11.2003), mas cuja decisão permanece servindo de paradigma para a solução de casos similares.

---

[9] Disponível em: https://contas.tcu.gov.br/ords/f?p=ANEXO_SGT:ANEXOS:0::NO:1:P1_COD_ITEM:41. Acesso em: 21 jul. 2022.

[10] Disponível em: https://corregedoria.tce.mg.gov.br/index.php/relatorios/relatorios-estatisticos. Acesso em: 21 jul. 2022.

A doutrina dessa teoria, que foi construída pela Suprema Corte Americana, no caso McCulloch v. Maryland (1819), enfatiza, segundo o Ministro Celso de Mello, em trecho de seu voto proferido no julgamento do referido *mandamus*, "que a outorga de competência expressa a determinado órgão estatal importa em deferimento implícito, a esse mesmo órgão, dos meios necessários à integral realização dos fins que lhe foram atribuídos".

Em outras palavras, reconhece-se, a partir da evolução da teoria dos poderes implícitos, que a titularidade de competências outorgadas pelo ordenamento jurídico a órgãos constitucionais pressupõe o domínio dos meios necessários a tornar efetivo o exercício de suas atribuições finalísticas.

No âmbito prático dos tribunais de contas, isso significa que, para ser efetivo o julgamento de contas de administradores públicos, ou daqueles que derem causa a perda, extravio ou outra irregularidade de que tenha resultado prejuízo ao erário, há de ser garantida aos órgãos de controle externo a prerrogativa de determinar, de forma cautelar, a indisponibilidade de bens em quantidade suficiente para garantir o ressarcimento dos danos em apuração.

Igualmente, em caso de exame de editais de licitação publicados pelas entidades jurisdicionadas, para que os tribunais de contas exerçam, com proficuidade, a competência de assinar prazo para que o órgão fiscalizado adote as providências cabíveis ao exato cumprimento da lei, quando verificada a ocorrência de ilegalidade, é preciso que se lhes confira legitimidade para a expedição de medida cautelar de suspensão do certame na fase em que se encontra, com vistas a prevenir lesão ao erário ou ofensa à lei, assim como para garantir a efetividade das decisões de mérito.

A aplicação da teoria dos poderes implícitos tem como orientação a desvinculação do conceito de legalidade como sendo a interpretação meramente literal e expressa da lei, transcendendo para a compreensão de legalidade como norma jurídica.

De acordo com Marçal Justen Filho,[11] norma jurídica não é sinônimo de lei formal concernente a um ato jurídico estatal, representativo da vontade popular,

---

[11] JUSTEN FILHO, Marçal. *Curso de direito administrativo*. 13. ed. rev., atual. e ampl. São Paulo: Thomson Reuters Brasil, 2018. p. 113 e 116.

Ela é vivida, experimentada, mais do que meramente pensada, uma vez que se traduz num conjunto de valorações e de experiências dos membros da sociedade. A determinação normativa é o sentido extraído da lei e conjugado com valorações individuais e coletivas, num processo existencial complexo. [...]

A disciplina jurídica é produzida pelo conjunto das normas jurídicas, o que demanda compreender que, mesmo sem existir dispositivo literal numa lei, o sistema jurídico poderá impor restrição à autonomia privada e obrigatoriedade de atuação administrativa. Em suma, o princípio da legalidade não significa a exigência de interpretação literal das leis para determinar o que é permitido, proibido ou obrigatório.

É seguindo esse raciocínio que, a partir de uma interpretação normativa sistemática, as medidas cautelares são admitidas nos processos que tramitam perante os tribunais de contas, ainda que não estejam expressamente previstas no rol de competências estabelecido pela Constituição Federal ou em legislação infraconstitucional específica, apresentando-se, em verdade, como instrumento processual necessário e compatível com o sistema de controle externo, contribuindo para uma melhor solução para os interesses públicos em causa.

É fato que, no âmbito do processo administrativo federal, há previsão expressa da adoção de medidas acautelatórias no art. 45 da Lei nº 9.784/1999, assim como em Minas Gerais, em que a Lei Complementar Estadual nº 102/2008 (art. 95) também garante formalmente tal prerrogativa ao Tribunal de Contas do Estado. Nada obstante, consoante proclama Justen Filho,[12] "o silêncio legislativo quanto aos meios não significa vedação à atividade administrativa. Se o fim tem, obrigatoriamente, de ser realizado, é evidente que a omissão quanto à disciplina sobre os meios de sua realização não caracteriza ausência de autorização para a escolha". Comungamos com o autor essa afirmação, mas ressaltamos a importância de uma boa regulamentação interna, a fim de garantir o devido processo legal, dirimindo dúvidas procedimentais como, p. e., o órgão competente para a adoção da medida (se monocraticamente pelo relator ou Presidente, ou colegiadamente pela Câmara ou Turma, ou Pleno), e o momento processual adequado (se liminar ou incidentalmente, e se com ou sem oitiva prévia do responsável, das unidades técnicas ou do Ministério Público de Contas).

---

[12] *Op. cit.*, p. 119.

Quanto à falta de previsão constitucional, como bem anota Scapin,[13] a Constituição também não prevê expressamente o poder de cautela, geral ou específico, nem mesmo para o Poder Judiciário, embora doutrina e jurisprudência pacificamente o reconheçam, a partir da mesma lógica que admite a necessidade de conferir, ao julgador, instrumentos adequados para o atingimento da finalidade da sua função estatal. De acordo com esse raciocínio, o autor lembra que os provimentos cautelares (ou provisórios, na sua preferência) podem sempre ser teoricamente sustentados pela relação que se faz da técnica processual adequada à tutela dos direitos que se pretende realizar, sendo função do processo dar-lhes efetividade, dotando-se o Estado julgador das técnicas que proporcionem essa finalidade. Reconhecida essa prerrogativa ao juiz, coube ao código processual apenas definir os parâmetros para a garantia do devido processo legal.

E, no caso dos tribunais de contas, além de respaldado pelo argumento de autoridade expressado pela autoridade máxima judiciária, o Supremo Tribunal Federal, o poder geral de cautela também encontra solidez "na autoridade do argumento que o fundamenta, em razão de a natureza jurídica do processo de contas assim o exigir".[14]

3.2 Requisitos e limites para a concessão da medida cautelar fundada no poder geral de cautela

O CPC de 1973 estabelecia procedimentos cautelares específicos (de arresto, sequestro, busca e apreensão, por exemplo), além do procedimento genérico, que abarcava as cautelares inominadas, aplicáveis, de forma residual, para todas as demais situações concretamente verificáveis.

Com a entrada em vigor do atual Código de Processo Civil – CPC de 2015, o regime das medidas cautelares experimentou significativas modificações, passando o legislador a dividi-las em tutelas provisórias de urgência e de evidência (arts. 294 a 311 do CPC), com a finalidade de simplificar o tratamento dispensado a esses institutos.

---

[13] SCAPIN, Romano. *A Expedição de Provimentos Provisórios pelos tribunais de contas*: das "medidas Cautelares" à técnica antecipatória no controle externo brasileiro. Belo Horizonte: Fórum, 2019. p. 164/165. Disponível em: https://www.forumconhecimento.com.br/livro/3963/4108/24670. Acesso em: 29 jul. 2022.

[14] *Idem, op. cit.*, p. 169.

Oportunamente, Scapin[15] reforça sua preferência pelo termo atualmente utilizado pelo CPC, de que seriam os "provimentos provisórios" a expressão correta para designar tais espécies de atuação cautelar dos tribunais de contas, pois se revestem primordialmente do caráter de provisoriedade, além de privilegiar a atual classificação no Código de Processo Civil.

Contudo, ainda é corrente a utilização do termo "cautelar" quando se trata dos processos no controle externo, havendo ainda diferenças substanciais quando comparado com o processo civil judiciário, que, na sua maior parte, é estruturado para a resolução de conflitos entre partes que alegam direitos divergentes, traçando diferentes procedimentos para situações específicas de litígio. Não é o caso dos processos nos tribunais de contas, em que, invariavelmente, se busca de maneira geral evitar a ocorrência ou a propagação de um dano ou de um ilícito, independentemente de quem seja o titular do direito.

Mesmo Scapin[16] reconhece que a doutrina tem sido influenciada pela sistematização da matéria nos regimentos dos Tribunais, mormente o do TCU (Título VIII, arts. 273 a 276), identificando todos os provimentos aqui descritos como "medidas cautelares". Por tais razões optamos por seguir a designação tradicional de "medidas cautelares", sem diferenciação das espécies, para identificar as tutelas prestadas sumária e provisoriamente pelos tribunais de contas em seus processos fiscalizatórios.

Voltando à teoria geral, quando se atenta à natureza dos resultados jurídico-materiais dessas medidas provisórias ou cautelares, Neves[17] didaticamente identifica como de tutela preventiva aquela voltada para o futuro, objetivando impedir a prática do ilícito, seja evitando sua prática originária, ou impedindo a continuação do ilícito ou a sua repetição; mas nunca voltada para o passado, para o que materialmente já ocorreu (e que seria objeto de tutela reparatória). Já a tutela inibitória, para o autor, "surge historicamente com o objetivo de tutelar direitos materiais que não encontravam na tutela reparatória uma proteção plena, ou, ainda pior, nenhuma proteção".

O novo CPC ampliou o cabimento das medidas cautelares, permitindo a sua concessão em qualquer possibilidade em que

---

[15] *Op. cit.*, p. 117/118.
[16] *Op. cit.*, p. 132/133.
[17] NEVES, Daniel Amorim Assumpção. *Manual de direito processual civil*. 11. ed. Salvador: Juspodivm, 2019. p. 107.

estiver demonstrado o preenchimento dos pressupostos essenciais, para asseguração do direito tutelado e preservação do resultado útil do processo, e não apenas em casos específicos, com procedimentos delimitados, conforme sintetiza Daniel Amorim Assumpção Neves:

> A tutela cautelar é ampla, geral e irrestrita, significando que a parte que dela necessite deve apenas demonstrar o preenchimento do fumus boni iuris e o periculum in mora no caso concreto para recebê-la, consagrados atualmente no art. 300 do CPC. Significa dizer que, pensando-se em poder jurisdicional, a tutela cautelar deve ser entendida como a proteção jurisdicional prestada pelo Estado para afastar o perigo de ineficácia do resultado final da pretensão definitiva da parte, funcionando como aspecto concreto da promessa constitucional de inafastabilidade da tutela jurisdicional (art. 4º, XXXV, da CF).[18]

Busca-se, assim, dotar o processo da capacidade de realizar o direito material, como meio idôneo à promoção da adequada tutela, como dizem Marinoni et al.,[19] sendo "dever do legislador estruturar o processo em atenção à necessidade de adequação da tutela jurisdicional [e] dever do juiz adaptá-lo concretamente, a partir da legislação, a fim de viabilizar tutela adequada aos direitos".

Além da adequação, é preciso conferir efetividade à medida que pretenda tutelar o direito, como componente da segurança jurídica que dá confiança na realização do próprio direito. Para Marinoni et al.[20] o direito à efetividade da tutela implica, entre outras coisas, a necessidade de viabilizar também a tutela preventiva dos direitos, sendo necessário estruturar o processo a partir do direito material a ser protegido, seja ele o dano ou o próprio ato ilícito, contrário ao direito (as duas situações mais comuns na fiscalização de processos licitatórios):

> Vale dizer: é preciso em primeiro lugar olhar para o direito material a fim de saber-se qual a situação jurídica substancial que se pretende proteger judicialmente. Durante muito tempo foi suficiente pensar em tutelas repressivas contra o dano para prestar tutela jurisdicional. Ocorre que o aparecimento dos novos direitos, marcados em geral pela ideia de inviolabilidade, obrigou o Estado a reconhecer o direito à tutela preventiva contra o ilícito. Em outras palavras, determinou o reconhecimento do direito à tutela inibitória, capaz de prestar impedir a prática, a continuação ou a reiteração de um ilícito.

---

[18] *Op. cit.*, p. 546.
[19] *Op. cit.*, p. 165.
[20] *Op. cit.*, p. 165.

Bastando estar presentes, portanto, os pressupostos genéricos clássicos para a concessão da cautelar (periculum in mora e fumus boni iuris), o julgador poderá determinar a adoção da medida, não havendo mais que se falar em outros requisitos especiais.

O *periculum in mora* visa reivindicar a satisfação imediata a determinadas demandas que não podem aguardar o exaurimento do trâmite processual ordinário, com a decisão de mérito definitiva sendo proferida apenas ao final do processo, sob pena de causar prejuízo de difícil ou impossível reparação aos titulares do direito em litígio.

Oportuno destacar, nesse ponto, que o *periculum in mora* não é uma via de mão única, podendo ser invocado tanto em benefício do requerente da medida cautelar, para o seu deferimento, quanto em favor do requerido, para denegar a sua concessão. É o que a doutrina traduz como *periculum in mora* inverso:

> Durante a segunda fase do exame do juízo de admissibilidade das medidas de urgência em geral, antecipadas ou cautelares, em forma de liminar ou após contraditório, após o exame dos demais requisitos para a concessão de tutela provisória de urgência, cabe ao órgão julgador o imperativo e criterioso exame do requisito *periculum in mora* inverso ou, mais especificamente, a verificação de sua "não produção", consistente, exatamente, no afastamento, por seu turno, da eventual concretização de grave risco de ocorrência de dano irreparável (ou de difícil reparação) contra o réu ou terceiros, como consequência direta da própria concessão da medida liminar pleiteada pelo autor.[21]

Já o *fumus boni iuris* significa a demonstração, genérica, da probabilidade desse direito, mediante a apresentação de provas indiciárias que convençam o julgador acerca da necessidade da concessão da medida. Sobre esse pressuposto, é pertinente, mais uma vez, a lição de Marinoni *et al.*:

> Quer se funde na urgência ou na evidência, a técnica antecipatória sempre trabalha nos domínios da "probabilidade do direito" (art. 300) – e, nesse sentido, está comprometida com a prevalência do direito provável ao longo do processo. Qualquer que seja o seu fundamento, a técnica antecipatória tem como pressuposto a probabilidade do direito,

---

[21] FRIEDE, Reis; FRANÇA, Adriano de Oliveira. Do *Periculum in Mora* Inverso (Reverso) à Luz do CPC-2015. Disponível em: https://rda.tjam.jus.br/ojs-3/index.php/DireitoAmazonia/article/view/13/9. Acessado em: 24 jul. 2022.

isto é, de uma convicção judicial formada a partir de uma cognição sumária das alegações da parte.

No Código de 1973 a antecipação da tutela estava condicionada à existência de "prova inequívoca" capaz de convencer o juiz a respeito da "verossimilhança da alegação". A doutrina debateu muito a respeito do significado dessas expressões. O legislador resolveu, contudo, abandoná-las, dando preferência ao conceito de probabilidade do direito.[22]

Nesses casos, ao se deparar com uma situação de urgência ou de evidência, deverá o julgador antecipar, motivadamente, os efeitos práticos da tutela, ainda que de forma provisória, para garantir a preservação de direitos e a utilidade do resultado do próprio processo. Trata-se, em essência, da aplicação da teoria do poder geral de cautela, que, nas palavras de Neves,[23] é retratada como

> o generalizado poder estatal de evitar no caso concreto que o tempo necessário para a concessão da tutela definitiva gere a ineficácia dessa tutela. Essa amplitude da proteção jurisdicional no âmbito cautelar impõe que nenhuma restrição seja admitida no tocante ao direito concreto da parte em obter essa espécie de tutela quando demonstra os requisitos necessários previstos em lei.

Essa simplificação do procedimento de verificação dos requisitos para a concessão da tutela cautelar ajuda a garantir o direito à duração razoável do processo, pois implica o que Marinoni *et al.*[24] chamam de "eliminação do tempo patológico – a desproporcionalidade entre duração do processo e a complexidade do debate da causa que nele tem lugar", resultando num processo sem dilações indevidas, que se desenvolve dentro de um tempo justo. Além disso, deve-se ter em conta que a tutela cautelar, quando concedida liminar ou incidentalmente, o é mediante cognição sumária, fundada em juízo de probabilidade, uma vez que o julgador não tem acesso (e nem tempo de ter acesso) a todas as informações que seriam necessárias para formar um convencimento pleno da existência do direito invocado.[25]

Em que pese no âmbito do sistema de controle externo brasileiro não exista uma norma nacional de processos de contas, em razão

---

[22] *Op. cit.*, p. 300.
[23] *Op. cit.*, p. 547.
[24] *Op. cit.*, p. 167/168.
[25] *Idem, op. cit.*, p. 114/115.

da forma federativa de Estado, as premissas do processo civil se aplicam de forma subsidiária aos tribunais de contas, que são regidos, primordialmente, pelas respectivas leis orgânicas e regimentos internos, com seus ritos, procedimentos e recursos próprios.

No caso particular das medidas cautelares, não havendo disposição específica em contrário, transportam-se ao processo de contas as bases processuais do CPC, sendo imperativa, para a concessão da medida acautelatória, a presença dos pressupostos de *periculum in mora* e *fumus boni iuris*. Em sentido contrário, não havendo iminência de dano irreparável – às partes ou ao processo – ou a probabilidade do direito, não há que se falar em provimento cautelar administrativo.

Considerando não existir discricionariedade para o julgador conceder ou não a tutela cautelar, para Neves[26] o juiz estaria obrigado a concedê-la quando verificados, no caso concreto, os requisitos autorizadores, tendo por "teratológica uma decisão na qual o juiz afirme a presença dos requisitos, mas, por acreditar que a melhor solução é a não concessão da tutela provisória, deixa de concedê-la", ou que resolva concedê-la, mesmo ausentes os requisitos, "por entender essa solução a mais oportuna ou conveniente". Para o autor, a "liberdade valorativa" na análise do preenchimento dos requisitos não pode ser confundida com uma discricionariedade na concessão da tutela cautelar. Ao contrário, a decisão deve estar vinculada ao resultado dessa atividade interpretativa, e devidamente fundamentada, tal como exige expressamente o art. 298 do CPC.

Há de se cuidar, no entanto, como alertam Marinoni *et al.*,[27] que o conceito de *periculum in mora* já seria suficiente para caracterizar a urgência autorizadora da concessão da tutela provisória, necessária "simplesmente porque não é possível esperar, sob pena de o ilícito ocorrer, continuar ocorrendo, ocorrer novamente, não ser removido ou de dano não ser reparado ou reparável no futuro". A urgência estaria caracterizada quando a demora pudesse comprometer a realização do direito que se busca tutelar e que, no Direito Administrativo, costuma ser a licitude, em si, do ato administrativo.

Além dos limites formais tratados anteriormente, a concessão de medidas cautelares em face da Administração Pública também esbarra na impossibilidade de ingerência do órgão controlador no âmbito de liberdade que a norma concede ao agente público para decidir quanto

---

[26] *Op. cit.*, p. 496.
[27] *Op. cit.*, p. 413.

ao mérito do ato administrativo, o que seria medida atentatória ao princípio da separação dos poderes.

O mérito do ato administrativo devidamente justificado carrega, em si, uma presunção de legitimidade, não comportando, como regra, revisão por meio do exercício do Poder Judicial, tampouco pelo Poder Legislativo, pelos tribunais de contas e pelo Ministério Público, aos quais competem o controle dos aspectos de legalidade do ato, aferindo tão somente a sua conformação com a norma jurídica. Não cabe aos órgãos de fiscalização substituírem os órgãos fiscalizados no exercício da função típica administrativa.

Carvalho Filho[28] destaca que o mérito administrativo pressupõe a valoração do administrador e seu processo de escolha, consistindo na avaliação da conveniência e da oportunidade relativas ao motivo e ao objeto do ato, que deve ser pautado, evidentemente, no interesse público. Acerca do assunto o autor ainda destaca que

> em certos atos a lei permite ao agente proceder a uma avaliação de conduta, ponderando os aspectos relativos à conveniência e à oportunidade da prática do ato. Esses aspectos que suscitam tal ponderação é que constituem o mérito administrativo. [...]
> Têm sido desferidas algumas críticas quanto à figura e à existência do mérito administrativo. Conquanto a expressão, de fato, não seja muito precisa, parece-nos indiscutível a identificação, na prática do ato administrativo, de determinados fatores que pressupõem a valoração do administrador e seu processo de escolha. Por conseguinte, é admissível a irresignação quanto à denominação, mas, em nosso entender, revela-se improcedente qualquer ataque à sua existência, ainda mais quando considerado o procedimento de formação de certos atos e a discricionariedade administrativa.

No mesmo sentido, Justen Filho[29] afirma não ser admitido que o juízo de conveniência e oportunidade, inerente à atividade administrativa típica, seja revisado pelo órgão encarregado da fiscalização:

> Utiliza-se a expressão mérito do ato administrativo para indicar esse núcleo de natureza decisória, produzido por uma escolha de vontade pessoal do agente em virtude de uma autorização legislativa. A fiscalização poderá examinar os requisitos externos de regularidade da atuação discricionária, o que significa verificar se todos os requisitos

---

[28] CARVALHO FILHO, José dos Santos. *Manual de Direito Administrativo*. 33. ed. São Paulo: Atlas, 2019. p. 129.
[29] *Op. cit.*, p. 1122.

legais procedimentais foram respeitados e se a autoridade administrativa atuou visando à realização dos direitos fundamentais, com observância dos valores democráticos.

Para ser perfeita, portanto, a decisão cautelar precisa conter os elementos formais essenciais relativos à demonstração de iminente perigo às partes ou ao resultado útil do processo e da probabilidade do direito alegado no caso concreto. Além disso, o julgador deverá se ater ao controle dos aspectos de legalidade do ato ou procedimento controlado, sem adentrar no mérito administrativo.

Costa[30] notou, em sua pesquisa realizada nos processos de análise prévia de edital de licitação no TCESP, que nem sempre a atuação daquele Tribunal derivava de ilicitude verificada diretamente no edital examinado, mas, por vezes, da opção do licitante por determinada exigência ou cláusula cujos efeitos eram por ele desejados, contra alternativa considerada pelo julgador como mais adequada, exigindo, assim, um maior ônus argumentativo por parte do julgador para justificar sua intervenção cautelar (em forma de sustação do edital e exigência de adequação) em detrimento da opção original feita pelo licitante. É um risco para o qual também alerta Di Pietro:

> O Tribunal de Contas não pode tomar decisões que são de atribuição da Administração Pública. Ele não pode substituir-se a ela, para inserir exigências nos editais de licitação; ou para exigir garantias suplementares não previstas nos instrumentos convocatórios da licitação; ele não pratica atos administrativos no âmbito de contratos administrativos em execução; ele não altera e não rescinde contratos administrativos; ele não regula contratos administrativos.[31]

Justamente na atuação preventiva é que se exige maior cuidado dos órgãos de controle, pois a fase de debate e modelagem dos projetos, na Administração, envolve decisões complexas e, quase sempre, tomadas num contexto de incerteza. O Administrador pretende certos efeitos e, para tanto, escolhe determinados instrumentos, sendo pouco razoável, nas palavras de Eduardo Jordão,[32] falar-se em soluções corretas

---

[30] *Op. cit.*
[31] *Op. cit.*
[32] JORDÃO, Eduardo. A intervenção do TCU sobre editais de licitação não publicados – controlador ou administrador? *Revista Brasileira de Direito Público – RBDP*, ano 19, n. 47, p. 209-230, out./dez. 2014. Disponível em: https://www.forumconhecimento.com.br/periodico/129/10501/17129. Acesso em: 29 jul. 2022.

e incorretas. Para o autor, essa circunstância "impacta fortemente o controle que se dá posteriormente sobre estas escolhas", intuindo que o controle deve ser moderado em tais casos, a fim de "evitar que as prognoses realizadas pelo administrador sejam substituídas por prognoses igualmente incertas do fiscalizador".

Aqui se verifica a importância da motivação do ato pelo administrador, tanto como limite à sua discricionariedade e combate ao arbítrio como para demonstrar que a sua escolha e ponderação, dada a situação fática posta e os resultados pretendidos, estão respaldadas na lei e demais princípios. Como bem observa Cançado,[33] a partir daí é que o julgador ou controlador irá verificar a conformidade da escolha e poderá analisar não só o atendimento à legalidade estrita, mas também aos princípios e à finalidade do ato.

Em consonância com esse raciocínio estão as inovações introduzidas pelo novo marco legal das contratações públicas no campo das medidas cautelares concedidas por tribunais de contas em sede de fiscalização de processos licitatórios. A Lei nº 14.133/2021, como será detalhado no tópico a seguir, joga luz sobre a necessidade de serem explicitadas objetiva e adequadamente as causas que eventualmente motivaram a ordem de suspensão de licitação e de serem indicadas as alternativas possíveis para o saneamento tempestivo do processo licitatório.

4 As mudanças promovidas pela Lei nº 14.133/2021 no regime das medidas cautelares nos processos de controle externo

A Lei nº 8.666/1993 incumbiu os tribunais de contas da missão de controlar as despesas decorrentes dos contratos e demais instrumentos por ela regidos e encarregou os órgãos interessados da Administração Pública de demonstrarem a legalidade e a regularidade do dispêndio, sem prejuízo das atribuições do sistema de controle interno (art. 113 da Lei nº 8.666/1993).

---

[33] CANÇADO, Maria de Lourdes Flecha de Lima Xavier. Controle judicial da legalidade dos atos administrativos. *In*: CANÇADO, Maria de Lourdes Flecha de Lima Xavier. *Os Conceitos Jurídicos Indeterminados e a Discricionariedade Administrativa*. Belo Horizonte: Fórum, 2021. p. 141-172. Disponível em: https://www.forumconhecimento.com.br/livro/4305/4501/33045. Acesso em: 29 jul. 2022.

A Lei nº 14.133/2021 foi além, reservando capítulo específico para o controle das contratações (Capítulo III) e criando três linhas de defesa do interesse público atribuídas a fiscal e fiscalizado, as quais deverão se pautar em práticas contínuas e permanentes de gestão de riscos e de controle preventivo, utilizando-se de recursos de tecnologia da informação.

Cavalcante e Bonilha[34] vislumbram ser um desafio para o controle externo mudar a orientação tradicional de fiscalização das licitações voltada à análise individual de editais e contratos, culturalmente arraigada, de verificação de irregularidades, do risco de dano, ou apuração de dano e aplicação de sanções, para uma orientação preventiva, voltada à gestão desses riscos, com aferição do desempenho ou do resultado, e que considere as diretrizes trazidas pela nova legislação, agora em maior consonância com as normas internacionais de auditoria, incorporadas no Brasil pelas Normas Brasileiras de Auditoria do Setor Público.

Na nova lei, a primeira e a segunda linhas de defesa são integradas, respectivamente, por agentes públicos que atuam na estrutura de governança (servidores, empregados, agentes de licitação e autoridades) e por unidades de assessoramento jurídico e de controle interno do órgão ou entidade. Os tribunais de contas foram inseridos na terceira linha de defesa, juntamente com o órgão central de controle interno da Administração.

Tal como a Lei de Introdução às Normas do Direito Brasileiro, que determina que, na interpretação de normas sobre gestão pública, devem ser considerados os obstáculos e as dificuldades reais do gestor e as exigências das políticas públicas a seu encargo (art. 22 do Decreto-Lei nº 4.657/1942), a nova Lei de Licitações e Contratos adverte os órgãos de controle sobre a necessidade de serem considerados, na fiscalização da execução das despesas públicas, as razões apresentadas pelos órgãos e entidades responsáveis e os resultados obtidos com a contratação (art. 170 da Lei nº 14.133/2021).

A Lei nº 14.133/2021 também determina aos integrantes das linhas de defesa que, em caso de constatação de simples impropriedade formal, sejam adotadas medidas de caráter pedagógico para o seu saneamento e mitigação de riscos de nova incidência, preferencialmente com o aperfeiçoamento dos controles preventivos e com a capacitação dos agentes públicos responsáveis (§3º do art. 169 da Lei nº 14.133/2021).

---

[34] *Op. cit.*, p. 187.

Na hipótese de verificação de irregularidades que configurem dano à Administração, em contraponto, a norma determina a adoção de providências necessárias à apuração das infrações administrativas, com a comunicação ao Ministério Público competente para investigação dos ilícitos de sua competência.

Mais adiante, com a regulamentação do trâmite das medidas cautelares nas licitações (art. 171 da Lei nº 14.133/2021), o legislador positivou o poder geral de cautela dos tribunais de contas, sujeitando-os, juntamente com as entidades públicas licitantes, à observância de determinadas regras em caso de suspensão de procedimento licitatório.

Uma dessas regras diz respeito aos prazos fixados para o cumprimento da medida acautelatória pelo órgão realizador da licitação, bem como para o julgamento do mérito da irregularidade que tenha ensejado a suspensão cautelar pelo Tribunal de Contas.

Em princípio, ao suspender cautelarmente o processo licitatório, o Tribunal de Contas deverá definir objetivamente as causas da ordem de suspensão e o modo como será garantido o atendimento do interesse público obstado pela paralisação da licitação, no caso de objetos essenciais ou de contratação por emergência. É o que determina o disposto no art. 171, §1º, da Lei nº 14.133/2021.

Após, ao ser intimado da ordem de suspensão do processo licitatório, o órgão ou entidade licitante deverá, no prazo de 10 dias úteis, admitida a prorrogação, informar as medidas adotadas para cumprimento da decisão, assim como prestar todas as informações cabíveis e proceder à apuração de responsabilidade, se for o caso.

Por fim, uma vez apresentadas essas informações, o Tribunal de Contas deverá pronunciar-se definitivamente sobre o mérito da irregularidade que tenha dado causa à suspensão cautelar no prazo de 25 dias úteis, prorrogável por igual período uma única vez.

A decisão que examinar o mérito da medida cautelar deverá definir, ainda, as medidas necessárias e adequadas, em face das alternativas possíveis, para o saneamento do processo licitatório, ou determinar a sua anulação.

Com efeito, há de se reconhecer que, pela sua natureza intervencionista e excepcional, a decisão cautelar de suspensão de procedimento licitatório não pode produzir efeitos indefinidamente a ponto de comprometer a atividade administrativa e causar um prejuízo maior do que aquele que eventualmente poderia ser ocasionado em caso de continuidade da licitação irregular.

Desse modo, é desejável e recomendável que o exame do mérito do processo de controle no âmbito do qual a medida liminar tenha sido concedida se dê no menor espaço de tempo possível, afinal, as cautelares não possuem como característica a definitividade.

A fixação de um prazo máximo e único, contudo, não se nos mostra razoável, na medida em que as particularidades e complexidades do caso concreto e a necessidade de uma devida instrução dos autos, com a realização de diligências, abertura de vistas às partes, manifestação dos órgãos técnicos e do Ministério Público de Contas (além da possibilidade de pedidos de vista em sessão de julgamento), podem demandar tempos diferenciados para o desfecho do processo.

A esse respeito, ganham destaques as palavras de Luiz Henrique Lima:

> O art. 171 estabelece parâmetros para assegurar que na fiscalização seja assegurado o contraditório aos gestores, perseguido o custo-benefício das proposições dos órgãos de controle, bem como a objetividade e imparcialidade dos relatórios técnicos, em conformidade com as normas e padrões de auditoria. Também deverá ser perquirida a conformidade do preço global com os parâmetros de mercado para o objeto contratado.
>
> Os parágrafos primeiro a quarto desse artigo são de duvidosa constitucionalidade, uma vez que regulam procedimentos processuais internos dos TCs na hipótese de suspensão cautelar de processo licitatório, inclusive definindo prazos e requisitos para os fundamentos da decisão cautelar e do julgamento de mérito. Pela nossa experiência, em contratações de maior vulto e cujo objeto envolva grande complexidade técnica, os prazos previstos são impraticáveis, não assegurando que a instrução processual seja concluída com informações e dados suficientes para conferir segurança na tomada de decisão pelos julgadores. Outra atecnia da norma é a imprevisão da hipótese de não cumprimento do prazo pelos TCs.[35]

Vale destacar que, além de licitações, os tribunais de contas apuram e julgam irregularidades diversas decorrentes da aplicação de recursos públicos. Auditorias, prestações e tomadas de contas, aposentadorias e pensões e outras fiscalizações tão ou mais importantes quanto os procedimentos licitatórios são ações que podem ser prejudicadas pela necessidade de priorização de estrutura e força de trabalho para atendimento do prazo de 25 dias úteis, prorrogável por igual período.

---

[35] LIMA, Luiz Henrique. A Nova Lei de Licitações e o Controle Externo (2ª parte). Disponível em: https://irbcontas.org.br/artigo/a-nova-lei-de-licitacoes-e-o-controle-externo-2a-parte/. Acesso: em 26 jul. 2022.

É verdade que a Lei nº 14.133/2021 não estabeleceu claramente quais os efeitos jurídicos e práticos decorrentes de eventual omissão do Tribunal de Contas ou de extrapolação do prazo a ele fixado, diferentemente do tratamento dispensado ao responsável pelo órgão ou entidade licitante que não cumprir a medida estabelecida no §2º do art. 171, o qual poderá ser responsabilizado e condenado a reparar eventual prejuízo causado ao erário. Esses argumentos, se somados à tradição processual judiciária, mostram que se trataria de prazo impróprio.

Mas em relação ao silêncio da norma acerca das consequências decorrentes do descumprimento do rito estabelecido para a concessão de medidas cautelares pelos tribunais de contas, Ronny Charles Lopes de Torres[36] afirma que, "para que a disposição de prazo não seja reduzida à inutilidade, afrontando a boa exegese, extrapolado o prazo (com sua possível prorrogação), sem um pronunciamento definitivo do Tribunal, a suspensão cautelar do processo licitatório deve perder efeito jurídico". Para o autor, "não faria sentido o legislador definir um prazo máximo para tal pronunciamento, sem que o desrespeito a este limite produzisse qualquer efeito".

De fato, a partir dessas premissas, a conclusão a que se chega é a de que, em caso de não atendimento, em tempo, das regras estabelecidas pela Lei nº 14.133/2021, a decisão cautelar proferida pelo Tribunal de Contas perderia a sua eficácia, permitindo-se que a entidade licitante, em tese, dê continuidade ao certame em razão da "demora" do órgão de controle em decidir a matéria de forma definitiva.

É preciso, em vista disso, encontrar uma forma de atuação que preserve a competência fiscalizadora dos tribunais de contas e, ao mesmo tempo, não sujeite os órgãos públicos jurisdicionados e os licitantes a demasiada demora na apreciação dos processos de controle em que figurem como parte.

Uma solução que se apresenta como natural consiste na priorização, em todas as unidades que compõem a estrutura dos tribunais de contas, da tramitação dos processos com medidas cautelares deferidas, para que, com o exame tempestivo do mérito, sejam definidas as medidas necessárias à adequação e correção do processo licitatório questionado, garantindo a eficácia das decisões do órgão de controle, o aperfeiçoamento da gestão pública e a proteção do erário.[37]

---

[36] TORRES, Ronny Charles Lopes de. *Leis de licitações públicas comentadas*. 12. ed. rev., ampl. e atual. São Paulo: Juspodivm, 2021. p. 808.

[37] A propósito, os Regimentos Internos do Tribunal de Contas da União (art. 159, VI) e do Tribunal de Contas do Estado de Minas Gerais (art. 147, V), para se ater apenas a esses exemplos, reconhecem urgência aos processos em que expedidas medidas cautelares.

Ademais, para maior agilidade no julgamento, poderia o Tribunal de Contas fracionar o mérito do processo, julgando de forma antecipada somente as irregularidades que deram causa à suspensão da licitação, em termos similares ao que dispõe o art. 356 do CPC na sistemática da divisão da sentença em capítulos, mas que, a nosso ver, dependeria de regulamentação expressa e cuidadosa do procedimento nas normas locais, não podendo tal técnica, com todas as suas especificidades, ser importada diretamente do código processual, sem que a estrutura regimental interna ao menos preveja sua viabilidade.

Outra medida possível seria a utilização de ferramentas consensuais de controle, como os termos de ajustamento de gestão ou de conduta, tendo como foco a solução dialógica da controvérsia e a busca pelo resultado útil do processo, e não a mera responsabilização de agentes públicos. A própria Lei nº 14.133/2021, em seu Capítulo XII, trata dos meios alternativos de prevenção e resolução de controvérsias, notadamente a conciliação, a mediação, o comitê de resolução de disputas e a arbitragem.

Nessa hipótese, julgadores, agentes públicos dos órgãos fiscalizados, unidade técnica e Ministério Público buscariam construir um acordo com a finalidade de sanear a ilegalidade suscitada e de dar fim ao processo de controle de forma sumária, atendendo ao interesse público e ao espírito da Lei nº 14.133/2021.

Há também a possibilidade de o julgador, ao final do prazo prorrogável de 25 dias úteis, reavaliar a situação do caso concreto e, se necessário, renovar a decisão cautelar, de forma adequadamente fundamentada, caso se mantenham presentes o fundado receio de grave lesão ao erário ou a direito alheio ou o risco de ineficácia da decisão de mérito. Nesse caso, por se tratar de nova decisão, o prazo definido pela legislação voltaria a correr por inteiro, garantindo mais tempo para a instrução do processo de contas e para a prolação de decisão definitiva. É, contudo, proposta que dependeria de validação doutrinária e jurisprudencial.

Outro aspecto a ser destacado nas mudanças promovidas pela Lei nº 14.133/2021 diz respeito à obrigatoriedade de o Tribunal de Contas, ao suspender determinado procedimento licitatório deflagrado para a contratação de objetos essenciais ou para atender a emergência, definir objetivamente o modo como será garantido o atendimento do interesse público obstado pela paralisação da licitação.

Essa medida, na prática, além de dificultar o exercício do controle externo, atribui ao Tribunal de Contas a obrigação de substituir o gestor público na prática de atos administrativos de repercussão política, o que atenta contra o princípio da separação dos poderes.

No juízo acautelatório, conforme mencionado, cabe ao Tribunal verificar a eventual incidência de perigo da demora inverso na suspensão de procedimentos licitatórios, com vistas a avaliar se a concessão da cautelar acarretará maior prejuízo à Administração Pública que aquele que se pretendia evitar com a adoção da medida.

Não obstante, a atividade de controle, segundo Justen Filho,[38] encerra-se com o reconhecimento da irregularidade, não sendo "possível o órgão fiscalizador substituir-se ao titular da competência para realizar avaliações e estimativas no tocante à oportunidade, à consistência ou à finalidade de providências de natureza discricionária". Trata-se, portanto, de uma competência constitutiva negativa, tendo em vista que o Tribunal, como já dito, restringe-se a examinar os requisitos externos de regularidade da atuação administrativa, não adentrando no mérito do ato válido. Ninguém melhor que o gestor público, que conhece as demandas da sociedade e as limitações de seu orçamento, para definir as providências administrativas necessárias ao atendimento do interesse público prejudicado pela suspensão da licitação (vale a pena frisar) realizada de forma irregular.

Malgrado as digressões apresentadas, importante destacar que, em sessão realizada em 23.06.2021, o Plenário do TCU aprovou proposta do Ministro Raimundo Carreiro de encaminhar à Consultoria Jurídica daquele Tribunal solicitação de parecer sobre uma possível inconstitucionalidade dos §§1º e 3º do art. 171 da Nova Lei de Licitações, a fim de subsidiar eventual representação junto à Procuradoria-Geral da República, com vistas ao oferecimento de ação direta de inconstitucionalidade em face dos dispositivos mencionados.[39] Na ocasião, em acréscimo à referida proposta, o Ministro Aroldo Cedraz fez os seguintes apontamentos acerca do estabelecimento de prazo para o Tribunal de Contas se pronunciar definitivamente sobre o mérito da irregularidade que tenha dado causa à suspensão do procedimento licitatório:

> Entendo que este dispositivo é inconstitucional, pois invade a competência de autogoverno dos tribunais de contas, tantas vezes já afirmada

---

[38] *Op. cit.*, p. 1120 e 1122.
[39] Ata nº 22, de 23.06.2021. Disponível em: https://pesquisa.apps.tcu.gov.br/#/documento/ata-sessao/*/DATASESSAOORDENACAO%253A%255B20210623%2520to%252020210623%255D/DTRELEVANCIA%2520desc/0/%2520. Acessado em: 27 jul. 2022.

pelo Supremo Tribunal Federal, no sentido de que somente os tribunais de contas têm legitimidade para alterar as suas Leis Orgânicas, a exemplo, entre tantos outros precedentes, do que foi decidido pelo STF na ADI 4.643 da relatoria do Ministro Luiz Fux, cujo julgamento ocorreu em 15.05.2019.

Este §1º acaba, na prática, por alterar a Lei Orgânica de todos os tribunais de contas, ao impor aos tribunais que julguem os processos licitatórios no prazo de 25 dias úteis. Ou seja, referido §1º não dispõe sobre licitações e contratos, mas sim sobre processo nos tribunais de contas e, mais, sobre critérios de prioridade nos tribunais de contas.

Ora, tribunais de contas julgam diversos processos sobre os mais variados assuntos. E a ordem de julgamentos decorre, primordialmente, dos critérios internacionais de auditoria, que esta Corte de Contas adota há anos, de risco, materialidade, relevância e oportunidade, conforme, aliás, expressamente passou a constar da Nova Lei de Licitações, em seu art. 170.

No entanto, o §1º, contrariando esses critérios, estabelece prazo único para os tribunais de contas julgarem todos os processos regidos pela Nova Lei de Licitações nos quais tenha havido a prolação de uma medida cautelar, como se todos fossem mais importantes do que os outros processos que tramitam nos tribunais de contas, tais como os relativos às contratações das empresas estatais, as concessões para exploração de petróleo, telecomunicações, rodovias, aeroportos e outros bens e serviços públicos, e tantos outros processos.

Não se pode confundir a urgência de uma medida cautelar com a suposta urgência do mérito do processo. A cautelar é urgente, mas o mérito pode não ser. Cada caso é um caso. Pode ser urgente suspender uma licitação para compra de canetas, a fim de evitar a consumação de uma irregularidade, mas a compra de canetas, muitas vezes, não é, em si, urgente. E o TCU tem sempre sido atento a essas questões, dando prioridade ao que realmente é urgente, em respeito ao princípio constitucional da razoável duração do processo, estampado no inciso LXXVIII do art. 5º da Constituição Federal.

Além disso, o prazo de 25 dias úteis, ainda que passível de uma prorrogação, será absolutamente inexequível em questões mais complexas. O seu cumprimento acarretará graves prejuízos para a análise do assunto.

Lembro que, no TCU, antes do relator, analisam o processo, de modo independente, o Auditor, o Diretor, o Secretário e o Procurador de Contas, sem que haja qualquer obrigatoriedade de concordância entre eles, nos termos do art. 86, inciso I, e do art. 80, ambos da Lei 8.443/92 (Lei Orgânica do TCU), o que reforça o caráter democrático do processo no TCU e o rico debate que é travado nos autos do processo, em benefício da análise mais justa e imparcial possível.

E, levado o processo a julgamento, poderá algum ministro pedir vista do processo que, se concedida, valerá como vista coletiva para todos os ministros pelo prazo de 20 dias, nos termos do §2º do art. 112 do Regimento Interno do TCU.

Pois bem, o prazo de 25 dias úteis inviabiliza toda essa análise e toda a discussão dos ministros nesses casos, com prejuízos para as próprias partes e para a sociedade, inclusive para a própria União que, no caso do TCU, não raras vezes, pede o adiamento da data de julgamento para a apresentação de novos documentos.

Posteriormente, com base no parecer elaborado pela Consultoria Jurídica do TCU em atendimento à determinação destacada, o Plenário daquela corte decidiu proceder à representação para o ajuizamento de ação direta de inconstitucionalidade dos referidos dispositivos perante o Supremo Tribunal Federal.

É possível, portanto, que as mudanças estabelecidas pelos §§1º e 3º do art. 171 da Nova Lei de Licitações sequer produzam efeitos práticos, caso o STF, provocado por algum legitimado para propor ações de controle concentrado de constitucionalidade, decida pela desconformidade desses dispositivos com o texto constitucional.

Não custa lembrar que a Lei nº 14.133/2021, publicada em 01.04.2021, apenas passará a viger de forma derradeira em abril de 2023.

5 Conclusões

Como exposto, a Lei nº 14.133/2021 impactou de forma significativa o controle das contrações públicas, interferindo diretamente na autonomia e no funcionamento dos tribunais de contas quando passou a estabelecer, no §1º do seu art. 171, prazo para a análise do mérito de irregularidades que tenham provocado a suspensão cautelar de licitações – independentemente da complexidade apresentada pela situação concreta – e quando determinou que se definisse o modo como será garantido o atendimento do interesse público eventualmente obstado pela paralisação de procedimento licitatório, em caso de objetos essenciais ou de contratações emergenciais.

A não observância das determinações previstas na legislação pode gerar a ineficácia da medida cautelar eventualmente concedida pelo órgão controlador, o que, em princípio, autorizaria a entidade controlada a dar seguimento a um procedimento licitatório possivelmente irregular.

Para buscar cumprir as medidas concebidas pela Lei nº 14.133/2021, naturalmente se apresenta como alternativa a adoção de providências voltadas à priorização dos processos que possuam medidas cautelares deferidas, com a fixação de prazos razoáveis para que os órgãos da estrutura dos Tribunais atuem dentro de sua esfera de competência. Unidades de protocolo, secretarias, áreas técnicas, Ministério Público de Contas, relatores e colegiados teriam de se organizar e direcionar esforços para garantir a eficácia das cautelares de suspensão de licitação, sem se descuidar das demais competências dos órgãos de controle externo no que diz respeito à fiscalização sobre a execução orçamentária, regime previdenciário, concursos públicos, dentre outros de mesma importância.

Mediante previsão normativa, se apresentam como opções viáveis o fracionamento do julgamento do mérito do processo, pela técnica da capitulação de sentença, dando-se prioridade somente à análise das irregularidades ensejadoras da paralisação do certame, ou a utilização de meios alternativos de prevenção e resolução dialógica de controvérsias, como os termos de ajustamento de gestão ou de conduta, a conciliação, a mediação, o comitê de resolução de disputas e a arbitragem. Ainda depende de validação doutrinária e jurisprudencial a possibilidade de o Tribunal de Contas, ao final do prazo legal, reavaliar a situação do caso concreto e, se necessário, renovar a decisão cautelar, caso se verifiquem presentes o fundado receio de grave lesão ao erário ou ao Direito, ou o risco de ineficácia da decisão de mérito.

Mostra-se contraditória, por outro lado, a obrigação de que o Tribunal de Contas deva definir objetivamente o modo como será garantido o atendimento do interesse público obstado pela suspensão de determinada licitação realizada para a contratação de objetos essenciais ou emergenciais, conforme previsto no art. 171, §1º, II, da Lei nº 14.133/2021. Isso porque a definição de prazo para a apreciação do mérito da irregularidade, por si só, já visa proteger o interesse público presente na contratação porventura paralisada.

A despeito disso, no exame acautelatório, o Tribunal de Contas já exerce um juízo de pragmatismo, na medida em que são ponderados os riscos da ocorrência de dano irreparável ou de difícil reparação à Administração Pública.

Enfim, delegar ao Tribunal de Contas o dever de substituir o gestor público na prática de atos administrativos de repercussão política, em que são mensurados os pressupostos de conveniência e oportunidade, atentaria contra o princípio da separação dos poderes.

Referências

CANÇADO, Maria de Lourdes Flecha de Lima Xavier. Controle judicial da legalidade dos atos administrativos. *In*: CANÇADO, Maria de Lourdes Flecha de Lima Xavier. *Os Conceitos Jurídicos Indeterminados e a Discricionariedade Administrativa*. Belo Horizonte: Fórum, 2021. Disponível em: https://www.forumconhecimento.com.br/livro/4305/4501/33045.

CARVALHO FILHO, José dos Santos. *Manual de Direito Administrativo*. 33. ed. São Paulo: Atlas, 2019.

CAVALCANTE, Crislayne; BONILHA, Ivan Lelis. A nova Lei de Licitações e os desafios do controle externo. *In*: LIMA, Edilberto Carlos Pontes (coord.). *Os tribunais de contas, a Pandemia e o Futuro do Controle*. Belo Horizonte: Fórum, 2021. Disponível em: https://www.forumconhecimento.com.br/livro/4291/4487/32713.

COSTA, Pedro Truffi de Oliveira. Exame prévio de editais de licitação pelo Tribunal de Contas do Estado de São Paulo. *Revista de Direito Público da Economia – RDPE*, ano 19, n. 63, jul./set. 2018. Disponível em: https://www.forumconhecimento.com.br/periodico/140/21656/67943.

DI PIETRO, Maria Sylvia Zanella. *Direito administrativo*. 29. ed. Rio de Janeiro: Forense, 2016.

DI PIETRO, Maria Sylvia Zanella. O papel dos tribunais de contas no controle dos contratos administrativos. *Interesse Público – IP*, ano 23, n. 82, nov./dez. 2013. Disponível em: https://www.forumconhecimento.com.br/periodico/172/21332/48868.

FRIEDE, Reis; FRANÇA, Adriano de Oliveira. *Do Periculum in Mora Inverso (Reverso) à Luz do CPC-2015*. Disponível em: https://rda.tjam.jus.br/ojs-3/index.php/DireitoAmazonia/article/view/13/9.

GARCIA, Gilson Piqueras. tribunais de contas, controle preventivo, controle social e jurimetria: um estudo sobre as representações para suspensão de licitações. *Revista Controle – RTCE*, ano 17, n. 19.1, jan./jun. 2021. Disponível em: https://www.forumconhecimento.com.br/periodico/161/42010/92773.

JORDÃO, Eduardo. A intervenção do TCU sobre editais de licitação não publicados – controlador ou administrador? *Revista Brasileira de Direito Público – RBDP*, ano 19, n. 47, out./dez. 2014. Disponível em: https://www.forumconhecimento.com.br/periodico/129/10501/17129.

JUSTEN FILHO, Marçal. *Curso de direito administrativo*. 13. ed. rev., atual. e ampl. São Paulo: Thomson Reuters Brasil, 2018.

LIMA, Luiz Henrique. A Nova Lei de Licitações e o Controle Externo (2ª parte). Disponível em: https://irbcontas.org.br/artigo/a-nova-lei-de-licitacoes-e-o-controle-externo-2a-parte/.

MARINONI, Luiz Guilherme; ARENHART, Sérgio Cruz; MITIDIERO, Daniel. *Código de Processo Civil comentado*. 3. ed. rev., atual. e ampl. São Paulo: Thomson Reuters Brasil, 2018.

NEVES, Daniel Amorim Assumpção. *Manual de direito processual civil*. 11. ed. Salvador: Juspodivm, 2019.

SCAPIN, Romano. *A Expedição de Provimentos Provisórios pelos tribunais de contas*: das "medidas Cautelares" à técnica antecipatória no controle externo brasileiro. Belo Horizonte: Fórum, 2019. p. 117/118. Disponível em: https://www.forumconhecimento.com.br/livro/3963/4108/24670.

TCEMG. Relatório Estatístico das Atividades Corregedoria do Tribunal de Contas do Estado de Minas Gerais de 2021. Disponível em https://corregedoria.tce.mg.gov.br/media/files/2021/Corregedoria_Exercicio_2021_v2_2203_11.pdf.

TCU. Acórdão nº 2.463/2021 – TCU – Plenário. Disponível em: https://pesquisa.apps.tcu.gov.br/#/documento/acordao-completo/1931520210.PROC/%2520/DTRELEVANCIA%2520desc%252C%2520NUMACORDAOINT%2520desc/0/%2520.

TCU. Ata nº 22, da Sessão Telepresencial do Plenário do Tribunal de Contas da União de 23/06/2021. Disponível em: https://pesquisa.apps.tcu.gov.br/#/documento/ata-sessao/*/DATASESSAOORDENACAO%253A%255B20210623%2520to%252020210623%255D/DTRELEVANCIA%2520desc/0/%2520.

TCU. Relatório Anual de Atividades do Tribunal de Contas da União de 2021. Disponível em: https://contas.tcu.gov.br/ords/f?p=ANEXO_SGT:ANEXOS:0::NO:1:P1_COD_ITEM:41.

TORRES, Ronny Charles Lopes de. *Leis de licitações públicas comentadas*. 12. ed. rev., ampl. e atual. São Paulo: Juspodivm, 2021.

Informação bibliográfica deste texto, conforme a NBR 6023:2018 da Associação Brasileira de Normas Técnicas (ABNT):

PASSARELI, Telmo de Moura; PAIVA, Lucas Alvim. As decisões cautelares proferidas por tribunais de contas no âmbito da fiscalização de processos licitatórios. *In*: LIMA, Luiz Henrique; CUNDA, Daniela Zago Gonçalves da; GODINHO, Heloísa Helena Antonacio Monteiro (coord.). *Controle externo e as mutações do Direito Público*: licitações e contratos – Estudos de ministros e conselheiros substitutos dos tribunais de contas. Belo Horizonte: Fórum, 2023. p. 207-235. ISBN 978-65-5518-502-7.

OS IMPACTOS DA LEI Nº 14.133/2021 NA ATUAÇÃO E NA APLICAÇÃO DE SANÇÕES PELOS TRIBUNAIS DE CONTAS

ISAÍAS LOPES DA CUNHA
PAULA TAVARES FERNANDES

1 Introdução

A Administração Pública, para adquirir bens ou serviços, lança mão de um procedimento prévio às contratações públicas denominado de licitação, por meio da qual se inicia uma disputa entre os interessados em manter negócios jurídicos visando escolher a proposta mais vantajosa às conveniências públicas.

Como a licitação envolve um volume considerável de recursos públicos, é certo que esse procedimento expõe a Administração Pública a diversos riscos, que vão desde a ocorrência de simples falhas formais ao cometimento de irregularidades que podem acarretar danos ao erário.

Nessa vertente, a fiscalização das licitações e contratos administrativos é um dos capítulos mais dramáticos e sensíveis da atuação dos tribunais de contas, por ser a mais apta à ocorrência de irregularidades, falhas, ilegalidades e atos de corrupção de toda sorte, praticados não só por servidores públicos como também por licitantes (ARAÚJO, 2010, p. 363).

Todavia, de acordo com Araújo (2010, p. 365), não se deve partir da premissa equivocada de que toda licitação se encontra viciada, até mesmo porque esses procedimentos, normalmente, se processam de forma absolutamente regular, legal, legítima e moral.

Após quase 30 (trinta) anos de vigência da Lei nº 8.666/1993, foi editada a Lei nº 14.133, de 1º de abril de 2021, que estabelece o novo regime jurídico das licitações e contratações da Administração Pública, cujo texto compilou a legislação anterior (Lei nº 8.666/1993, Lei nº 10.520/2002 e parte da Lei nº 12.462/2011) e incorporou importantes preceitos até então contemplados em normas infralegais, na doutrina e nas jurisprudências dos tribunais de contas.

Dentre os preceitos incorporados pela nova Lei de Licitações e Contratos Administrativos, merecem destaque as providências que devem ser adotadas pelas três linhas de defesa quando forem detectadas impropriedades formais e irregularidades que configurem dano à Administração (art. 169, §3º, I e II, da Lei nº 14.133/2021).

Embora não seja eminentemente inovadora, essa distinção é sobremaneira importante, pois ao ser incluída na nova Lei de Licitações e Contratos Administrativos, ela atribui dimensão legal à disciplina anteriormente prevista apenas em instrução normativa federal e, consequentemente, vincula não só a Administração Pública de todos os entes federativos, mas principalmente os órgãos de controle, impondo limites e contornos à sua atuação.

Como é cediço, os tribunais de contas, no exercício de suas competências fiscalizatórias e sancionatórias, têm competência para aplicar sanções aos responsáveis por irregularidades nos procedimentos licitatórios, dentre as quais se destaca a pena pecuniária de multa, nos termos do art. 71, VIII, CF c/c art. 156, II, da Lei nº 14.133/2021.

A propósito, uma das principais críticas dos gestores públicos é de que o aumento de sanções aplicadas inibe a ação administrativa, uma vez que eles têm medo de tomar uma decisão e serem responsabilizados pelos órgãos de controle, o que culminou com a inclusão de importantes dispositivos na Lei de Introdução às Normas do Direito brasileiro, com o intuito de aumentar a segurança jurídica e a eficiência administrativa.

Assim, o objetivo deste artigo é analisar os impactos da Lei nº 14.133/2021 na atuação e na aplicação de sanções pelos tribunais de contas. Nesse sentido, a questão norteadora deste estudo é desvendar os *impactos da Lei nº 14.133/2021 na fiscalização e deliberação dos tribunais de contas quando constatarem infrações administrativas*. Para responder esse questionamento, o presente estudo caracteriza como uma pesquisa bibliográfica e documental com abordagem qualitativa, adotando o método dedutivo, e como instrumento de investigação a coleta documental.

A coleta de dados foi extraída das Leis Orgânicas e Regimentos Internos de cinco tribunais de contas brasileiros, quais sejam: Tribunal de Contas da União (TCU), Tribunal de Contas do Distrito Federal e tribunais de contas dos Estados de Santa Catarina, Pernambuco e Mato Grosso, sendo o primeiro escolhido por ser o paradigma constitucional, o último, por ser o único que possui ato normativo específico e cartilha de classificação de irregularidades disponíveis na internet, e os demais tribunais de contas foram escolhidos aleatoriamente para possibilitar uma análise comparativa com a do TCU.

Com base nesses dados, verificou-se o nível de semelhança ou discrepância nos critérios de aplicação de multa pelos tribunais de contas brasileiros, bem como em que medida os seus atos normativos observam as disposições contidas no art. 169, §3º, I e II, da Lei nº 14.133/2021. Por fim, foi possível mensurar os impactos da nova lei na classificação das infrações administrativas e na aplicação de sanções pelos tribunais de contas.

2 Conceito e finalidade da licitação

A obrigatoriedade de licitar decorre do artigo 37, XXI, da Constituição Federal de 1988, que determina que os contratos administrativos sejam precedidos de licitação pública. O art. 22, XXVII, da Carta Magna, por sua vez, outorga competência privativa à União para legislar sobre normas gerais de licitações e contratos administrativos, em todas as modalidades para a Administração Direta e Indireta de qualquer dos Poderes da União, Estados, Distrito Federal e Municípios (BRASIL, 1988).

Em cumprimento ao referido dispositivo constitucional, foram editadas leis federais de licitação, quais sejam, a Lei nº 8.666/1993 (Lei Geral de Licitações e Contratos), a Lei nº 10.520/2002 (Lei do Pregão) e a Lei nº 12.462/2011 (Lei do Regime Diferenciado de Contratações Públicas).

Com efeito, é por meio das licitações que a Administração interage com a iniciativa privada, indo buscar no mercado privado aquilo que não pode obter por meio dos seus próprios instrumentos, apesar de fortemente influenciada pelos normativos do Direito público (ARAÚJO, 2010, p. 363).

Mais do que cumprir uma atividade essencial e rotineira de obter insumos para o funcionamento e manutenção da estrutura e dos serviços prestados pela Administração Pública, as aquisições, se adequadamente conduzidas, ainda funcionam como instrumentos de eficiência na implementação de políticas públicas de fomento a setores essenciais para o desenvolvimento econômico e social local, regional e nacional, de sustentabilidade ambiental, de proteção ao pequeno empreendedor, de promoção e financiamento de avanços tecnológicos (GODINHO; 2021, p. 182).

A exigência de um procedimento licitatório busca contornar os riscos provenientes da liberdade de escolha das pessoas a serem contratadas pela Administração, haja vista que é um procedimento que antecede o contrato, por meio do qual várias pessoas podem concorrer em igualdade de condições e a Administração Pública pode escolher a proposta mais vantajosa ao interesse público (CARVALHO, 2021, p. 461).

Ao discorrer sobre o assunto, Bittencourt (2014, p. 30) destaca que "[...] o termo *licitação* passou a significar no Direito Público pátrio o procedimento administrativo prévio que a Administração Pública estabelece quando deseja adquirir algo, substituindo a então consagrada concorrência pública".

A licitação é um procedimento preliminar ao contrato, por meio do qual se inicia uma disputa entre os interessados em travar determinadas relações de conteúdo patrimonial, para escolher a proposta mais vantajosa às conveniências públicas (MELLO, 2010, p. 528).

Para Oliveira (2017, p. 25) licitação é o processo administrativo utilizado pela Administração Pública e pelas demais pessoas indicadas pela lei, com o objetivo de garantir isonomia, selecionar a melhor proposta e promover o desenvolvimento nacional sustentável, por meio de critérios objetivos e impessoais, para celebração de contratos.

Assim, licitação é o procedimento que a Administração Pública está obrigada a realizar, em regra, para a contratação de obras, serviços, fornecimentos, locações, alienações ou concessões, que se dá a partir de parâmetros objetivos previamente definidos em edital, com o intuito de assegurar, de um lado, a seleção da oferta mais vantajosa e a execução contratual em condições de maior tranquilidade e segurança e, de outro, a possibilidade de os operadores econômicos concorrerem em paridade de condições para a adjudicação de um contrato (MIRANDA, 2021, p. 36).

3 Aspectos gerais, infrações e sanções na Lei nº 14.133/2021

Neste artigo serão abordados os aspectos gerais da nova Lei de Licitações e Contratos, seguidos das infrações e sanções administrativas previstas na novel legislação e a classificações das infrações administrativas na Lei nº 14.133/2021 e seus reflexos nos órgãos de controle.

3.1 Aspectos gerais da nova Lei de Licitações e Contratos

No âmbito federal, as normas gerais e especiais sobre licitações e contratações administrativas constantes de lei federal foram objeto de regulamentação por meio de diversos atos administrativos, como decretos regulamentares e instruções normativas, contudo, estas últimas não apresentavam eficácia vinculante para as demais esferas da federação (JUSTEN FILHO, 2021, p. 27).

Nessa toada, o novo Estatuto Licitatório veio suprimir essa lacuna, haja vista que incorporou diversas soluções anteriormente contempladas exclusivamente em instruções normativas, atribuindo-lhes, com isso, dimensão legal e superando os argumentos que questionavam a eficácia externa, ampla e geral atribuída às referidas normas (JUSTEN FILHO, 2021, p. 28).

Godinho (2021, p. 185) explica que a nova Lei de Licitações e Contratos se distingue da sua antecessora por privilegiar expressamente a eficiência técnica das aquisições públicas, para além da legalidade, ao primar pelo planejamento, transparência, governança, integridade, segregação de funções, motivação, economicidade, profissionalização dos agentes públicos, gestão de riscos, responsabilização e controle concomitante, efetivo e célere.

De acordo com essa autora, extrai-se das prescrições da Lei nº 14.133/2021 um visível objetivo de aprimorar a capacidade institucional e de combater a ineficiência nos processos das aquisições públicas, detectada pelo sistema de controle interno, externo e social, por meio da constatação de estruturas organizacionais inadequadas ou mal aproveitadas, ausência de planejamento, falta ou deficiência de procedimentos para a tomada de decisão pela autoridade superior, corrupção, dentre outros pontos fracos (GODINHO, 2021, p. 185).

Nesse sentido, a positivação de boas práticas de gestão, de procedimentos de controle e de regras norteadoras para a Administração Pública e os órgãos de controle impacta na fiscalização da aplicação da nova Lei de Licitações e Contratos.

3.2 Infrações e sanções na nova Lei de Licitações e Contratos

Segundo Ferreira (1988, p. 231) *apud* Zardo (2014, p. 63) infração administrativa, do ponto de vista analítico-formal, é o comportamento típico, antijurídico e reprovável que enseja a aplicação, no exercício de função administrativa, de uma sanção de mesma ordem.

Como visto, a sanção administrativa decorre de uma infração administrativa, (ilícito administrativo) que é uma "medida aflitiva imposta pela Administração Pública em função da prática de um comportamento ilícito" (MELLO, 2007, p. 62-63).

Assim, para que haja a aplicação da penalidade e para que se identifique a infração administrativa, é necessário que haja, além da antijuridicidade, o tipo, ou seja, o conjunto de elementos de comportamento punível previsto na lei administrativa. Nessa seara, a descrição da infração deve estar prevista em lei ou regulamento, quando a hipótese normativa for genérica, incumbindo à Administração limitar as probabilidades fáticas. Assim, ocorrendo o fato descrito na hipótese da norma, opera-se a subsunção daquela a esta, com o que se realiza a tipicidade (OLIVEIRA, 2012, p. 35).

Nas palavras de Verzola (2011, p. 148): "A tipicidade permite a especificação do que é reprovável e do que é querido e prevê também a sanção cabível caso o mandamento não seja realizado".

Com efeito, a principal função do tipo é conferir ao cidadão a possibilidade de escolher entre o certo e o errado, além de informá-lo sobre as consequências de suas opções. Assim, somente poderão ser consideradas infrações aqueles comportamentos anteriormente previstos na norma como tais (ZARDO, 2014, p. 74).

Nessa perspectiva, a Lei nº 14.133/2021 reservou, no Título IV – Das Irregularidades, um capítulo específico denominado "Das Infrações e Sanções Administrativas", composto por nove artigos.

Desta maneira, de acordo com o novo diploma legal, no âmbito da Administração, o licitante ou o contratado pode ser responsabilizado administrativamente pela prática das seguintes infrações previstas no art. 155 da Lei nº 14.133/2021 (BRASIL, 2021):

   a) dar causa à inexecução parcial do contrato;
   b) dar causa à inexecução parcial do contrato que cause grave dano à Administração, ao funcionamento dos serviços públicos ou ao interesse coletivo;
   c) dar causa à inexecução total do contrato;
   d) deixar de entregar a documentação exigida para o certame;
   e) não manter a proposta, salvo em decorrência de fato superveniente devidamente justificado;
   f) não celebrar o contrato ou não entregar a documentação exigida para a contratação, quando convocado dentro do prazo de validade de sua proposta;

g) ensejar o retardamento da execução ou da entrega do objeto da licitação sem motivo justificado;
h) apresentar declaração ou documentação falsa exigida para o certame ou prestar declaração falsa durante a licitação ou a execução do contrato;
i) fraudar a licitação ou praticar ato fraudulento na execução do contrato;
j) comportar-se de modo inidôneo ou cometer fraude de qualquer natureza;
k) praticar atos ilícitos com vistas a frustrar os objetivos da licitação;
l) praticar ato lesivo previsto no art. 5º da Lei nº 12.846, de 1º de agosto de 2013.

Pedra e Torres (2021, p. 2016) ressaltam que, uma vez verificadas quaisquer dessas infrações, deverá a Administração instaurar processo de responsabilização para examinar a culpabilidade do particular (licitante ou contratado) e uma eventual aplicação de sanção.

De acordo com o art. 156, *caput* e §1º, da Lei de Licitações, serão aplicadas ao responsável pelas infrações administrativas as sanções de advertência, multa, impedimento de licitar e contratar e declaração de inidoneidade para licitar ou contratar, devendo a autoridade administrativa competente, na aplicação das sanções, considerar (a) a natureza e a gravidade da infração cometida, (b) as peculiaridades do caso concreto, (c) as circunstâncias agravantes ou atenuantes, (d) os danos que dela provierem para a Administração Pública e (e) a implantação ou o aperfeiçoamento de programa de integridade (BRASIL, 2021).

Nesse contexto, a Lei nº 14.133/2021 descreve as infrações administrativas sem, contudo, esgotar a matéria, na medida em que previu, no seu art. 155, hipóteses normativas genéricas, deixando uma margem de discricionariedade para os órgãos controladores tipificarem outras condutas também passíveis de responsabilização.

Ademais, a referida lei estabelece direcionamentos sobre a dosimetria na aplicação das sanções, orientando, com isso, todos os envolvidos nos processos administrativos de responsabilização e de fiscalização.

Por expressa disposição constitucional e legal, a Administração Pública na aplicação da Lei de Licitações e Contratos está sujeita à fiscalização do órgão de controle interno e do Tribunal de Contas competente, os quais analisarão, dentre outros aspectos, a legalidade, a regularidade e a economicidade dos certames e dos contratos deles decorrentes.

4 Classificação das infrações na Lei nº 14.133/2021 e seus reflexos nos órgãos de controle

Mais adiante, a Lei nº 14.133/2021, sensível ao tema relativo às irregularidades e suas implicações, especialmente quanto às sanções aos agentes públicos, incluiu no Título IV (Das Irregularidades) o Capítulo III, intitulado "Controle das Contratações Públicas", trazendo novas balizas para a atuação dos órgãos de controle, sobretudo o art. 169, objeto central do presente estudo.

Influenciado pela Declaração de Posicionamento do *Institute of Internal Auditors* (IIA), incorporado pelo TCU em seus manuais e processos de fiscalização, o *caput* do art. 169, da Lei nº 14.133/2021, resgatou o controle interno sistêmico introduzido pelo art. 13 do Decreto-Lei nº 200/67[1] sobre a roupagem das Três Linhas de Defesa, ao estabelecer a primeira, a segunda e a terceira linhas de controle interno da Administração e com a seguinte composição (BRASIL, 2021):

> Art. 169. As contratações públicas deverão submeter-se a práticas contínuas e permanentes de gestão de riscos e de controle preventivo, inclusive mediante adoção de recursos de tecnologia da informação, e, além de estar subordinadas ao controle social, sujeitar-se-ão às seguintes linhas de defesa:
> I - *primeira linha de defesa*, integrada por servidores e empregados públicos, agentes de licitação e autoridades que atuam na estrutura de governança do órgão ou entidade;
> II - *segunda linha de defesa*, integrada pelas unidades de assessoramento jurídico e de controle interno do próprio órgão ou entidade;
> III - *terceira linha de defesa*, integrada pelo órgão central de controle interno da Administração e pelo tribunal de contas. (grifo dos autores)

Os órgãos de controle de que trata a nova Lei de Licitações e Contratos são os órgãos central e setorial de controle interno da

---

[1] Esta lei elevou o controle, ao lado do planejamento, coordenação, descentralização e delegação de competência, a princípios fundamentais das atividades administrativas, cujo art. 13, consigna:
Art. 13 O controle das atividades da Administração Federal deverá exercer-se em todos os níveis e em todos os órgãos, compreendendo, particularmente:
a) o controle, pela chefia competente, da execução dos programas e da observância das normas que governam a atividade específica do órgão controlado;
b) o controle, pelos órgãos próprios de cada sistema, da observância das normas gerais que regulam o exercício das atividades auxiliares;
c) o controle da aplicação dos dinheiros públicos e da guarda dos bens da União pelos órgãos próprios do sistema de contabilidade e auditoria.

Administração, integrantes da segunda e terceira linhas de defesa, respectivamente, e o Tribunal de Contas, equivocadamente inserido na terceira linha, tendo em vista que o modelo das Três Linhas de Defesa pressupõe estruturas e processos necessários para o gerenciamento de riscos e controle interno da organização.

Nesse mister, a novel legislação, no artigo 169, §3º, I e II, estabelece procedimentos que devem ser adotados pelas pessoas e órgãos integrantes das três linhas de defesa quando forem detectadas impropriedade formal e irregularidade que configure dano à Administração Pública. Depreende-se desse dispositivo que as infrações à Lei nº 14.133/2021 devem ser classificadas em impropriedade formal e irregularidade que configure dano à Administração Pública.

De acordo com a referida lei, quando se constatar simples *impropriedade formal*, deverão ser adotadas medidas para o seu saneamento e para a mitigação de riscos de sua nova ocorrência, preferencialmente por meio do aperfeiçoamento dos controles preventivos e com a capacitação dos agentes públicos responsáveis (BRASIL, 2021).

Por seu turno, quando se constatar *irregularidade que configure dano* à *Administração*, deverão ser adotadas providências necessárias para a apuração das infrações administrativas, observadas a segregação de funções, a individualização das condutas, a remessa ao Ministério Público competente de cópias dos documentos cabíveis para a apuração dos ilícitos de sua competência, bem como a adoção das mesmas medidas impostas no caso de constatação de simples impropriedade formal (BRASIL, 2021).

Em outras palavras, a lei em comento estabelece regras-matrizes de atuação dos órgãos de controle quando constatar impropriedades e irregularidades, com a positivação da observância do princípio da segregação de funções, da individualização das condutas e da adoção de medidas para saneamento (correção) e para a mitigação de riscos de nova ocorrência, visando garantir mais segurança jurídica e controles preventivos nas conclusões ou deliberações nos processos de controle.

Em decorrência disso, os órgãos de controle devem observar as disposições contidas no art. 169, §3º, I e II, da Lei nº 14.133/2021, na fase de planejamento, execução e conclusão ou deliberação dos processos de fiscalização de sua competência, conforme demonstra o Quadro 1:

QUADRO 1
Medidas que devem ser implementadas pelos órgãos de controle nos processos de fiscalização

Fase de Fiscalização	Atuação dos Órgãos de Controle	
Planejamento	Adoção de critérios de oportunidade, materialidade, relevância e risco	
Execução	Classificação em simples impropriedade formal	
	Classificação em irregularidade que configure dano à Administração	- adoção das providências necessárias para apuração das infrações administrativas, observada a segregação de funções e a necessidade de individualização das condutas;
Conclusão/ Deliberação	No caso de impropriedade formal	- as razões apresentadas pelos órgãos e entidades responsáveis; - adoção das medidas para seu saneamento e para mitigação de riscos de sua nova ocorrência, preferencialmente por meio de: a) aperfeiçoamento dos controles preventivos; b) capacitação dos agentes públicos responsáveis.
	No caso de irregularidade que configure dano à Administração	- as razões apresentadas pelos órgãos e entidades responsáveis; - os resultados obtidos com a contratação; - remessa ao Ministério Público competente para apuração dos ilícitos de sua competência; - adoção das medidas para seu saneamento e para mitigação de riscos de sua nova ocorrência, preferencialmente por meio de: a) aperfeiçoamento dos controles preventivos; b) capacitação dos agentes públicos responsáveis.

Fonte: Elaborado pelos autores com base na Lei nº 14.133/2021 (BRASIL, 2021).

Verifica-se, portanto, que, ao definir práticas contínuas e permanentes de gestão de riscos e de controle preventivo, o novo diploma licitatório firmou uma diretriz muito clara acerca do princípio do formalismo moderado e da importância de a Administração aperfeiçoar os controles preventivos e realizar capacitação dos servidores públicos que atuam nas áreas de licitações e contratos, reconhecendo a educação profissional como política e princípio de controle interno.

Essas regras-matrizes não impactaram muito o órgão central de controle interno do Poder Executivo Federal e o TCU, pois a distinção entre impropriedade e irregularidade e a determinação acerca da necessidade de capacidade de servidores públicos, dentre outras, já eram medidas adotadas por esses órgãos de controle.

Com efeito, *distinção entre impropriedade e irregularidade* não é inovação para a Secretaria Federal de Controle Interno (SFC), haja vista que a Instrução Normativa nº 01/2001 (BRASIL, 2001), no seu art. 7, I, *já fazia essa distinção:*

> 7. [...] I - Caracterização de impropriedade e irregularidade – impropriedade consiste em falhas de natureza formal de que não resulte dano ao erário, porém evidencia-se a não observância aos princípios de legalidade, legitimidade, eficiência, eficácia e economicidade. A irregularidade é caracterizada pela não observância desses princípios, constatando a existência de desfalque, alcance, desvio de bens ou outra irregularidade de que resulte prejuízo quantificável para o Erário.

Atualmente, o Manual de Orientações Técnicas da Atividade de Auditoria Interna Governamental do Poder Executivo Federal (BRASIL, 2017a), *aprovado pela Instrução Normativa nº 8/2017 da Controladoria Geral da União (CGU), assim define impropriedade e irregularidade:*

> *Impropriedade*: são falhas de natureza formal de que não resulte dano ao erário e outras que têm o potencial para conduzir à inobservância aos princípios de administração pública ou à infração de normas legais e regulamentares, tais como deficiências nos controles internos da gestão, violações de cláusulas, abuso, imprudência, imperícia.

> *Irregularidade*: é a prática de ato de gestão ilegal, ilegítimo, antieconômico, ou infração à norma legal ou regulamentar de natureza contábil, financeira, orçamentária, operacional ou patrimonial, dano ao erário decorrente de ato de gestão ilegítimo ou antieconômico, desfalque ou desvio de dinheiros, bens ou valores públicos, tais como fraudes, atos legais, omissão no dever de prestar contas, violações aos princípios de administração pública.

De igual modo, o Glossário de Termos do Controle Externo (BRASIL, 2017b), atualizado pela Portaria-SEGECEX nº 27/2017, no âmbito do TCU, também já fazia a distinção entre impropriedade e irregularidade, vejamos:

> *Impropriedade* – falha de natureza formal de que não resulte dano ao erário, bem como aquela que tem o potencial para levar à inobservância dos princípios de administração pública, à infração de normas legais e regulamentares, à violação de cláusulas de convênios, contratos e outros ajustes, ao cometimento de abusos. Por exemplo, deficiências no controle interno (NAT).
>
> [...]
>
> *Irregularidade* – omissão no dever de prestar contas; prática de ato de gestão ilegal, ilegítimo ou antieconômico, ou infração à norma legal ou regulamentar de natureza contábil, financeira, orçamentária, operacional ou patrimonial; dano ao erário decorrente de ato de gestão ilegítimo ou antieconômico; desfalque ou desvio de dinheiros, bens ou valores públicos; descumprimento de determinação de que o responsável tenha tido ciência, feita em processo de tomada ou prestação de contas; violações aos princípios de administração pública (LOTCU, art. 16, III e §1º; RITCU, art. 209 e §1º; NAT).

Ademais, a jurisprudência do TCU também tem se firmado no sentido de distinguir as condutas que caracterizam infração à norma legal e regulamentar aquelas que consistem em mera impropriedade de natureza formal, conferindo-lhes tratamento diferenciado na aplicação de sanções, conforme se depreende dos seguintes julgados (BRASIL, 2016a; 2016b; 2020):

> A inexistência de orçamento estimado em planilhas de quantitativos e preços unitários nos processos licitatórios *não é mera* impropriedade *de natureza* formal, pois representa grave infração à norma legal, nos termos do art. 40, §2º, inciso II, da Lei 8.666/1993. (TCU, Acórdão 3182/2016 - Plenário) (grifos dos autores)

> Na contratação de profissional do setor artístico por inexigibilidade de licitação, a apresentação de atestado de exclusividade restrito aos dias e à localidade do evento, em vez do contrato de exclusividade entre o artista e o empresário contratado, *caracteriza grave infração* à *norma legal e regulamentar, não mera* impropriedade *de natureza* formal, *ensejando, ainda que não configurado dano ao erário, condenação em multa e julgamento pela irregularidade das contas.* (TCU, Acórdão 5871/2016 – Primeira Câmara) (grifos dos autores)

É *possível considerar como falha* formal a execução de despesas fora da vigência do convênio, em situações em que reste comprovado que os dispêndios contribuíram para o atingimento dos objetivos pactuados. (TCU, Acórdão 8300/2020 - Segunda Câmara) (grifos dos autores)

De acordo com tais atos normativos, o que diferencia impropriedade de irregularidade, em regra, é a não ocorrência de dano ao erário e a constatação de dano ao erário e a violação aos princípios básicos da Administração Pública e às normas legais e regulamentares específicas, respectivamente.

No que tange à adoção de medidas para mitigar os riscos de ocorrência de infrações da administração, o TCU também reconhecia a importância do treinamento e da capacitação de servidores nas áreas de licitações e contratos e outras áreas correlatas nos julgados a seguir (BRASIL, 2008; 2016c, 2021b):

9.4.2. Adote providências com vistas ao treinamento e capacitação, sobretudo na área de licitações e contratos, dos funcionários que atuam junto à Consultoria Jurídica da entidade. (TCU, Acórdão nº 455/2008 - Primeira Câmara)

9.1.3.1. capacite os gestores na área de aquisições em gestão de riscos; [...]

9.1.6. elabore Plano Anual de Capacitação para a organização, estabelecendo um modelo de competências para os ocupantes das funções chave da área de aquisição em especial, para aqueles que desempenham papeis ligados à governança e à gestão das aquisições e para aqueles que exerçam funções de pregoeiro ou na comissão de licitação e fiscalização e gestão dos contratos, de forma que somente servidores capacitados possam ser designados para exercer tais atribuições; (TCU, Acórdão nº 2352/2016 - Plenário)

9.2.6.3 capacite os fiscais designados para atuar em contratos vinculados à área médico-hospitalar. (TCU, Acórdão nº 1164/2021 – Plenário)

Nesse mesmo sentido, o TCE/MT expediu determinação em processos de contas anuais para que a Administração implante e execute programa de capacitação continuada de servidores públicos que atuam em diversas áreas, incluindo as áreas de licitação, fiscalização de contratos, assessoria jurídica, dentre outras, conforme se depreende dos seguintes julgados (MATO GROSSO, 2019a; 2019b; 2020a; 2020b): Parecer Prévio nº 9/2019 – TP, Parecer Prévio nº 118/2019 – PT, Acórdão nº 08/2020 – TP, Acórdão nº 38/2020 – TP.

Diante disso, é possível inferir que o novo Estatuto Licitatório atribuiu dimensão legal à disciplina anteriormente prevista apenas em instrução normativa e decisões dos tribunais de contas, tornando obrigatória sua observância pelos órgãos de controle subnacionais no exercício de suas atribuições.

Assim, por força do disposto no §3º, I e II, do art. 169, da Lei nº 14.133/2021, os órgãos de controle devem classificar as infrações administrativas à lei de licitações e contratos em impropriedade formal e irregularidade que configure dano à Administração, conferindo-lhes tratamento distinto nos processos de fiscalização de sua competência.

5 Impactos da Lei nº 14.133/2021 na classificação das infrações e na aplicação de sanções pelos tribunais de contas

O controle externo é exercido pelo Poder Legislativo, com o auxílio do Tribunal de Contas, que, como órgão executor do controle externo, possui competências constitucionais próprias, exclusivas e indelegáveis (MILESKI, 2011, p. 307).

A Lei nº 8.666/1993, no seu art. 113, consagrou a competência dos tribunais de contas para fiscalizar as licitações e os contratos administrativos, uma vez que estabelece expressamente que o *controle das despesas* decorrentes dos contratos e demais instrumentos regidos pela referida lei seria *feito pelo Tribunal de Contas competente*, na forma da legislação pertinente.

De acordo com Pereira Júnior (2009, p. 1001-1002), o supracitado artigo derroga a presunção de legalidade e legitimidade dos atos administrativos relativos à execução da despesa pública, porquanto transfere para a autoridade que os expediu o ônus de comprovar sua regularidade, no caso desta ser impugnada pelos tribunais de contas, caso contrário, prevalece a glosa do controle externo, com as consequências cabíveis em cada caso.

Posteriormente, a Lei nº 14.133/2021, além de prever o controle externo das aquisições públicas, trouxe novos contornos à atuação dos tribunais de contas, positivando o exercício de atribuições especiais já incorporadas ao cotidiano das funções controladoras (GODINHO, 2021, p. 193).

Com efeito, a fiscalização das licitações e contratos administrativos é um dos capítulos mais dramáticos e sensíveis da atuação dos tribunais de contas, por ser o mais apto à ocorrência de irregularidades, falhas, ilegalidades e atos de corrupção de toda sorte, praticados pelos atores desses atos com a participação não só de servidores públicos, como também de licitantes (ARAÚJO, 2010, p. 363).

Corroborando dessa linha de raciocínio, assevera Godinho (2021, p. 182) que o volume de negócios gerados pelas aquisições expõe a Administração Pública a diversos riscos, como o desperdício, a má gestão e a corrupção, conforme estudo realizado pelo Banco Interamericano de Desenvolvimento (BID).

Os tribunais de contas têm competência para aplicar as sanções aos responsáveis em caso de ilegalidade de despesa ou irregularidade de contas, desde que previstas em lei (art. 71, VIII, CF), até mesmo porque, se "não houvesse sanção, o sistema de controle restaria esvaziado, em face da falta de um elemento que impusesse ao administrador as determinações do Tribunal de Contas" (MILESKI, 2011, p. 375).

Além das sanções, os tribunais de contas podem impor a adoção de medidas corretivas à Administração, as quais, conforme leciona Araújo (2010, p. 367), possuem natureza obrigatória para os órgãos promotores da licitação, sendo, portanto, de acatamento compulsório toda e qualquer medida corretiva que lhes seja determinada.

Insta salientar que o objetivo da imposição de sanções administrativas é desestimular a prática de condutas reprováveis, previamente estabelecidas no ordenamento jurídico, mediante o estabelecimento de consequências indesejadas àquele que transgredir o avençado, impondo-lhes restrições (sanções) de atividade e ao patrimônio moral ou econômico (PEDRA; TORRES, 2021, p. 214).

As sanções podem ser de ordem pecuniária, representadas pela multa ou pela imputação de débito, ou então, repercutir na esfera não patrimonial da pessoa, em razão da imposição de algum tipo de limitação jurídica à sua atuação (ARAÚJO, 2010, p. 463).

Notadamente com relação à multa, vale destacar que as causas ensejadoras, os valores máximos que podem ser aplicados e os critérios de gradação estão previstos, em regra, nas Leis Orgânicas e nos Regimentos Internos de cada Tribunal de Contas brasileiro, não havendo, contudo, uma diretriz única a ser aplicada em todo o território nacional.

De acordo com Guerra (2019, p. 192), a gradação das penas pecuniárias foi remetida às leis orgânicas de cada Corte de Contas para atender às diversas peculiaridades econômico-financeiras de cada região brasileira.

Conforme explicitado no tópico anterior, a nova Lei de Licitações e Contratos conferiu tratamento diferenciado para as infrações que caracterizam impropriedade formal e irregularidade que configure dano à Administração, impondo, com isso, aos órgãos controladores a necessidade de incluir em seus atos normativos classificação distinta para cada uma dessas infrações.

Desse modo, para melhor compreensão do tema, foram levantados dados nas legislações do TCU, do Tribunal de Contas do Distrito Federal e dos tribunais de contas dos Estados de Santa Catarina, Pernambuco e Mato Grosso, para apurar, primeiramente, o nível de semelhança ou discrepância nos critérios de aplicação de multa pelos tribunais de contas e, posteriormente, em que medida os seus atos normativos observam ou não as disposições contidas no art. 169, §3º, I e II, da Lei nº 14.133/2021.

No âmbito do TCU, as irregularidades ensejadoras de multa estão previstas no artigo 58 da Lei nº 8.443/92 (Lei Orgânica do TCU), que também estabelece o seu valor máximo, atualizado anualmente por meio de portaria da Presidência do Tribunal. Por outro lado, a gradação dos valores das multas está prevista no art. 268 do Regimento Interno do TCU e é proposta pelo relator com base na gravidade e na quantidade de fatos que ensejaram a punição.

O Quadro 2 demonstra as irregularidades e o comparativo entre os limites e os critérios de gradação das multas previstas na legislação do TCU, do Tribunal de Contas do Distrito Federal e dos tribunais de contas dos Estados de Santa Catarina e Pernambuco.

QUADRO 2
Comparativo entre os limites e gradação das multas aplicadas pelo TCU e pelos tribunais de contas do Distrito Federal e dos Estados de Santa Catarina e Pernambuco

	TCU	TCE/DF	TCE/SC	TCE/PE
Limite	Cr$ 42.000.000,00*	100 UPDFs	R$ 5.000,00**	R$ 50.000,00
Fundamento Legal	Lei nº 8.443/1992 (Lei Orgânica)	LC nº 01/1994 (Lei Orgânica)	LC nº 202/2000 (Lei Orgânica)	Lei nº 12.600/2004 (Lei Orgânica)
Irregularidade/ Gradação	Resolução nº 246/2001 (Regimento Interno)	Resolução nº 296/2016 (Regimento Interno)	Resolução nº 06/2001 (Regimento Interno)	Lei nº 12.600/2004 (Lei Orgânica)
Contas julgadas irregulares	5% a 100% do limite	5% a 100% do limite	-	-
Ato praticado com grave infração às normas	5% a 100% do limite	5% a 100% do limite	8 a 80% do limite	10% a 50% do limite
Ato de gestão ilegítimo ou antieconômico	5% a 100% do limite	5% a 100% do limite	20 a 100% do limite	5% a 50% do limite (sem dano) 10% a 100% (com dano)
Não atendimento à diligência	5% a 50% do limite	5% a 50% do limite	4% a 50% do limite	5% a 30% do limite
Obstrução ao exercício de auditoria	50% a 80% do limite	20% a 80% do limite	10% a 60% do limite	
Sonegação de processo, documento ou informação	5% a 80% do limite	20% a 80% do limite	10% a 60% do limite	5% a 50% do limite
Descumprimento de decisão	5% a 50% do limite	20% a 100% do limite	-	-
Reincidência no descumprimento de decisão	50% a 100% do limite	50% a 100% do limite	8% a 50% do limite	-
Inobservância de prazos	-	5 a 30%	4% a 20%	10% acrescido de 1% por dia de atraso até o limite máximo previsto

Fonte: Elaborada pelos autores com base na coleta documental
*Atualizado pela Portaria nº 15/2021 = R$ 67.854,38
** Atualizado pela Resolução n.TC-0114/2015 = R$ 14.206,50

Como se observa, as Leis Orgânicas e os Regimentos Internos de cada Tribunal analisado, em regra geral, estabelecem as causas ensejadoras de sanções de forma aberta e genérica e em similitude com a tipificação do art. 58 da Lei Orgânica do TCU, variando, contudo, apenas em relação à fixação de limites e critérios de gradação desta penalidade.

O TCE/MT, por sua vez, fixou o limite máximo de até 1.000 (mil) vezes o valor da Unidade Padrão Fiscal de Mato Grosso (UPFs/MT) na sua Lei Orgânica e no seu Regimento Interno, cuja gradação deste valor está prevista na Resolução Normativa nº 17/2016 – TP (MATO GROSSO, 2016), conforme mostra o Quadro 3:

QUADRO 3
Gradação das multas por irregularidades feita pelo TCE/MT

	Irregularidades Gravíssimas	Irregularidades Graves	Irregularidades Moderadas
Constatação	11 a 20 UPFs/MT	6 a 10 UPFs/MT	3 a 5 UPFs/MT
Reincidência	16 a 25 UPFs/MT	10 a 15 UPFs/MT	5 a 10 UPFs/MT

Fonte: Elaborada pelos autores com base na Resolução Normativa nº 17/2016 – TCE/MT (MATO GROSSO, 2016).

Dessa maneira, a dosimetria da multa varia de acordo com a natureza das irregularidades, que podem ser gravíssimas, graves ou moderadas. Há, ainda, um critério específico para a hipótese de inobservância de prazos, cuja multa é apurada de forma individual, por cada documento enviado em atraso, podendo ser acrescido de atualização diária, nos casos de assuntos com data limite para remessa (MATO GROSSO, 2016).

O Tribunal de Contas Mato-grossense também editou uma cartilha de classificação de irregularidades, aprovada pela Resolução Normativa nº 02/2015, que dispõe sobre a codificação do assunto (limites constitucionais/legais, gestão patrimonial, contabilidade, gestão fiscal/financeira, controle interno, planejamento/orçamento, licitação, contrato, convênio, despesa, pessoal, RPPS, prestação de contas, diversos) e a natureza da irregularidade (gravíssimas, graves ou moderadas) (MATO GROSSO, 2015).

Contudo, da análise da referida cartilha observa-se que não há previsão das infrações que caracterizam impropriedade formal relativa aos procedimentos licitatórios, como demonstra o Quatro 4:

QUADRO 4
Classificação das irregularidades de licitação realizada pelo TCE/MT

(continua)

Cód.	Descrição das Irregularidades
G	Licitação
Natureza	Graves (B)
GB 01	Licitação_Grave_01. Não realização de processo licitatório, nos casos previstos na Lei de Licitações (art. 37, XXI, da Constituição Federal; arts. 2º, *caput*, e 89, da Lei nº 8.666/1993).
GB 02	Licitação_Grave_02. Realização de despesas com justificativas de dispensa ou inexigibilidade de licitação sem amparo na legislação (arts. 24 e 25 da Lei nº 8.666/1993).
GB 03	Licitação_Grave_03. Constatação de especificações excessivas, irrelevantes ou desnecessárias que restrinjam a competição do certame licitatório (art. 40, I, da Lei nº 8.666/1993; art. 3º, II, da Lei nº 10.520/2002).
GB 04	Licitação_Grave_04. Ausência de justificativa da inviabilidade técnica e/ou econômica para o não-parcelamento de objeto divisível (arts. 15, IV e 23, §1º, da Lei nº 8.666/1993).
GB 05	Licitação_Grave_05. Fracionamento de despesas de um mesmo objeto para modificar a modalidade de procedimento licitatório ou promover a dispensa indevidamente (arts. 23, §§2º e 5º, e 24, I e II, da Lei nº 8.666/1993).
GB 06	Licitação_Grave_06. Realização de processo licitatório ou contratação de bens e serviços com preços comprovadamente superiores aos de mercado – sobrepreço (art. 37, *caput*, da Constituição Federal; art. 43, IV, da Lei nº 8.666/1993).
GB 07	Licitação_Grave_07. Expedição de certificados de registros cadastrais a empresas que não apresentaram toda a documentação exigida pela legislação (arts. 36, §1º, e 37 da Lei nº 8.666/1993).
GB 08	Licitação_Grave_08. Não observância do tratamento diferenciado e simplificado garantido às Microempresas e Empresas de Pequeno Porte nos procedimentos licitatórios (art. 42 a 49 da Lei Complementar nº 123/2006 e legislação específica do ente).
GB 09	Licitação_Grave_09. Abertura de procedimento licitatório relativo a obras e serviços sem observância aos requisitos estabelecidos no art. 7º, §2º, I a IV, da Lei nº 8.666/1993.
GB 10	Licitação_Grave_10. Ausência de projeto executivo para obras ou serviços (arts. 6º, X c/c 7º, II, da Lei nº 8.666/1993).
GB 11	Licitação_Grave_11. Deficiência dos projetos básicos e/ou executivos na contratação de obras ou serviços, inclusive no que concerne ao impacto ambiental e às normas de acessibilidade, quando couber (arts. 6º, IX e X, 7º e 12 da Lei nº 8.666/1993).
GB 12	Licitação_Grave_12. Ausência de licenciamento ambiental para os inícios das obras e/ou operações do empreendimento (Lei nº 6.938/81; Resoluções do Conama nº 01/86 e nº 237/97; Lei Complementar nº 38/95 – Código Estadual do Meio Ambiente).

(conclusão)

Cód.	Descrição das Irregularidades
G	Licitação
Natureza	A Classificar: Graves (B) ou Moderadas (C)
G_13	Licitação_a Classificar_13. Ocorrência de irregularidades nos procedimentos licitatórios (Lei nº 8.666/1993; Lei nº 10.520/2002; legislação específica do ente).
G_14	Licitação_a Classificar_14. Investidura irregular dos membros da Comissão de Licitação (art. 51, §4º, da Lei nº 8.666/1993).
G_15	Licitação_a Classificar_15. Especificação imprecisa e/ou insuficiente do objeto da licitação. (art. 3º, §1º, I, c/c *caput* do art. 14 e art. 40, §2º, IV, da Lei nº 8.666/1993; art.40, I, da Lei nº 8.666/1993; Art. 3º, II, da Lei nº 10.520/2002; Súmula TCU nº 177).
G_16	Licitação_a Classificar_16. Ausência de publicação dos avisos e demais atos obrigatórios da licitação nos meios de divulgação previstos na legislação e/ou fora dos padrões e critérios estabelecidos (art. 21 da Lei nº 8.666/1993; art. 4º, V, da Lei nº 10.520/02).
G_17	Licitação_a_Classificar_17. Ocorrência de irregularidades relativas às exigências de qualificação técnica das licitantes (art. 30 da Lei nº 8.666/1993).
G_18	Licitação_a_Classificar_18. Ocorrência de irregularidades relativas às exigências de qualificação econômico-financeiro das licitantes (art. 31 da Lei nº 8.666/1993).
G_19	Licitação_a_Classificar_19. Ocorrência de irregularidades relativas às exigências de regularidade fiscal e trabalhista das licitantes (art. 29 da Lei nº 8.666/1993).
G_20	Licitação_a_Classificar_20. Ocorrência de irregularidades relativas às exigências de habilitação jurídica das licitantes (art. 28 da Lei nº 8.666/1993).
G_21	Licitação_a_Classificar_21. Ocorrência de irregularidades nos procedimentos de dispensas e inexigibilidades de licitação (arts. 17, 24 e 25 da Lei nº 8.666/93).
G_99	Licitação_a_Classificar_99. Irregularidade referente à Licitação, não contemplada em classificação específica na Resolução Normativa nº 17/2010 – TCE/MT.

Fonte: Elaborada pelos autores com base na classificação de irregularidades (MATO GROSSO, 2017).

A mesma lacuna é observada nas infrações relacionadas aos contratos administrativos, haja vista a inexistência de previsão das condutas que caracterizam impropriedade formal, conforme evidencia o Quadro 5:

QUADRO 5
Classificação das irregularidades de contratos administrativos realizadas pelo TCE/MT

(continua)

Cód.	Descrição das Irregularidades
H	**Contratos**
Natureza	**Graves (B)**
HB 01	Contrato_Grave_01. Não rejeição, no todo ou em parte, da obra, serviço ou fornecimento executado em desacordo com o contrato (art. 76 da Lei nº 8.666/1993).
HB 02	Contrato_Grave_02. Não adoção de providências no caso de constatação de defeitos construtivos durante o prazo de cinco anos, no tocante à solidez e segurança de obras (art. 618 do Código Civil).
HB 03	Contrato_Grave_03. Prorrogação indevida de contrato de prestação de serviços de natureza não-continuada com fulcro no art. 57, II, da Lei nº 8.666/1993.
HB 04	Contrato_Grave_04. Inexistência de acompanhamento e fiscalização da execução contratual por um representante da Administração especialmente designado (art. 67 da Lei nº 8.666/1993).
HB 17	Contrato_Grave_17. Contratação de empresa declarada inidônea ou suspensa para contratar com a Administração Pública (arts. 87, IV, e 97, da Lei nº 8.666/93).
Natureza	**A Classificar: Graves (B) ou Moderadas (C)**
H_05	Contrato_a Classificar_05. Ocorrência de irregularidades na formalização dos contratos (Lei nº 8.666/1993; legislação específica do ente).
H_06	Contrato_a Classificar_06. Ocorrência de irregularidades na execução dos contratos (Lei nº 8.666/1993; legislação específica do ente).
H_07	Contrato_a Classificar_07. Ocorrência de irregularidades no encerramento dos contratos (Lei nº 8.666/1993; legislação específica do ente).
H_08	Contrato_a Classificar_08. Não aplicação de sanções administrativas ao contratado em razão de atraso ou inexecução total ou parcial do contrato (arts. 86 a 88 da Lei nº 8.666/1993).
H_09	Contrato_a Classificar_09. Prorrogação de contrato de prestação de serviços de natureza continuada sem a devida previsão editalícia ou contratual (art. 55, IV, da Lei nº 8.666/1993).
H_10	Contrato_a Classificar_10. Ocorrência de irregularidades nas alterações e/ou atualizações do valor contratual (art. 57, art. 65 c/c arts. 40, XI, 55, III, da Lei nº 8.666/1993).
H_11	Contrato_a Classificar_11. Irregularidades na contratação de entidades qualificadas como Organizações Sociais ou Organização de Sociedade Civil de Interesse Público (Lei nº 9.637/1998; Lei nº 9.790/1999).
H_12	Contrato_a Classificar_12. Irregularidades na execução de Contrato de Gestão ou Termo de Parceria celebrados junto a entidades qualificadas como Organizações Sociais ou Organização de Sociedade Civil de Interesse Público (Lei nº 9.637/1998; Lei nº 9.790/1999).

(conclusão)

Cód.	Descrição das Irregularidades
H	Contratos
Natureza	A Classificar: Graves (B) ou Moderadas (C)
H_13	Contrato_a Classificar_13. Não observância das regras de prestação de contas decorrentes de Contrato de Gestão ou Termo de Parceria celebrados junto à entidades qualificadas como Organizações Sociais ou Organização de Sociedade Civil de Interesse Público (Lei nº 9.637/1998; Lei nº 9.790/1999).
H_14	Contrato_a Classificar_14. Ocorrência de alterações no objeto da contratação em desconformidade com as condições e limites estabelecidos pela legislação (art. 65 da Lei nº 8.666/93).
H_15	Contrato_a Classificar_15. Ineficiência no acompanhamento e fiscalização da execução contratual pelo representante da Administração especialmente designado (art. 67 da Lei nº 8.666/1993).
H_16	Contrato_a Classificar_16. Prorrogação contratual em desconformidade com as hipóteses, condições ou limites estabelecidos no art. 57, da Lei nº 8.666/93.
H_99	Contrato_a Classificar_99. Irregularidade referente à Contrato, não contemplada em classificação específica na Resolução Normativa do TCE-MT nº 17/2010.

Fonte: Elaborada pelos autores com base na Classificação de Irregularidades (MATO GROSSO, 2017)

Da análise dos Quadros 4 e 5, constata-se que a classificação das infrações administrativas à Lei de Licitações e Contratos realizada pela Corte mato-grossense, sob a égide da Lei nº 8.666/93, não está compatível com a da Lei nº 14.133/2021 e com as classificações (distinções e definições) de impropriedades e irregularidades realizadas pela CGU e pelo TCU.

Ou seja, a referida cartilha de irregularidade não prevê as hipóteses de infrações relativas às licitações e aos contratos administrativos que caracterizam impropriedade formal, conforme estabelece o art. 169, §3º, I, da Lei nº 14.133/2021, e, consequentemente, não garante a concessão do tratamento exigido pelo referido dispositivo na conclusão e/ou deliberação dos processos de fiscalização.

Não obstante, a classificação de irregularidades do TCE/MT tem a finalidade de orientar as instruções e as deliberações nos processos de fiscalização e de contas, sendo um marco no controle externo quanto à classificação de irregularidades.

No que tangue à aplicação de sanções, especialmente, de multas por infrações administrativas classificadas como impropriedade formal, interpretando de forma sistemática e teleológica o art. 169, §3º, I, da

Lei nº 14.133/2021 à luz das disposições do Decreto-Lei nº 4.657/1942 (LINDB), com as alterações incluídas pela Lei nº 13.655/2018, é possível concluir pela ausência de penalização do agente público responsável.

Com efeito, diante da prática de impropriedade formal, o órgão de controle externo deverá determinar à autoridade competente a adoção de medidas que visam o saneamento da infração e providências para mitigar os riscos de sua ocorrência, preferencialmente por meio de aperfeiçoamento dos controles internos preventivos e da capacitação dos agentes públicos responsáveis.

Por derradeiro, o que se observa é que a nova Lei de Licitações e Contratos estabelece regras-matrizes e contornos jurídicos à atuação dos órgãos de controle, principalmente os tribunais de contas, na fase de instrução e deliberação nos processos de sua competência, quando constatarem a ocorrência de impropriedade formal e/ou irregularidade que configure dano à Administração.

6 Considerações finais

Com o objetivo de analisar os impactos da Lei nº 14.133/2021 na atuação e na aplicação de sanções pelos tribunais de contas, foi abordado, inicialmente, o conceito de licitação, a visão geral e breve sobre a lei, as infrações administrativas e suas classificações dadas pelo novo diploma legal de Licitações e Contratos Administrativos.

Nesse sentido, demonstrou-se que, ao definir práticas contínuas e permanentes de gestão de riscos e de controle preventivo, o novo diploma licitatório firmou uma diretriz muito clara com enfoque no princípio do formalismo moderado, além de realçar a importância de promover a capacitação dos servidores públicos que atuam nas áreas de licitações e contratos.

Além disso, verificou-se que, ao incluir no art. 169, §3º, I e II, da Lei nº 14.133/2021, a distinção entre as providências que devem ser adotadas quando constatarem simples impropriedade formal e irregularidade que configure dano à Administração, ela atribuiu dimensão legal à disciplina anteriormente prevista apenas em normas infralegais e, com isso, tornou obrigatória a sua observância pelos órgãos de controle federal e subnacionais, especialmente na fase de planejamento, execução e conclusão ou deliberação dos processos de sua competência.

Notadamente com relação à aplicação de multa pelos tribunais de contas, explicitou-se que as causas ensejadoras, os valores máximos que podem ser aplicados e os critérios de gradação estão previstos, em regra, nas Leis Orgânicas e nos Regimentos Internos de cada Tribunal de Contas, não havendo, contudo, uma diretriz única a ser aplicada em todo o território nacional.

Nesse contexto, apresentaram-se as principais irregularidades previstas na legislação de cinco tribunais de contas do país a fim de comparar as tipificações, os limites e os critérios de gradação das multas. Os dados mostraram que, embora não haja distinção relevante quanto à tipificação das irregularidades pelos tribunais de contas brasileiros, há discrepância na fixação dos limites e gradação das multas.

Especificamente quanto ao TCE/MT, verificou-se que a dosimetria da multa é fixada por meio de resolução normativa e varia de acordo com a natureza das irregularidades, que podem ser gravíssimas, graves ou moderadas. Apesar de conter na classificação de irregularidades orientações acerca das instruções e deliberações nos processos de fiscalização, essa cartilha não distingue as infrações que caracterizam impropriedade formal das irregularidades nos procedimentos licitatórios e nos contratos administrativos.

Considerando que as infrações às leis de licitações e contratos são as mais frequentes e relevantes detectadas pelos órgãos de controle, a classificação delas em impropriedade formal e irregularidade pela Lei nº 14.133/2021 e, principalmente, os contornos jurídicos impostos à atuação dos órgãos de controle, certamente produzirão eficácia horizontal em relação às infrações às demais normas legais e regulamentares de natureza contábil, orçamentária, financeira e patrimonial.

Portanto, foi possível concluir que os tribunais de contas brasileiros precisam ajustar os seus atos normativos, especialmente os regimentos internos, quanto à classificação das infrações administrativas a fim de adequá-las às disposições contidas no art. 169, §3º, I e II, da Lei nº 14.133/2021.

Tal medida demonstra-se imprescindível não só para o atendimento do princípio da legalidade, mas, principalmente, para conferir segurança jurídica e tratamento isonômico aos jurisdicionados, principalmente, na fase de conclusão e/ou deliberação dos processos de fiscalização, com adoção das providências previstas na referida lei, visando a mitigação de riscos e o aprimoramento da governança dos órgãos e entidades públicas.

Referências

ARAUJO, J. C. M. de. *Controle da atividade administrativa pelo Tribunal de Contas na Constituição de 1988*. Curitiba: Juruá, 2010.

BITTENCOURT, Sidney. *Licitação Passo a Passo*. Comentando todos os artigos da Lei 8.666/93 totalmente atualizada. 7. ed. rev. e atual. Belo Horizonte: Fórum, 2014.

BRASIL. Constituição (1988). Constituição da República Federativa do Brasil. Brasília, DF: Senado Federal, [2021]. Disponível em: http://www.planalto. gov.br/ccivil_03/constituicao/constituicao.htm. Acesso em: 18 jul. 2021.

BRASIL. Lei nº 14.133, de 01 de abril de 2021. Aprova a Lei de licitações e contratos administrativos e dá outras providências. Brasília, DF: Presidência da República, 2021 (a). Disponível em: http://www.planalto.gov.br/ ccivil _03/ _ ato2019-2022/ 2021/ lei/ L14133.htm. Acesso em: 18 jul. 2021.

BRASIL. Ministério da Transparência e da Controladoria Geral da União. Secretaria Federal de Controle Interno. Instrução Normativa nº 08, de 06 de dezembro de 2017. Manual de orientações técnicas da atividade de auditoria interna governamental do Poder Executivo Federal. Brasília, DF: CGU, 2017(a). Disponível em: http://www.cgu.gov.br/Publicacoes/auditoria-e-fiscalizacao. Acesso em: 01 set. 2021.

BRASIL. Ministério da Fazenda. Secretaria Federal de Controle Interno. Instrução Normativa nº 01, de 06 de abril de 2001. Define diretrizes, princípios, conceitos e aprova normas técnicas para a atuação do Sistema de Controle Interno do Poder Executivo Federal. Brasília, DF: CGU, 2001. Disponível em: https://www.gov.br/suframa/pt-br/acesso-a-informacao/IN0106ABR2001MANUALDOSISTDECONTINTDOGOV FED. pdf/view. Acesso em: 01 set. 2021.

BRASIL. Tribunal de Contas da União. Processo nº 032.903/2014-6. Acórdão nº 3.182/2016 (a). Plenário. Relator: Ministro Bruno Dantas. Sessão de 07.12.2016. Disponível em: https://pesquisa.apps.tcu.gov.br/#/resultado/acordao-completo/*/NUM ACORDAO% 253A3182%2520ANO ACORDAO% 253A2016/%2520. Acesso em: 01 set. 2021.

BRASIL. Tribunal de Contas da União. Processo nº 008.418/2015-2. Acórdão nº 5.871/2016 (b). Primeira Câmara. Relator: Ministro Bruno Dantas. Sessão de 13.09.2016. Disponível em: https://pesquisa.apps.tcu.gov.br/#/resultado/acordao-completo/*/ NUM ACORDAO%253A5871%2520ANO ACORDAO %253A2016/%2520. Acesso em: 01 set. 2021.

BRASIL. Tribunal de Contas da União. Processo nº 030.289/2015-7. Acórdão nº 8.300/2020. Segunda Câmara. Relator: Ministra Ana Arraes. Sessão de 04.08.2020. Disponível em: https://pesquisa.apps.tcu.gov.br/#/resultado/acordao-completo/*/NUM ACORDAO%253A8300%2520ANOACORDAO%253A2020/%2520. Acesso em: 01 set. 2021.

BRASIL. Tribunal de Contas da União. Processo nº 008.919/2006-7. Acórdão nº 455/2008. Primeira Câmara. Relator: Ministro Marcos Benquerer. Sessão de 26.02.2018. Disponível em: https://pesquisa.apps.tcu.gov.br/#/documento/acordao-completo/ 455% 252F2008/%2520/DTRELEVANCIA%2520desc% 252C%2520NUM ACORDAOINT T %2520desc/1/%2520. Acesso em: 01 set. 2021.

BRASIL. Tribunal de Contas da União. Processo nº 026.386/2015-1. Acórdão nº 2.352/2016 (c). Plenário. Relator: Ministro Raimundo Carreiro. Sessão de 14.09.2016. Disponível em: https://pesquisa.apps.tcu. gov.br /#/documento/acordao-completo/ 2352%252F2016 /%2520/ DTRELEVANCIA%2520 desc%252C%2520NUMACOR DAOINT% 2520 desc/0/%2520. Acesso em: 01 set. 2021.

BRASIL. Tribunal de Contas da União. Processo nº 000.724/2018-1. Acórdão nº 1.164/2021 (b). Plenário. Relator: Ministro Raimundo Carreiro. Sessão de 19.05.2021. Disponível em: https://pesquisa.apps.tcu.gov.br/#/documento/acordao-completo/1164%252F2021/%2520/DTRELEVANCIA%2520desc%252C%2520NUMACORDAOINT%2520desc/0/%2520. Acesso em: 01 set. 2021.

BRASIL. Tribunal de Contas da União. Boletim do Tribunal de Contas da União administrativo especial, ano 36, n. 11, 2017. Brasília: TCU, 2017 (b). Disponível em: file:///C:/Users/paulaf/Downloads/Glossario _termos_ controle externo.pdf. Acesso em: 18 jul. 2021.

CARVALHO, Matheus. *Manual de Direito Administrativo*. 9. ed. rev. amp. e atual. Salvador: Juspodivm, 2021.

GERRA, E. M. *Controle Externo da Administração Pública*. 4. ed. Belo Horizonte: Fórum, 2019.

GODINHO, H. H. A. M. Controle Externo das Licitações e a Lei nº 14.133/2021. *In*: BELÉM, Bruno; CARVALHO, Matheus; CHARLES, Ronny (coord.). *Temas Controversos da Nova Lei de Licitações*. São Paulo: Juspodivm, 2021.

JUSTEN FILHO, Marçal. *Comentários à Lei de Licitações e Contratações Administrativas*: Lei 14.133/2021. São Paulo: Thomson Reuters Brasil, 2021.

JUSTEN FILHO, Marçal. *Curso de Direito Administrativo*. 8. ed. rev. ampl. e atual. Belo Horizonte: Fórum, 2021.

MATO GROSSO. Tribunal de Contas do Estado de Mato Grosso. *Classificação de Irregularidades*: critérios para as decisões sobre as contas anuais. 5. ed. rev. ampl. Cuiabá: Publicontas, 2015.

MATO GROSSO. Tribunal de Contas do Estado de Mato Grosso. Processo nº 8567/2019. Parecer Prévio nº 09/2019 (a). Tribunal Pleno. Relator: Conselheiro Interino Isaias Lopes da Cunha. Sessão de 06.08.2019. Disponível em: https://www. tce.mt.gov.br/ protocolo/decisao/num/8567/ano/2019/num_decisao /9 / ano_ decisao/2019. Acesso em: 31 ago. 2021.

MATO GROSSO. Tribunal de Contas do Estado de Mato Grosso. Processo nº 166618/2018. Parecer Prévio nº 118/2019 (b). Tribunal Pleno. Relator: Conselheiro Interino Isaias Lopes da Cunha. Sessão de 18.12.2019. Disponível em: https://www. tce.mt.gov.br /protocolo/decisao/ num/166618/ano/ 2018 /num_ decisao /118/ano _ decisao/2019. Acesso em: 31 ago. 2021.

MATO GROSSO. Tribunal de Contas do Estado de Mato Grosso. Processo nº 140678/2019. Acórdão nº 08/2020 (a). Tribunal Pleno. Relator: Conselheiro Interino Isaias Lopes da Cunha. Sessão de 17.02.2020. Disponível em: https:// www. tce.mt.gov.br/ protocolo/decisao/num/140678/ano/2019/num_ decisao /8/ ano_ decisao/ 2020. Acesso em: 31 ago. 2021.

MATO GROSSO. Tribunal de Contas do Estado de Mato Grosso. Processo nº 202380/2019. Acórdão nº 38/2020 (b). Tribunal Pleno. Conselheiro Interino Isaias Lopes da Cunha. Sessão de 07.05.2020. Disponível em: https://www.tce.mt.gov.br/ protocolo /decisao/num/202380/ano/2019/numdecisao /38/ano_ decisao/2020. Acesso em: 31 ago. 2021.

MELLO, R. M. de. *Princípios Constitucionais de Direito Administrativo Sancionador*: as sanções administrativas à luz da Constituição Federal de 1988. São Paulo: Malheiros Editores, 2007.

MILESKI, H. S. *Controle da Gestão Pública*. 2. ed. rev. atual. e aum. Belo Horizonte: Fórum, 2011.

MIRANDA, H. S. *Licitações e Contratos Administrativos*. 5. ed. rev., atual. e ampl. São Paulo: Thomson Reuters Brasil, 2021.

OLIVEIRA, R. C. R. *Licitações e Contratos Administrativos*. 6. ed. rev., atual. e ampl. Rio de Janeiro: Forense; São Paulo: Método, 2017.

OLIVEIRA, R. F. de. *Infrações e Sanções Administrativas*. 3. ed. rev., atual. e ampl. São Paulo: Revista dos Tribunais, 2012.

PEDRA, A. S.; TORRES, R. C. L. de. O Regime Sancionatório na Nova Lei de Licitações (Lei nº 14.133/2021). *In*: BELÉM, Bruno; CARVALHO, Matheus; CHARLES, Ronny (coord.). *Temas Controversos da Nova Lei de Licitações*. São Paulo: Juspodivm, 2021.

PEREIRA JÚNIOR, J. T. *Comentários à Lei das Licitações e Contratações da Administração Pública*. 8. ed. ver., atual. e ampl. Rio de Janeiro: Renovar, 2009.

VERZOLA, M. A. T. *Sanção no Direito Administrativo*. São Paulo: Saraiva, 2011.

ZARDO, Francisco. *Infrações e Sanções em Licitações e Contratos Administrativos*: com as alterações da lei anticorrupção (Lei 12.846/2013). São Paulo: Revista dos Tribunais, 2014.

Informação bibliográfica deste texto, conforme a NBR 6023:2018 da Associação Brasileira de Normas Técnicas (ABNT):

CUNHA, Isaías Lopes da; FERNANDES, Paula Tavares. Os impactos da Lei nº 14.133/2021 na atuação e na aplicação de sanções pelos tribunais de contas. *In*: LIMA, Luiz Henrique; CUNDA, Daniela Zago Gonçalves da; GODINHO, Heloísa Helena Antonacio Monteiro (coord.). *Controle externo e as mutações do Direito Público*: licitações e contratos – Estudos de ministros e conselheiros substitutos dos tribunais de contas. Belo Horizonte: Fórum, 2023. p. 237-263. ISBN 978-65-5518-502-7.

SOBRE OS AUTORES

Adriano Felix
Professor de Direito Tributário e empresarial da Universidade de Cuiabá (UNIC) e mestre em Direito e em Educação pela UFMT. Advogado especialista em Direito Digital, Empresarial e Tributário e membro da Comissão de Direito para *Startups* da OAB-MT.

Ana Carla Bliacheriene
Professora de Direito da Universidade de São Paulo (USP) na Escola de Artes, Ciências e Humanidades (EACH). Diretora Presidente da Escola Superior de Contas Públicas do TCM/SP. Livre-docente em Direito Financeiro USP, doutora e mestre em Direito pela PUC-SP. Coordenadora do Grupo de Pesquisas SmartCitiesBR (USP), da Especialização em Políticas Públicas para Cidades Inteligentes (USP/TCE-CE) e da Especialização MBA em Políticas Públicas para Cidades Inteligentes na USP/EACH.

Daniela Zago Gonçalves da Cunda
Conselheira Substituta e Presidente da Comissão Permanente de Sustentabilidade do Tribunal de Contas do Rio Grande do Sul. Pós-doutoranda em Direito e professora visitante na Universidade de São Paulo (USP/EACH). Doutora e mestre em Direito pela PUCRS. Professora, palestrante e autora de diversos estudos sobre Direito Público, controle da administração pública, sustentabilidade e direito/deveres fundamentais.

Flávio Germano de Sena Teixeira Júnior
Mestrando do programa de pós-graduação em Direito da Faculdade de Direito do Recife (UFPE). Integrante do Grupo de Pesquisa Desafios do Controle da Administração Pública Contemporânea (UFPE). Integrante do Grupo de Pesquisa Direito e Desenvolvimento (UFPE). Advogado.

Isaías Lopes da Cunha
Conselheiro Substituto do Tribunal de Contas de Mato Grosso. Mestre em Ciências Contábeis e Atuariais (PUC-SP). Especialista em MPA em Direito do Estado e Administração Pública (FGV), em Direito na Administração Pública (UCB) e em Gestão da Administração Pública (UCB). Bacharel em Direito (UNIC) e em Ciências Contábeis (UCDB). Palestrante e autor de artigos científicos.

Jaqueline Jacobsen Marques
Conselheira Substituta do Tribunal de Contas de Mato Grosso, mestre em Administração Pública (IDP), pós-graduada em Auditoria das Entidades

Governamentais (UFMT), em Gestão Pública (Faculdade Afirmativo), em Controle Externo e em Direito do Estado (FGV-Rio). Graduada em Administração (UFMT). Autora e coautora de livros e artigos.

Letícia Ayres Ramos
Conselheira Substituta do TCE/RS, mestre em Direito pela UFRGS, especialista em Direito Ambiental Nacional e Internacional pela UFRGS, graduada em Direito (UFRGS) e Química (ULBRA), atuou como Assessora do MP/RS e Procuradora do Estado do Rio Grande do Sul. Membro da Comissão Permanente de Sustentabilidade do TCE/RS.

Lucas Alvim Paiva
Assessor no Tribunal de Contas de Minas Gerais. Advogado. Especialista em Gestão Pública e Controle com Foco em Resultados pela Escola de Contas e Capacitação Professor Pedro Aleixo e em Direito Administrativo pela Universidade Federal de Minas Gerais.

Luiz Henrique Lima
Conselheiro Substituto do Tribunal de Contas de Mato Grosso. Doutor e mestre em Planejamento Energético (COPPE-UFRJ). Especialista em Finanças Corporativas (PUC-Rio). Bacharel em Ciências Econômicas (UFRJ). Autor de diversos livros e artigos científicos nas áreas de controle externo, gestão pública e gestão ambiental. Palestrante e professor de cursos de pós-graduação.

Marcos Bemquerer Costa
Ministro-Substituto do Tribunal de Contas da União. Presidente da Associação Nacional dos Ministros e Conselheiros Substitutos dos Tribunais de Contas (AUDICON). Mestre em Direito pela Universidade Federal de Pernambuco (UFPE). Pós-graduado em Direito Processual Civil pelo Instituto de Cooperação e Assistência Técnica (ICAT/UDF). Bacharel em Direito pelo Centro de Ensino Unificado do Distrito Federal (UDF), em Administração Postal pela Escola Superior de Administração Postal (ESAP) e em Engenharia Elétrica pela Universidade Federal de Minas Gerais (UFMG).

Marcos Nóbrega
Conselheiro Substituto do Tribunal de Contas de Pernambuco. Professor da Faculdade de Direito do Recife (UFPE). Pós-doutor pela Harvard Law School e Kennedy School of Government – Harvard University e pela Universidade de Direito de Lisboa (FDUL). Bacharel, mestre e doutor em Direito (UFPE), bacharel em Economia (UFPE) e Administração pela Universidade Católica de Pernambuco. *Visiting Scholar* na Harvard Law School. *Senior Fellow* na Kennedy School of Government. Professor visitante na Universidade de Lisboa. *Visiting Scholar* na Singapore Management University. Autor de vários artigos e livros. Conferencista.

Milene Dias da Cunha
Conselheira Substituta do TCE-PA. Mestre em Ciência Política (UFPA). Especialista em Direito Público (Faculdade Damásio de Jesus) e em Gestão de Pessoas e Marketing (Centro Universitário de Patos de Minas). Bacharel em Administração (Centro Universitário de Patos de Minas). Vice-Presidente de Relações Jurídico-Institucionais da ATRICON e da AUDICON. Palestrante, professora e autora de artigos.

Paula Tavares Fernandes
Assessora Jurídica de Conselheiro do Tribunal de Contas de Mato Grosso. Mestre em Administração Pública (IDP). Especialista em Direito e Controle Externo na Administração Pública (FGV). Pós-graduanda em Direito e Processo Civil (UFMT). Bacharel em Direito (UFMT). Palestrante e coautora de artigos científicos.

Patrícia Reis Leitão Bastos
Auditora Federal de Controle Externo do Tribunal de Contas da União. Bacharel em Direito pelo Centro de Ensino Unificado do Distrito Federal (UDF) e em Engenharia Civil pela Universidade de Brasília (UnB). Pós-graduada em Auditoria de Obras Públicas (UnB/ISC-TCU).

Telmo de Moura Passareli
Conselheiro Substituto do Tribunal de Contas de Minas Gerais. Mestre em Administração e especialista em Direito Constitucional pela Universidade Federal de Rondônia. Foi Procurador do Estado de Mato Grosso, advogado e professor do Departamento Acadêmico de Direito da Universidade Federal de Rondônia.

Esta obra foi composta em fonte Palatino Linotype, corpo 10
e impressa em papel Polen Bold 70g (miolo) e Supremo 250g (capa)
pela Gráfica Formato.